용기를 내어 당신이 생각하는 대로 살아야 합니다.
그렇지 않으면 머지않아 당신은 사는 대로 생각하게 될 것입니다.
– 폴 부르제(프랑스의 시인, 철학자)

Il faut vivre comme on pense,
sans quoi l'on finira par penser comme on a v-cu.
- Paul Bourget

친절한
DIY
교과서
No 003

DVD 동영상 강의로 쉽게 배우는 친절한

리넨 DIY

핸드메이드 곤지 김고운 지음

터닝
포인트

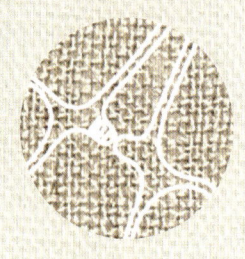

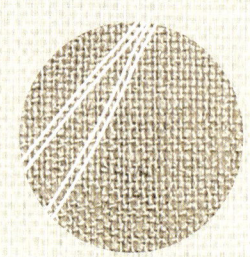

DVD 동영상 강의로 쉽게 배우는
친절한 리넨 DIY

2009년 09월 20일 초판 1쇄 인쇄
2013년 12월 10일 초판 4쇄 발행

지은이	핸드메이드 곤지 김고운
펴낸이	정상석
펴낸 곳	터닝포인트
등록번호	2005. 2. 17 제6-738호
주소	서울시 마포구 연남로 97-1 3층(연남동)
대표전화	(02)332-7646
팩스	(02)3142-7646
홈페이지	http://www.turningpoint.co.kr
ISBN	978-89-957176-9-1 13630
정가	23,000원

기획	터닝포인트
진행	이종민, 김수현, 허자연
북 디자인	디자인 결
일러스트	최희진
작품 사진 촬영	G1 스튜디오
과정 사진 촬영	허자연
동영상 촬영	다빈영상
DVD 편집	이수일
촬영 협찬	노란코끼리, 화이트홈, 태양에스엠㈜, 필립스
내용 문의	http://cafe.naver.com/handmadegoneg 또는 www.diytp.com
원고 집필 문의	diamat@naver.com(터닝포인트는 삶에 긍정적 변화를 가져오는 좋은 원고를 환영합니다.)

made goneG!

머신 소잉을 배우다 리넨을 만나게 되었고 리넨의 소박하고 깔끔한 멋에 반해 조금씩 리넨 작품을 만들어보기 시작했습니다. 점점 관심 가져주시는 분들이 늘어나게 되니 더 좋은 작품을 만들고 싶은 욕심이 생겼죠.

그렇게 작품을 만들다 보니 점점 어떻게 만드는지에 대해 많은 질문들을 받게 되었고, 조금씩 알려드리다 보니 저 혼자 작업할 때보다 더한 뿌듯함이 생겼어요. 더 잘 가르쳐 드리고 싶은 욕심이 생기더라구요. 그래서 어떻게 하면 좀 더 쉽게 만들 수 있을까? 하고 많이 고민했습니다. 어렵게만 느껴지는 퀼트, 흔히들 말하는 홈패션, 리넨소잉을 누구나 쉽게 대할 수 있도록 만들고 싶었습니다.

이 책에는 그런 제 마음이 듬뿍 담겨 있답니다. 리넨에 대한 이야기와 필요한 도구 리넨으로 만들수 있는 다양한 소품들을 수록하고, 꼼꼼하고 쉽게 배울 수 있도록 노력했습니다. 리넨소잉을 배우고싶지만 어떻게 배우고 접해야 할지 모르는 분들에게 많은 도움이 되길 바랍니다.

책을 출간한다는 것이 참 많이 힘들고 노력해야 하는 작업이라는 걸 알게 되었습니다. 부족한 점도많이 있겠지만 더 나아진 모습이 되는 일부라고 생각하고 예쁘게 봐주세요. 아직은 더 많이 배우고, 노력하고, 공부해야 하는 제게 이런 좋은 인연을 맺게 도와주신 분들께 더 좋은 작품으로 보답하고 싶습니다.

언제나 가득한 사랑으로 힘을 주는 가족, 그동안 많이 격려해준 지인 분들, 항상 예쁜 덧글들로 응원해주시는 블로그 이웃님들, 리넨을 만날 수 있게 도움주신 스승님 Mr.브라이언, 물심양면으로 도와주신 심플소잉 식구들, 모든 작업을 함께한 터닝포인트 식구들 감사합니다. 지금 이 글을 읽고 있는 분들께도 항상 행복이 가득하시길 바랍니다. 행복하세요. 감사합니다.

2009년 여름 김고운

Contents

05 리넨, 일상 속에서

06 리넨, 식탁 위의

07 리넨, 아기에게

08 리넨, 외출하며

곤지의 〈친절한 DVD 동영상〉 200% 활용하기

이 책은 리넨으로 가방, 파우치는 물론 주방용품, 의류 등의 여러 작품을 더욱 쉽게 만들 수 있도록 DVD 동영상 강의를 제공합니다. 책을 보다가 이해가 안 되는 부분은 〈친절한 DVD 동영상〉 강의를 참고하면 혼자서도 다양한 리넨소잉(linen sewing) 작품들을 만들 수 있습니다.

DVD 동영상 강의 창 사용 방법

DVD 동영상 강의로 쉽게 배우는 리넨 DIY

1 리넨 이야기　2 리넨 기본기법　3 리넨 작품 따라 하기

❶ 리넨 이야기
리넨에 대한 소개와 리넨소잉을 하기 위해 필요한 준비물에 대해 알아보아요.

❷ 리넨 기본기법
리넨의 기본기법에 대해 알아보아요. 보고 싶은 동영상 강의를 선택해주세요.

❸ 리넨 작품 따라 하기
part 3에 실린 작품들의 만드는 방법을 알아보아요. 보고 싶은 동영상 강의를 선택해주세요.

리넨 DIY 동영상 보기

리넨 이야기

1. **리넨 DIY 소개** : 리넨소잉에 대해 알아보아요. 리넨은 다양하면서도 실용적인 작품들을 많이 만들 수 있습니다.
2. **리넨의 종류** : 리넨의 종류와 그에 따른 특징에 대해 알아봐요.
3. **재료와 도구 소개** : 리넨소잉에 필요한 준비물에 대해 알아봐요.

이곳을 선택하면 메인 화면으로 되돌아갑니다.

리넨 기본기법

1. 명칭 알기
2. 공그르기
3. 창구멍
4. 실물패턴 사용하기
5. 재단하기
6. 패치 연결하기
7. 심지와 솜 붙이기
8. 바닥 만들기
9. 바이어스테이프 만들기
10. 바이어스 달기

리넨 작품 따라 하기

1. 카드지갑
2. 세안밴드
3. 프레임 동전 지갑
4. 라운드 지퍼 파우치
5. 가죽끈 빅백
6. 5구 키홀더
7. 바네 파우치
8. 조리개 파우치
9. 사각 지퍼 파우치

TV에서 부록 DVD 사용하는 방법

PC에서는 마우스를 이용하지만 TV에서는 리모컨을 이용해 메뉴를 선택할 수 있습니다. 부록 DVD를 TV용 DVD플레이어에 넣으면 왼쪽과 같은 창이 나타납니다. 리모컨의 방향 단추를 눌러 ENTER 버튼을 누르면 서브 메뉴로 이동합니다.

1. **메뉴에서 동영상 선택** : ← → ↑ ↓ 로 원하는 영상을 선택하고 ENTER(또는 확인) 버튼을 누름
2. **동영상을 보다가 메뉴로 가려면** : 메뉴 버튼을 누름
3. **서브 메뉴에서 메인 메뉴로 가려면** : 서브 메뉴의 ← 버튼을 선택한 후 ENTER(또는 확인)
4. **DVD 실행 종료** : STOP

DVD 사용 시 주의사항

1. PC에 DVD 플레이어가 설치되어 있지 않으면 부록으로 제공되는 DVD가 작동하지 않을 수 있습니다. PC에서 DVD 플레이어가 정상적으로 실행되지 않는 경우에는 컴퓨터에 DVD 플레이어 소프트웨어가 설치되어 있는지 확인합니다. 만약 DVD 플레이어가 설치되어 있지 않다면 컴퓨터 구입 시, 또는 DVD 플레이어 구입 시 제공되는 설치 CD로 PC용 DVD 플레이어 소프트웨어를 설치해주세요.
2. TV에서 사용하는 DVD 플레이어의 기종에 따라 DVD가 정상적으로 작동하지 않을 수도 있습니다.
3. 부록 DVD를 사용하는 데 있어 문제가 있을 경우에는 www.diytp.com이나 '행복한 취미생활 DIY(http://cafe.naver.com/diytp)'로 문의하면 해결 방법을 알려드립니다.

곤지의 〈친절한 리넨 DIY〉 200% 활용하기

① **만들 DIY 작품** : 이 책에서 만들 작품의 완성 사진입니다.

② **DVD 동영상 강의** : 부록으로 제공되는 DVD에는 4시간 분량의 동영상 강의가 담겨 있습니다. 부록 DVD는 컴퓨터의 DVD 플레이어를 이용해서 볼 수도 있고, TV에 연결된 DVD 플레이어를 이용해서 볼 수도 있습니다. DVD 마크가 표시된 작품은 동영상을 참고하면 해당 섹션의 내용을 더욱 쉽게 이해할 수 있습니다.

③ **준비물** : 작품을 만드는 데 필요한 재료, 부자재와 봉제용품을 소개합니다.

④ **예상 재료비** : 독자들의 편의를 돕기 위해서 개별 작품을 만드는 데 필요한 원단과 부재료만을 계산한 예상 비용을 소개했습니다. 그러므로 실제 제작할 때엔 비용이 달라질 수 있으니 참고로만 활용해 주십시오.

⑤ **예상 작업 시간** : 원단의 선세탁과 세탁, 건조 시간을 제외한 예상 작업 시간입니다.

⑥ **완제품 예상가** : 완제품을 구입할 경우 예상 가격을 뽑은 자료입니다.

⑦ **단계별 제작 과정** : 전체 제작 과정에서 세부 제작 과정까지의 제목입니다.

⑧ **친절한 제작 과정 따라 하기** : 제작 과정을 상세하고 친절하게 소개합니다.

홈질하기

44 끝선에서 약 7mm 떨어진 지점에서 바늘을 통과시켜주세요.

45 통과한 바늘을 왼쪽으로 2~3mm 정도 한 땀 떠주세요.

46 2~3mm 떨어진 왼쪽 지점으로 바늘을 꽂아 올려주세요.

47 왼쪽으로 한 땀 옆에 바늘을 꽂아 뒤쪽으로 빼냅니다.

48 같은 방법으로 계속 홈질하여 레이스를 고정해주세요.

49 봉제하고 난 후 남은 레이스는 가장자리에 맞춰 쪽가위로 잘라냅니다.

여밈용 매듭 만들기

50 오시도리끈면끈을 반으로 접어주세요.

51 오른손의 검지에 오시도리끈면끈의 겉 부분을 걸어주세요.

52 왼손의 고리를 오른손 검지에 걸린 면끈 아래로 잡아당겨 손가락에 고리를 만들어주세요.

53 오른손 검지에 생긴 고리에 왼손의 고리를 통과시켜주세요.

54 단추가 들어갈 공간을 남기고 고리를 잡아당겨 매듭을 짓습니다.

Tip
단추를 달아줄 때는 끈이음실을 함께 봉제되지 않고 안감과 겉감만 봉제되도록 주의해야 합니다.

89 바늘을 뒤쪽으로 통과시켜주세요.

90 꽃이감과 함께 봉제되지 않도록 바늘을 빼내어주세요.

91 바늘에 실을 2~3번 감아주세요.

92 왼쪽 손으로 감은 실을 누르고 오른손으로 실을 잡아당겨 매듭을 지어주세요.

93 매듭지은 후 나머지 실은 잘라냅니다.

94 단추를 달아준 모습입니다.

95 꽃이감에 카드 지갑 속지를 끼워줍니다.

96 붙어있는 카드를 깔끔하게 정리해줄, 쓰리 패치 카드 지갑이 완성되었습니다.

⑩ 🐻 Application

원단을 바꿔서 만들 수도 있어요.

카드 지갑의 패치 문양을 바꾸지 않은 채 원단과 레이스만 바꿔줘도 자신의 개성이 드러나는 작품으로 만들 수 있습니다. 활용도나 귀찮을 들어내기만 하는 카드와 명함들을 스스로 디자인한 카드 지갑에 깔끔하게 수납해보세요. 가방을 여는 것이 즐거워집니다.

⑨ Tip : 오랫동안 작품을 만들면서 경험한 작가만의 실전 노하우를 소개합니다.

⑩ 이런 작품도 만들어보세요 : 본문에서 다룬 작품 외의 더 풍부한 작품들과 간단한 제작 방법을 소개합니다.

인터넷을 통한 지속적인 서비스

이 책과 관련하여 궁금한 내용은 '핸드메이드 곤지(http://cafe.naver.com/handmadegoneg)' 또는 '행복한 취미생활 DIY(http://cafe.naver.com/diytp)'를 통해 문의해주세요. 사이트를 통해 필요한 자료와 정보를 지속적으로 제공합니다.

내가 만든 작품 자랑하기

곤지의 '친절한 리넨 DIY' 책을 보고 만든 작품의 제작 과정이나 에피소드, 완성품, 또는 나의 창작품 등을 소개해주세요. www.diytp.com을 통해 다른 독자들과 함께 정보도 공유하고 우수 회원을 뽑아 시상도 한답니다.

Part 01

리넨 이야기

리넨의 기초, 하나

리넨 이야기를 들어보세요

덤덤한, 차가운, 포근한, 정감있는, 심플한, 뻣뻣한, 부드러운, 정갈한…
리넨의 베이직한 색감은 모든 것을 부드럽게 만들 것만 같은 느낌이에요. 어디에든 어울리며 어떤 것이든 자연스럽게 담아주죠.
리넨을 처음 만난 건, 엄마가 계절마다 바꿔주는 베갯잇에서부터였어요. 뽀얀 우윳빛을 가진 베갯잇은 보드랍고 시원하여 항상 기분이 좋아집니다. 리넨이 겉으로 보기엔 까슬거릴 것 같지만 막상 얼굴에 닿으면 잠이 솔솔 올 정도로 부드럽고 포근하답니다.

리넨은 주로 소품을 만들 때 사용하지만 흡수도 빠르고 통풍도 뛰어나서 침구류로 사용하기에 더없이 좋아요. 천연섬유라 더더욱 그렇죠. 순수 리넨(pure linen)은 뻣뻣해서 다루기 힘들고 구김이 잘 가기 때문에 코튼과 함께 혼방한 코튼 리넨을 많이 사용한답니다.
만지면 만질수록, 더하면 더할수록 멋스럽고 다양한 리넨 이야기를 함께해주세요.

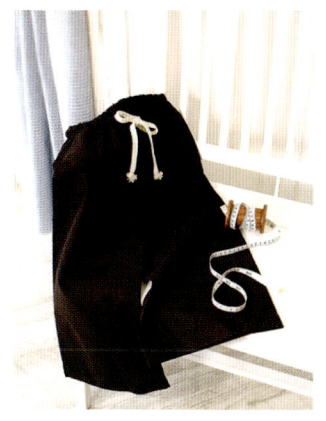

선 세탁이 중요해요

리넨을 사용할 때는 우선 선 세탁을 해주어야 합니다. 원단에 붙어 있는 먼지나 가공으로 인한 수축, 이염 등을 미리 제거하기 위해서예요. 리넨뿐만이 아니라 다른 원단에도 선 세탁을 해주는 것이 좋습니다.

선 세탁 방법은, 미지근한 물에 중성세제를 가볍게 풀어 손으로 조물조물 주물러 두세 번 헹군 후 그늘에 말려주세요. 약간 덜 마른 상태에서 다리미로 다려주면 구김을 최소화할 수 있어요. 리넨워터를 뿌려 다려주면 향긋함도 느낄 수 있습니다. 이렇게 선 세탁한 리넨은 처음 만졌을 때의 뻣뻣함을 덜어내 준답니다.

02 리넨의 기초, 둘
원단의 종류

리넨 순수 리넨으로 침구류나 의류에 사용하면 좋은 원단

코튼 리넨 순수 리넨의 다루기 힘든 점을 보완하기 위해 코튼을 혼방한 원단

니트 실을 뜨개질로 제직한 원단

다이마루 사방으로 신축성이 있어 티셔츠로 많이 사용되는 원단. 부드러워서 신생아, 유아복으로 많이 사용됩니다.

4온스 접착 솜 가방, 조끼, 단단한 소품이나 퀼팅 할 때 사용하는 접착 솜. 솜 숫자의 수치가 높을수록 두께가 두껍습니다.

2온스 접착 솜 파우치, 작은 소품 등을 만들 때 사용하는 접착 솜. 솜은 다리미 열에 녹으므로 접착시킬 때 꼭 원단 쪽에서 다려야 합니다.

소프트 접착심지 면 원단의 한쪽 면에 접착 풀이 붙어 있는 심지. 원단에 붙이면 단단하게 힘을 주어 주로 케이스나 소품 등을 만들 때 사용합니다.

실크 접착심지 사방으로 신축성이 있으나 힘이 없어 주로 다이마루나 니트, 순수 리넨 등에 붙여 작업을 쉽게 도와줍니다.

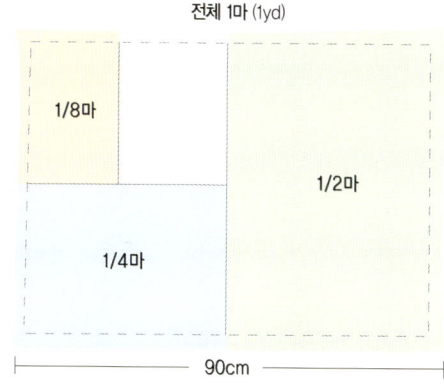

전체 1마 (1yd)

1/8마

1/2마

1/4마

90cm

* 세로 길이는 원단 폭에 따라 달라집니다.

프린트 다양한 이미지들을 원단의
겉쪽에 프린트한 원단

체크 체크 무늬의 원단

도트 도트 무늬의 원단

스트라이프 스트라이프 무늬의 원단

플라워 플라워 무늬의 원단

가죽 봉제가 가능하도록 가공한 가죽.
인조 피혁을 사용하기도 합니다.

재단 및 봉제 용품

재단가위
원단을 자르기 위한 가위. 칼날이 상하지 않게 원단에만 사용해야 하며 가윗날엔 캡을 씌워 보호합니다

종이가위
부직포나 종이 패턴지 등을 자르기 위한 가위

쪽가위
봉제 시 실밥이나 작은 부분을 자를 때 사용

로터리 커터
원단을 커팅매트 위에 올려 놓고 칼날을 밀어 자유자재로 재단할 때 사용

커팅매트
로터리 커터로 재단 시 바닥이 상하지 않도록 도와줍니다.

연필
패턴을 종이나 부직포 패턴지에 옮겨 그릴 때 사용

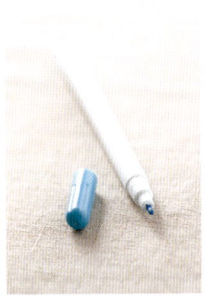

수성사인펜 초크
원단에 마킹을 해주는 도구. 물이 닿으면 지워집니다.

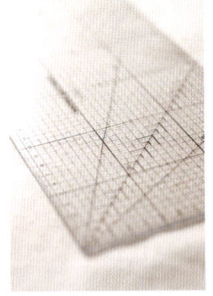

방안자
재단 시 사용하기 편하도록 투명한 방안자를 사용. 바이어스를 만들 때 사용할 수 있게 각도가 표시된 것이 좋습니다.

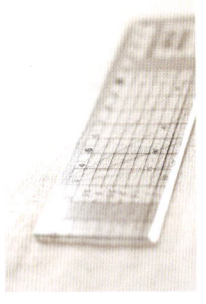

시접자
시접을 그릴 때 사용하므로 투명하고 15cm 내외 정도가 적당

문진
패턴을 그리거나 로터리 커터로 재단할 때 원단이 움직이지 않도록 고정해주는 도구

종이
패턴을 본뜰 때 사용

부직포 패턴지
패턴을 본뜰 때 사용. 반투명하고 모눈이 표시되어 있으면 더욱 편리합니다.

오버로크사
오버로크 재봉틀에 사용

재봉틀용 봉제사
재봉틀용 봉제사. 재봉틀 바늘의 두께에 따라 실의 두께도 다양합니다. 리넨 색상이나 아이보리 색상을 준비해두면 좋습니다.

손바느질 실
손바느질 할 때 사용하는 실. 퀼트용 실이 코팅되어 있어 엉키지 않고 작업하기 수월합니다. 주로 창구멍 마무리에 사용하므로 리넨 색상으로 준비해두면 좋습니다.

자수실
자수용 실. 일반 실에 비해 굵어 단추 등 단단히 봉제하는 데에도 쓰입니다.

시침실
시침용 실. 잘 끊어지며 실의 색이 천에 물들지 않습니다.

시침핀
봉제하기 전 천이 움직이지 않도록 고정하는 데 사용

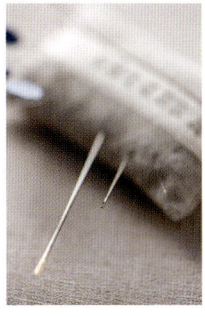

자수바늘 & 인형바늘

자수바늘은 바늘귀가 일반바늘에 비해 더 크고, 인형바늘은 바늘 길이가 길어 솜을 채운 후 인형의 마지막 작업에 주로 사용

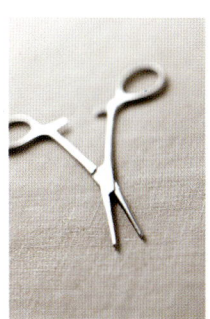

겸자

솜을 넣을 때 사용

실뜯개

실을 뜯을 때 사용

고무줄 끼우개

고무줄, 끈 등을 구멍에 끼울 때 사용

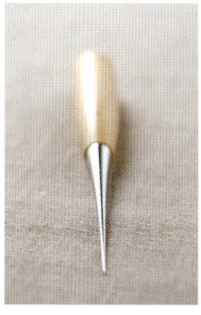

송곳

천에 구멍을 내거나 모서리를 깔끔하게 빼낼 때 사용

패브릭 본드풀

원단용 접착 풀

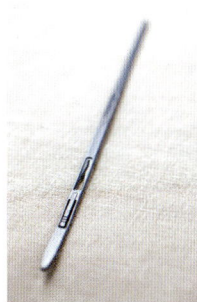

뒤집개

통이 좁은 원단을 뒤집을 때 사용

핀셋

웨이스트 캔버스를 뽑아낼 때 사용

웨이스트 캔버스

원단에 스티치를 놓을 때 일정한 간격으로 작업할 때 사용

아이론스케일

시접을 접어 다리기 쉽게 도와주는 도구

도트단추, 양면 징 기구

도트단추나 양면 징을 달아줄 때 사용

펀칭 기구

원단이나 가죽 등에 구멍을 내는 도구

가죽용 포크펀치

가죽에 일정한 간격으로 구멍을 뚫어주는 도구

매직테이프

양면테이프. 물에 닿으면 녹습니다.

고무망치

양면 징 기구, 펀칭 기구 등을 두드릴 때 사용

펀칭보드

송곳, 펀치 등으로 원단에 구멍을 뚫을 때 바닥이 상하지 않게 받쳐줍니다.

수틀

수를 놓기 쉽게 천을 팽팽하게 당겨주는 틀

부자재 용품

지퍼
입구 부자재

프레임
지갑, 가방 등의 입구 부자재

바네
안경집이나 작은 파우치 등의 입구 부자재

싸개단추

자개단추

나무단추

자석단추

스냅단추

도트단추

키홀더, 양면 징
열쇠를 걸 수 있게 고리가 달려 있습니다.

바이어스테이프
원단의 끝부분에 봉제하여 마무리를 깔끔히 처리하는 데 사용

레이스
정식하는 데 사용

리넨 테이프
장식을 위해 접어서 달아주거나 고리를 만들 때 사용

울바인딩테이프
옷이나 소품의 끝부분에 봉제하여 마무리를 깔끔히 처리하는 데 사용

오시도리면끈
조리개나 의복 등의 끈이나 여밈으로 많이 사용

면 가방끈
가방을 만들 때 주로 사용

끈
의복을 만들 때 허리 끈으로 사용

가죽끈
가방을 만들 때 손잡이로 사용

의류용 고무줄
의복을 만들 때 허리 고무줄로 사용

벨크로(깔깔이)
접착 부속물. 한 쌍으로 되어 있어 붙였다 떼었다 하기 좋습니다.

요요 플레이트
요요를 쉽고 정확하게 만들기 위한 틀

참 장식
금속이나 나무, 플라스틱으로 된 작은 장식품

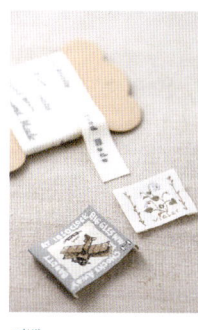

라벨
상표를 나타내주거나 장식하는 데 사용

와펜
장식하는 데 사용. 원단 위에 놓고 다리미로 다려주면 접착이 됩니다.

전사지
장식하는 데 사용. 원단 위에 놓고 다리미로 다려주면 접착이 됩니다.

스탬프
천에 이니셜을 새기거나 장식하는 데 사용

패브릭 전용 잉크
스탬프에 묻혀 천에 찍어준 후 다리미로 다리면 물에 빨아도 잘 지워지지 않습니다.

레이스 모티브
장식하는 데 사용

방울솜
인형, 쿠션 등에 넣어주며 잘 뭉쳐져 단단합니다.

구름솜
인형, 쿠션 등에 넣어주며 잘 뭉쳐지지 않아 폭신합니다.

재봉틀
천이나 가죽 등의 원단을 실로 엮어 봉제할 수 있도록 만든 기계

오버르크(overlock) 재봉틀
원단 끝의 올이 풀리지 않도록 휘감치기와 같은 오버르크 가공을 해주는 기계

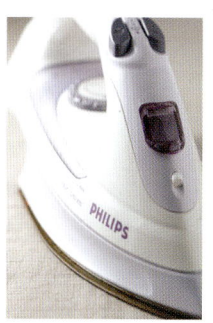

다리미
열과 압력을 이용하여 옷의 주름을 펴는 도구. 리넨의 적정 온도는 200도 이상으로, 원단 중에서는 가장 높은 열로 다려주어야 합니다.

Part 02

리넨, 기본기법은

바느질의 기초 `DVD 기법` ▶

실 꿰기 (한 줄 걸기/두 줄 걸기)

바느질을 처음 시작할 때엔 바늘에 실을 꿰어줘야 합니다. 실을 바늘에 꿰어준 뒤 매듭을 어떻게 짓느냐에 따라, 바느질을 했을 때 실이 한 줄로 봉제될지 두 줄로 봉제될지 결정됩니다.

1 바늘 구멍에 실을 한 줄 통과시켜 꿰어줍니다.

2 한쪽은 짧게, 다른 한쪽은 길게 빼낸 뒤 긴 쪽의 끝만 매듭지어주면 한 줄 걸기입니다. 시침질이나 공그르기, 또는 수놓기 등 간단한 바느질을 할 때 주로 사용합니다.

3 실을 걸고 남은 줄의 길이를 맞춘 뒤 두 끝부분을 함께 매듭지어주면 두 줄 걸기입니다. 일반적인 봉제를 할 때 사용하며 튼튼합니다.

매듭짓기 1

바느질을 할 때에는 실 끝에 매듭을 지어주어야 실이 빠지지 않고 바느질이 단단하게 됩니다.

1 매듭지을 실 끝을 왼손으로 잡고 오른손의 검지에 걸어주세요.

2 왼손으로 잡고 있는 실 끝을 오른손 검지 위로 감싸면 오른손의 검지에 고리가 생깁니다.

3 검지에 생긴 고리 사이로 실 끝을 통과시켜주세요.

4 양쪽 실을 잡아당겨주면 매듭이 지어집니다.

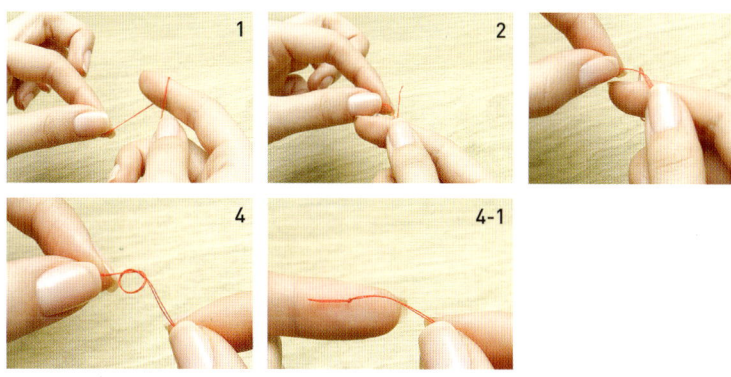

매듭짓기 2

1 바늘의 끝에 매듭지을 실을 대주세요.

2 오른손으로 실 끝을 빠지지 않게 잡은 뒤 왼손으로 실을 바늘에 2~3바퀴 감아주세요.

3 바늘에 감은 실을 바늘 잡은 손으로 함께 잡아 풀리지 않도록 고정합니다.

4 왼손으로 바늘의 끝을 잡고 바늘만 주욱 뽑아냅니다. 오른손으로 잡은 실 고리는 아래로 잡아당겨 주세요.

5 실의 끝부분까지 실 고리를 쭉 잡아당기면 매듭이 지어집니다.

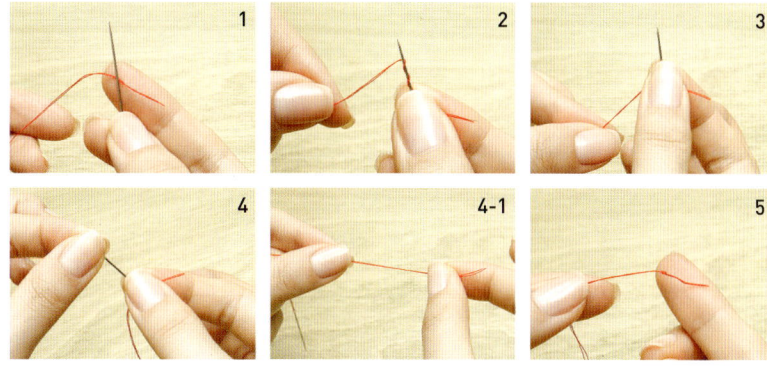

매듭 숨기기

매듭을 안쪽으로 숨겨 보이지 않게 해주는 기법입니다.

1 공그르기하여 마무리를 했을 경우 마무리 매듭을 겉에서 해야 합니다.

2 매듭을 지은 후 실을 자르지 않고 길게 빼냅니다.

3 최대한 매듭에 가깝게 바늘을 꽂아주세요.

4 매듭지은 곳에서 최대한 먼 곳에서 바늘을 빼내줍니다.

5 매듭이 안쪽으로 톡 소리를 내며 들어가도록 실을 잡아당겨주세요.

6 천에 주름질 정도로 실을 잡아당긴 뒤 쪽가위로 잘라내면 매듭짓고 남은 실이 천 안쪽으로 숨어
  보이지 않게 됩니다.

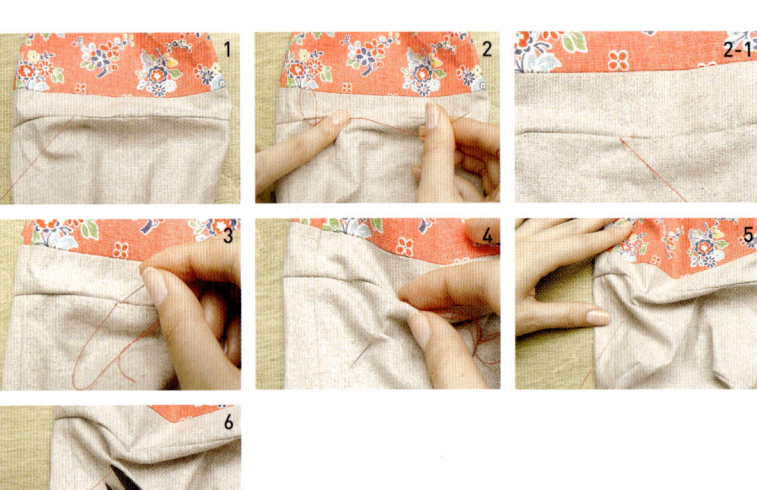

홈질하기

레이스와 같은 부자재를 장식하거나 임시고정으로 봉제해줄 때 사용하는 바느질 기법입니다.

1 원단의 겉면에 홈질할 모양을 초크로 표시해주세요.

2 홈질을 시작할 부분에 실을 건 바늘을 뒤에서 꽂아 앞으로 빼냅니다.

3 왼쪽으로 한 땀 크기 옆의 초크 선 위에 바늘을 꽂아 뒤로 빼줍니다. 한 땀의 크기로는 3~5mm 정도가 적당합니다.

4 왼쪽에 다시 한 땀 크기만큼 바늘을 꽂아 앞쪽으로 빼줍니다.

5 왼쪽으로 한 땀 크기 옆에 바늘을 다시 꽂아 뒤쪽으로 빼내줍니다.

6 이와 같은 방법을 반복하여 초크선 위를 모두 홈질해줍니다.

7 바늘로 주름을 잡듯이 같은 간격으로 땀을 떠준 뒤 실을 한 번에 빼내면 홈질을 좀 더 빠르게 완성할 수 있습니다.

8 홈질은 봉제할 때보다는 장식용 스티치로 많이 사용됩니다.

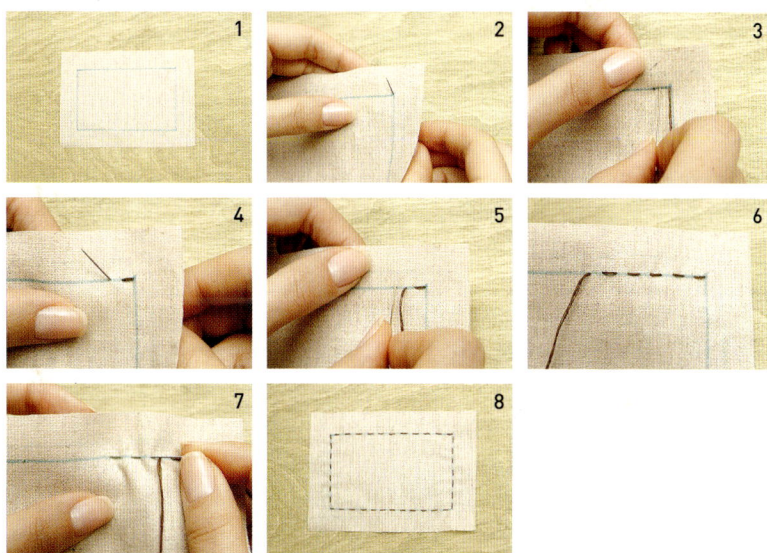

박음질하기

패치를 연결하거나 천을 봉제하여 이어주는 등 단단한 봉제가 필요할 때 사용하는 바느질 기법입니다. 가장 많이 쓰는 바느질법으로 이 책에서 봉제라고 하는 것은 거의 이 박음질로 작업해준다고 생각하시면 됩니다.

1 박음질할 선을 초크로 표시한 후, 시작 부분에서 약 3mm 왼쪽에 바늘을 찔러 앞쪽으로 빼줍니다.

2 첫 땀에서 3mm 오른쪽에 있는 초크선 시작 부분으로 바늘을 찔러 뒤쪽으로 빼줍니다.

3 6mm 왼쪽에 바늘을 찔러 앞쪽으로 뽑아줍니다.

4 3mm 오른쪽에 바늘을 찔러 뒤쪽으로 뽑아주세요.

5 같은 방법으로 초크 표시선을 따라 봉제합니다. 앞쪽에선 실이 한 겹으로 봉제되고, 뒤쪽에선 실이 두 겹으로 겹쳐집니다.

6 땀수를 촘촘히 반듯하게 작업해야 봉제가 튼튼하고 삐뚤어지지 않습니다. 박음질은 홈질보다 튼튼하여 모든 봉제를 이루는 바느질 법입니다.

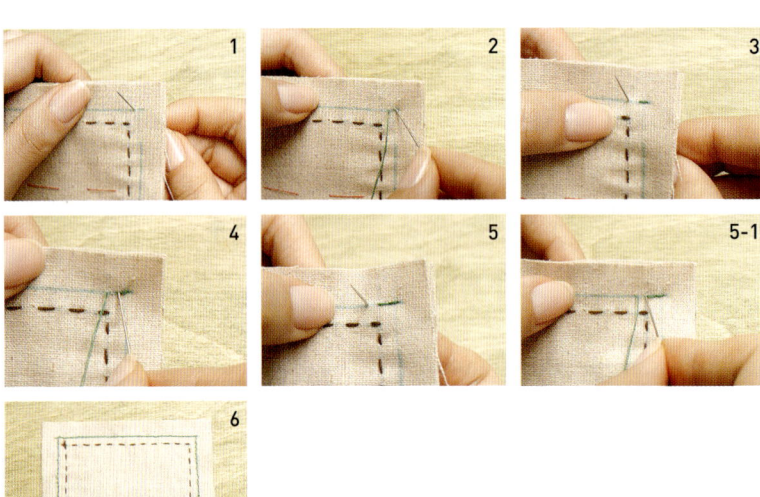

시침질하기

봉제하기 전 원단이 움직이거나 틀어지는 것을 막기 위해, 원단을 겹쳐 놓고 띄엄띄엄 넓게 바느질하여 임시고정해주는 기법입니다(시침핀 대신 사용합니다).

1 매듭짓지 않은 실을 한 줄만 걸어 준비하고 박음질할 원단을 겹쳐 바늘을 통과시켜주세요.

2 실은 모두 빼내지 않고 10cm 정도 여유분을 남겨주세요.

3 왼쪽으로 약 3~4cm 떨어진 지점에 바늘을 꽂아주세요.

4 같은 간격으로 뒤쪽에서 바늘을 꽂아주세요.

5 시침질한 후 실 끝도 마찬가지로 10cm 정도 여유분을 남기고 잘라내주세요.

6 원하는 봉제를 모두 마친 후 시침실은 잘라내거나 실을 잡아당겨 빼내줍니다.

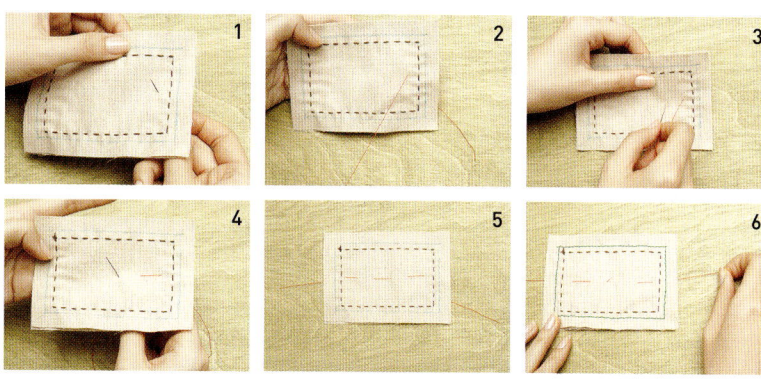

눌러박기(상침하기)

봉제가 끝난 후 겉과 안이 들뜨는 것을 막거나 장식적인 효과를 주기 위하여 안감과 겉감을 바깥쪽에서 한꺼번에 바느질해주는 기법입니다.

1 모든 봉제를 마무리한 후 겉쪽 면에서 가장자리에 가깝게 봉제해줍니다.

2 박음질 또는 홈질로 장식 효과를 주기 위해 사용하기도 합니다.

오버로크하기

천 가장자리의 올 풀림을 방지해주는 기법입니다.

1 오버로크할 원단을 준비해주세요.

2 오버로크 재봉틀 위에 원단을 올려놓고 오버로크 처리해주세요.

3 오버로크는 재단한 원단의 시접의 올이 풀리지 않도록 하기 위한 시접 처리 방법입니다.

감침질하기

오버로크 재봉틀이 없을 때 대신할 수 있는 바느질 기법입니다. 단점은 손바느질인만큼 많은 시간이 걸립니다.

1 시접 처리할 원단의 가장자리에 바늘을 꽂아 앞쪽으로 빼냅니다.

2 실과 함께 바늘을 원단 뒤쪽으로 돌려 2~3mm 떨어진 곳에 바늘을 꽂아 앞쪽으로 빼냅니다.

3 같은 방법으로 뒤쪽에서 바늘을 통과시켜 실을 원단 끝에 감듯이 바느질을 해줍니다.

4 촘촘한 땀으로 작업해주세요.

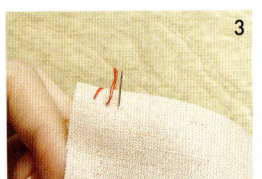

공그르기

주로 창구멍을 막거나 바이어스테이프를 달기 위해 사용하는 바느질 기법으로, 완성 후 바늘땀이 보이지 않는 것이 특징입니다.

1 공그르기할 시접을 마주 닿게 접어줍니다.

2 시접 안쪽의 접힌 곳에서 밖으로 바늘을 꽂아 빼주세요.

3 위쪽 시접에서 나온 바늘을 바로 밑의 아래쪽 시접에 꽂아줍니다.

4 접힌 시접 속에서 바늘을 3~5mm 정도 왼쪽으로 이동시킨 뒤 빼내주세요.

5 빼낸 바늘은 다시 위쪽 시접에 꽂아 3~5mm를 통과시킨 뒤 밖으로 빼내주세요.

6 같은 방법으로 끝까지 바느질해줍니다. 주름이 생기지 않도록 천을 좌우로 당겨가며 공그르기해줍니다.

7 공그르기는 땀이 작아 실이 거의 보이지 않는 바느질 방법으로 주로 창구멍을 막을 때 사용합니다.

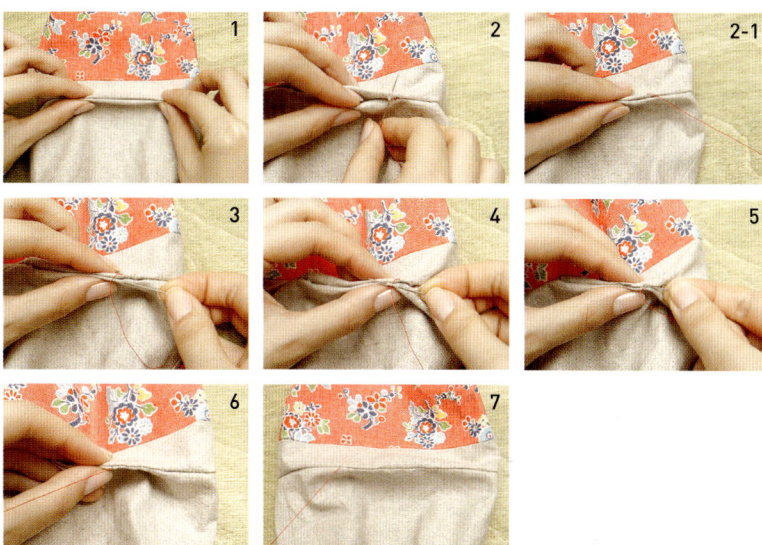

단춧구멍 만들기

재봉틀을 사용하여 단춧구멍의 테두리를 먼저 만들어준 뒤 중앙의 홈을 쪽가위나 실뜯개로 잘라줍니다.

1 단추 크기에 맞춰 원단에 단춧구멍을 초크로 표시해 주세요. 단춧구멍은 단추의 지름보다 2~3mm 정도 크게 그려줍니다.

2 단춧구멍 노루발을 준비합니다(재봉틀의 기종에 따라 노루발의 모양이 다를 수 있습니다).

3 단춧구멍 노루발을 재봉틀에 장착하고 초크로 표시한 위치에 맞춰 단춧구멍을 만들어주세요(재봉틀이 없을 경우 감침질로 꼼꼼히 작업해도 됩니다).

4 단춧구멍의 안쪽 끝 지점에 시침핀을 가로로 꽂아주세요. 단춧구멍 크기에 맞춰 시침핀을 꽂아주는 게 중요합니다.

5 실뜯개로 단춧구멍 아래에서부터 구멍을 내어줍니다.

6 시침핀으로 고정해놓으면 실뜯개로 구멍을 낼 때 칼날이 끝까지 밀리지 않고 시침핀에 막혀 깔끔하게 멈춥니다.

7 간단하게 쪽가위로 잘라 단춧구멍을 만들어도 됩니다.

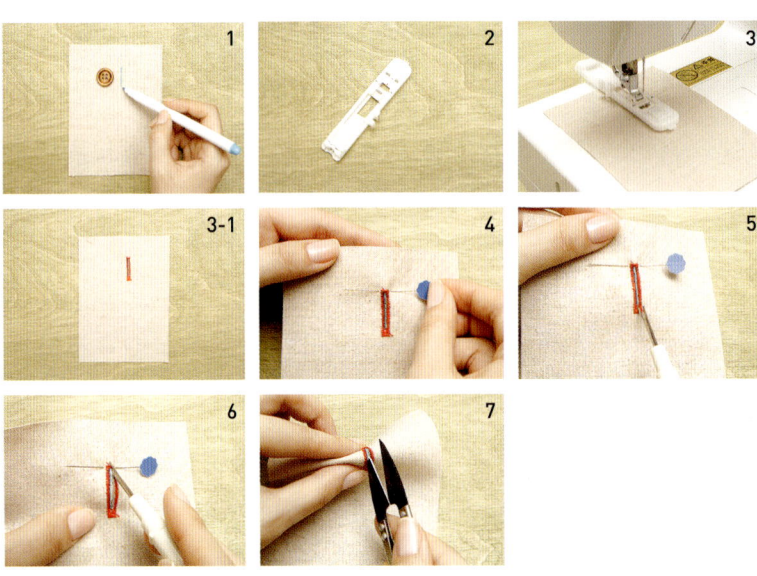

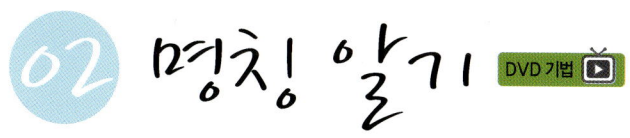

02 명칭 알기 DVD 기법 ▶

원단의 겉면과 안쪽 면

1 원단의 겉면 – 무늬가 프린트된 쪽을 원단의 겉면, 겉쪽이라고 합니다.

2 원단의 안쪽 면 – 무늬가 프린트된 쪽의 반대쪽 면을 원단의 안쪽 면이라고 합니다.

3 원단의 겉면, 안쪽 면

패치

연결하기 위한 각각의 조각을 패치라고 합니다.

시접

1 패치와 패치를 연결할 때 바느질을 하기 위한 천의 여분을 시접이라고 합니다. 시접은 대개 1cm입니다.

2 시접은 시접자와 초크를 사용해서 표시해줍니다.

가름솔

1 봉제한 시접을 양옆으로 벌려준 모양을 가름솔이라고 합니다.

2 가름솔로 벌린 시접은 다리미로 다려줍니다.

창구멍

원단의 안쪽면에서 작업한 것을 뒤집어 겉면이 바깥으로 나오게 하기 위한 구멍입니다. 주로 안감의 바닥 쪽이나 옆선에 미리 초크로 표시하여 봉제하지 않고 남겨둡니다. 5~10cm 정도가 적당하며 창구멍은 주로 공그르기로 마무리합니다.

03 실물패턴 사용하기 DVD 기법

패턴을 사용하기 위해서는, 패턴 원본을 잘라 사용하기보다 여러 번 사용하기 위해 다른 종이에 옮겨 그려주는 작업이 필요합니다. 옮겨 그릴 때는 중심선이나 단추 위치 등의 표시선도 모두 옮겨 그려주어야 하고, 패턴은 모두 시접이 포함되어 있지 않으므로 원단에 표시 후 1cm씩 시접선을 더 그려주어야 합니다.

1 부직포 패턴지와 실물패턴을 준비해주세요.

2 실물패턴 위에 부직포 패턴지를 올려놓고 문진으로 움직이지 않게 고정해주세요.

3 부직포 패턴지에 연필로 실물패턴을 베껴주세요. 이때 패턴에 표시된 중심선, 창구멍 패턴에 표시된 모든 안내선을 함께 옮겨 그려야 합니다.

4 연필로 그린 선을 따라 종이가위로 부직포 패턴지를 잘라주세요.

5 패턴을 여러 번 사용하기 위해서는 패턴을 자르기 전에 먼저 두꺼운 종이에 옮겨 그린 패턴을 풀로 붙여주세요.

6 표시선대로 잘라내주세요.

7 부직포 패턴지에만 옮겨 그려 사용하는 것보다는 오른쪽처럼 두꺼운 종이에 패턴을 붙여 여러 번 사용하는 것이 더 좋겠죠.

8 잘라서 준비한 패턴을 작업할 원단의 안쪽 면에 올려놓아주세요(패턴은 원단의 안쪽 면에 그려 작업합니다).

9 문진으로 패턴을 움직이지 않도록 고정하고 패턴을 따라 수성사인펜 초크로 패턴을 베껴 그려주세요.

10 패턴의 중심선, 창구멍 등 모든 안내선을 함께 표시해줍니다.

11 패턴에는 시접이 포함되어 있지 않으므로 사방에 시접을 1cm씩 더 그려주어야 합니다.

12 시접자와 초크로 1cm씩 시접을 더 그려주세요.

13 곡선 부분은 짧은 선으로 조금씩 그려서 이어주세요.

14 사방을 모두 정확히 시접을 그려주세요.

15 자를 사용하지 않고 시접라이너로 시접을 그리는 방법도 있습니다. 패턴을 올려놓고 문진으로 고정한 후 패턴 가장자리에 시접라이너(10mm)를 끼워주세요.

16 시접라이너의 구멍에 초크를 끼운 뒤 패턴을 따라 그려주세요.

17 패턴을 따라 끝까지 그려주세요.

18 마찬가지로 중심선, 창구멍 등의 안내선은 모두 표시해주세요.

04 재단하기 DVD 기법 ▶

재단가위를 이용해 초크로 표시한 시접선대로 정확하게 잘라주세요.

1 재단가위를 이용해 실물패턴대로 정확하게 잘라주세요.

2 시접을 잘라내지 않도록 주의해주세요.

3 로터리커터를 사용하여 재단을 할 때는 커팅매트 위에 원단을 올려놓고 로터리커터 손잡이를 당겨 칼날이 보이도록 합니다.

4 칼을 45° 각도로 잡고 안쪽에서 바깥쪽으로 밀어내듯이 칼을 밀어 재단합니다. 칼이 흔들려서 손이 다치지 않도록 주의해주세요.

5 패턴을 그린 시접선대로 정확하게 재단해 주세요.

패치 연결하기 `DVD 기법`

패치 연결은 항상 원단의 겉면끼리 마주 대어 봉제합니다. 패치 연결 시 시작과 끝부분에서 바느질 방향을 되돌려 7mm 정도 되박음질을 더 해주면 올이 풀리지 않고 튼튼하게 봉제됩니다.

1 연결할 패치를 준비해주세요.

2 패치의 겉면끼리 마주 대어주세요.

3 시접자와 초크를 사용하여 1cm 시접을 표시해 주세요.

4 패치를 시침핀으로 고정해주세요.

5 시접선을 따라 박음질로 꼼꼼히 봉제해주세요.

6 끝선까지 모두 봉제하고 매듭지어 마무리해주세요.

7 봉제한 후 시접을 가름솔로 다려주면 패치 연결이 완성됩니다.

06 심지와 솜 붙이기 `DVD 기법` ▶

작품에 폭신함이나 탄탄함을 더해주기 위해서 심지나 솜을 붙여줍니다. 심지와 솜은 시접 없이 재단하며, 실크 심지와 소프트 접착심지는 심지 쪽에서 다리지만 솜은 다리미 열에 약하므로 꼭 원단 쪽에서 다려 접착시켜 주어야 합니다.

1. 심지는 시접이 두꺼워지는 것을 방지하기 위해서 시접 부분에는 붙이지 않으므로 원단의 재단 사이즈보다 사방이 1cm씩 작습니다.
2. 실크심지와 소프트 접착심지는 접착면을 원단의 안쪽 면에 마주 대고 심지 쪽에서 다려 붙여줍니다.
3. 접착솜도 시접이 두꺼워지는 것을 방지하기 위해 재단 사이즈가 원단보다 사방 1cm씩 작습니다.
4. 접착면을 원단의 안쪽에 마주 대고 다리미가 솜에 닿지 않도록 원단 쪽에서 다려주세요. 솜은 뜨거운 열에 닿으면 녹습니다.
5. 솜과 심지 모두 움직이지 않도록 다림질할 때에는 꾹꾹 눌러 다려주어야 합니다.

Tip **다리미의 온도**

다리미의 온도는 다리미가 닿는 부분의 원단 종류에 따라 결정됩니다. 심지는 보통 면으로 만들어지므로 다리미의 온도를 면으로 맞춰줍니다. 솜과 같은 경우엔 원단 쪽에서 다려주므로 원단의 종류에 맞는 온도로 다려줍니다. 심지의 경우에도 실크심지와 같은 경우에는 실크에 맞는 온도로 다려주어야만 녹지 않고 원단에 잘 접착됩니다.

뒤집기 DVD 기법 ▶

창구멍을 통해 천의 안팎을 뒤집어줍니다. 쉽게 뒤집기 위해서는, 창구멍에서 가장 먼 쪽부터 밖으로 빼내줘야 합니다.

1 창구멍을 통해 손을 집어넣고 겉감이 보이도록 빼냅니다.
2 창구멍에서 가장 먼 곳부터 빼내야 쉽게 뒤집을 수 있습니다.

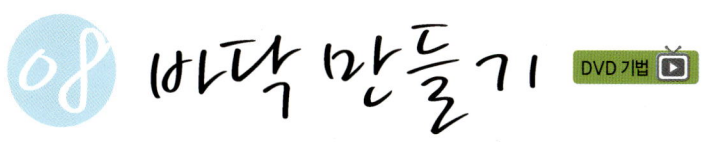

08 바닥 만들기 DVD 기법 ▶

앞판과 뒤판이 완성되어 있을 때 바닥 쪽 모서리 두 곳을 접어 봉제해 주면, 평평하고 네모난 바닥 부분이 만들어져 가방이나 바구니를 쉽게 만들 수 있습니다.

1. 몸판 양옆을 봉제한 후 반으로 접힌 시접에 가위집을 넣어줍니다.

2. 양옆의 시접을 가름솔로 벌려줍니다.

3. 가름솔로 벌려준 시접을 다리미로 꼼꼼히 다려줍니다.

4. 봉제한 선을 중심으로 양옆을 대칭으로 맞춰줍니다. 5cm 넓이의 바닥을 만들 경우엔 양옆으로 2.5cm가 되도록 자를 놓은 뒤 초크로 표시하는 것이 좋습니다.

5. 초크로 표시한 선대로 봉제합니다.

6. 봉제한 선에 가깝게 나머지 부분을 잘라냅니다. 봉제선이 잘리지 않도록 주의하세요.

7. 양옆에 같은 작업을 하여 바닥을 만들어줍니다.

09

바이어스테이프 만들기  DVD 기법

창구멍 뒤집기로 봉제하지 않고 겉에서 봉제한 작품은 시접 부분을 마감하는 방법으로 바이어스테이프를 달아줍니다. 바이어스는 원단의 식서 반대 방향을 뜻하며 사방으로 늘어나는 특성을 가지고 있습니다.

1 바이어스테이프를 만들 가로, 세로 반듯한 원단을 준비해주세요.

2 방안자에 표시되어 있는 45° 각도를 맞추어주세요.

3 자를 따라 로터리커터로 잘라주세요.

4 원단이 45° 각도로 잘립니다.

5 잘린 면을 기준으로 4~5cm 두께로 재단합니다.

6 바이어스테이프의 두께는 원하는 사이즈대로 재단해 사용합니다.

7 바이어스는 원단을 잡아당겼을 때 늘어나는 것을 볼 수 있어요

8 바이어스테이프를 길게 연결하기 위해 2장을 재단해 준비해주세요.

9 바이어스테이프를 겉면끼리 마주 대고 끝선이 마주 닿게 올려놓아주세요. 시접을 생각하여 원단의
   끝이 아니라 1cm 안쪽이 겹쳐지게 놓아야 합니다.

10 시침핀으로 고정해주세요.

11 끝선끼리 연결하여 초크로 표시해주세요.

12 초크로 표시한 선대로 봉제해주세요.

13 봉제한 후 나머지 모서리는 잘라내주세요.

14 봉제한 후 시접은 가름솔로 다려주고 마무리합니다.

15 바이어스테이프의 안쪽면 끝에 매직테이프(10mm)를 붙여주세요. 한쪽 면에만 붙여주세요.

16 매직테이프의 필름을 벗겨내세요.

17 매직테이프를 붙인 만큼 안쪽으로 접어 시접이 움직이지 않게 해주세요.

18 바이어스테이프가 완성되었습니다.

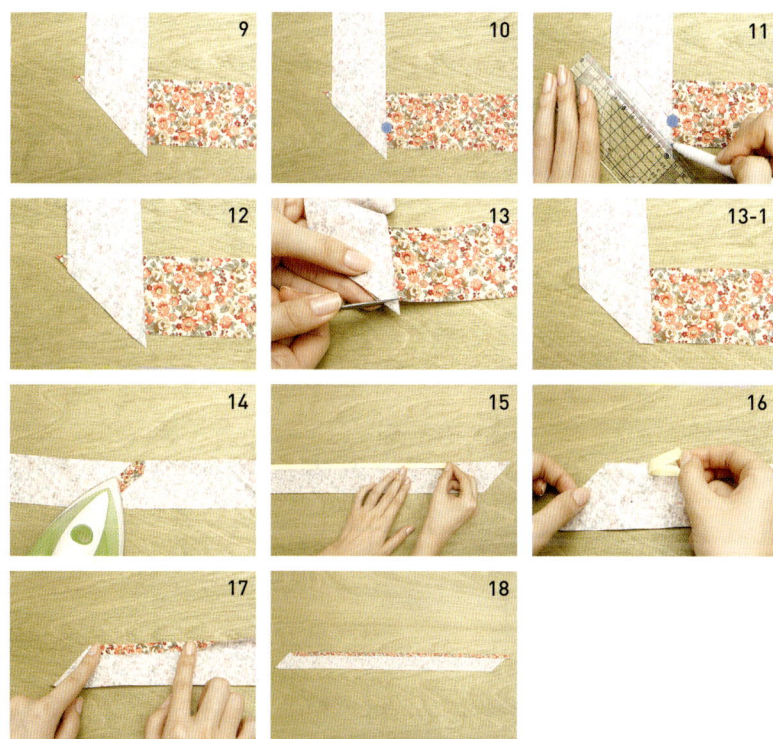

10

바이어스 달기 DVD 기법 ▶

시접 부분을 깔끔하게 처리하는 기법에는 손으로 공그르기를 하여 실밥이 보이지 않도록 달아주는 방법과 재봉틀로 시접을 감싼 바이어스 위를 상침하여 봉제하는 방법이 있습니다.

바이어스 달기 1

1 바이어스테이프 겉면을 바스켓 겉면에 마주 대어주세요. 이때 접어 붙인 시접 부분이 아래를 향하게 해주세요.

2 입구 둘레를 모두 시침핀으로 임시고정해주세요.

3 시작과 끝부분은 약 2~3cm 겹쳐주세요.

4 입구 둘레를 1cm 시접으로 봉제합니다.

5 봉제한 후 바이어스테이프를 안쪽으로 꺾어주세요.

6 바이어스테이프의 끝부분은 안쪽으로 5~6mm 접어 넣어 마무리합니다.

7 바이어스 끝부분을 이렇게 안쪽으로 접어서 감싸주면 올이 풀리지 않고 깔끔한 모양이 됩니다.

8 바이어스테이프를 모두 안쪽으로 감싸주세요.

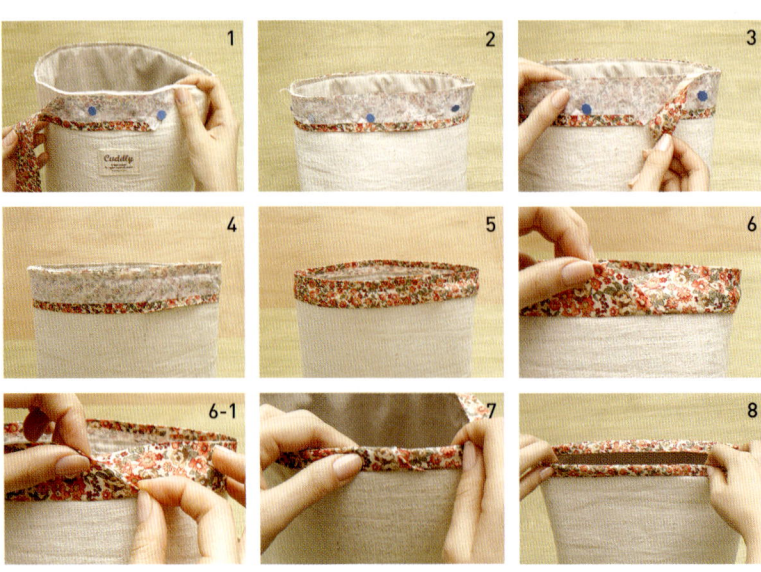

9 안쪽에서 공그르기로 바이어스테이프를 고정해주세요.

10 입구를 모두 공그르기로 마무리하면 바느질 선이 보이지 않는 바이어스 두르기가 완성됩니다.

바이어스 달기 2

시중에 판매하는 바이어스테이프는 작업하기 편하도록 시접이 양쪽 모두 접혀 있습니다.

1 바이어스테이프의 시접을 모두 안쪽으로 접은 후 패브릭 본드풀이나 매직테이프를 붙여줍니다.

2 패브릭 본드풀을 묻힌 부분을 바스켓 입구 안쪽에 둘러 붙여준 뒤, 남은 바이어스테이프 반쪽을 바스켓 입구 바깥쪽으로 접어 감싸듯이 붙여줍니다.

3 입구 둘레를 모두 감싸 붙여주세요.

4 끝 지점은 한쪽으로 한번 접어 붙여주세요.

5 입구 둘레를 바이어스 가장자리에 가깝게 봉제해주세요.

6 바이어스테이프를 편리하게 달 수 있는 방법이지만, 봉제선이 보이고 바이어스 앞뒤의 위치가 어긋날 수 있으니 주의해주세요.

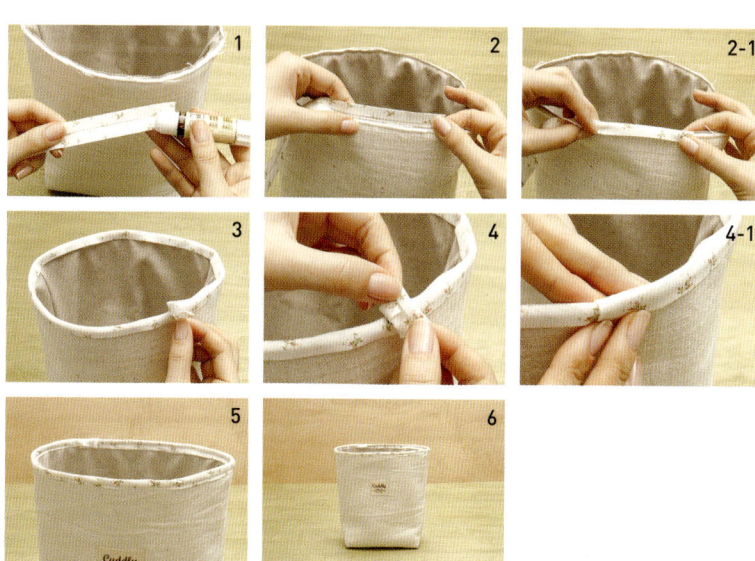

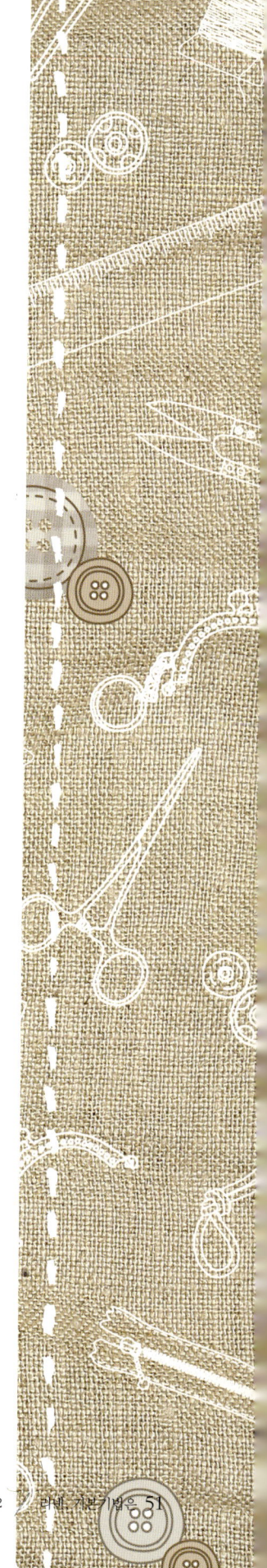

11

전사지 붙이기 알아두면 좋은 **부자재 사용법**

전사지에 있는 무늬를 원단에 맞댄 뒤 다리미로 다려주면 전사지의 무
늬가 원단 위로 옮겨집니다. 특별한 포인트를 주고 싶을 때 전사지를
이용해 작품을 꾸며보세요.

1 전사지를 붙일 만큼만 잘라 준비해주세요.

2 원단의 겉면에 전사지의 접착면을 마주 닿게 올려줍니다.

3 전사지 위에 조각천을 덮어주세요.

4 다리미로 꾹꾹 눌러 접착시켜줍니다. 다리미를 문지르면 전사지가 흔들릴 수 있으니 꾹꾹 눌러 다
려주세요.

5 전사지의 필름을 천천히 떼어내주세요. 식기 전에 떼어내야 깔끔하게 떨어집니다.

12 싸개단추 만들기 알아두면 좋은 **부자재 사용법**

천으로 감싼 단추를 싸개단추라고 합니다. 자신이 원하는 천으로 단추를 만들고 싶을 땐 싸개단추용 몰드를 이용해서 만들 수 있습니다.

1 싸개단추를 만들 단추심의 크기보다 사방 2cm 정도 큰 사이즈로 원단을 잘라 준비해주세요.

2 원단의 겉면이 싸개단추 몰드에 마주 닿도록 올려놓아주세요.

3 그 위에 싸개단추 심의 볼록한 부분이 원단의 안쪽 면에 닿도록 올려놓아주세요.

4 싸개단추 심이 몰드 안에 쏙 들어가도록 손가락으로 눌러줍니다.

5 몰드에 맞춰 원단의 가장자리를 조금 잘라주세요.

6 원단의 남는 부분이 몰드의 안쪽을 향하도록 접어줍니다.

7 싸개단추 뒷마개의 고리가 위쪽을 향하도록 몰드 위에 덮어주세요.

8 원단이 튀어나오지 않도록 주의하며 싸개단추 뒷마개 위에 몰드 누르개를 올려 덮어줍니다.

9 양손으로 톡 소리가 날 때까지 누르개를 눌러주세요.

10 톡 소리가 나면 누르개를 빼냅니다.

11 몰드의 뒷면을 눌러 싸개단추를 빼내주면 완성입니다.

스티치하기 알아두면 좋은 **부자재 사용법**

스티치는, 예전엔 천을 꿰매 붙이기 위한 실용을 목적으로 사용되어 왔으나 요즘엔 장식만을 목적으로 하는 경우가 늘었습니다. 제품에 포인트를 주고 싶을 때 아주 유용한 바느질 기법입니다.

1 수틀보다 약간 큰 크기의 원단을 준비해주세요.

2 수틀의 나사를 풀고 나사가 없는 수틀에 원단을 올려놓습니다.

3 나사가 풀린 수틀을 원단 위에 올려 끼운 뒤 나사를 조여 원단을 팽팽하게 당겨줍니다.

4 웨이스트 캔버스지를 잘라 수놓을 위치에 올려주세요.

5 웨이스트 캔버스지의 네 모서리를 모두 시침하여 고정해주세요.

6 스티치할 이미지를 웨이스트 캔버스지에 초크로 표시합니다.

7 원단의 뒤쪽에서부터 바늘을 통과시켜 모양대로 스티치해주세요.

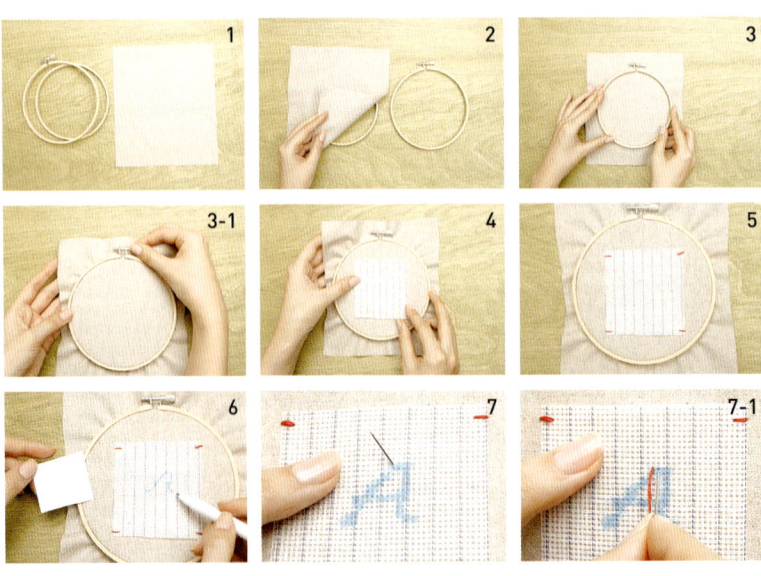

8 원단의 뒤쪽에서 매듭을 지어 마무리해줍니다.

9 스티치를 마무리한 후 가장자리를 시침했던 실은 모두 잘라주세요.

10 스티치에 가깝게 웨이스트 캔버스지를 잘라주세요.

11 핀셋을 사용하여 남아 있는 웨이스트 캔버스지를 한 올씩 빼내주세요.

12 웨이스트 캔버스지를 모두 빼낸 후 수틀의 나사를 풀어 원단을 빼내주세요.

13 다리미로 다려 마무리합니다.

Part 03

리넨, 생활소품으로

늘어가는 카드를 부탁해, **쓰리 패치 카드 지갑**

재봉틀이 없어도 리넨작품에 도전할 수 있습니다!

이 작품에서는 손바느질로 작업하는 방법을 소개합니다. 눈을 크게 뜨고 잘 따라 해보세요.

지금부터 설명하는 기본적인 바느질법만 익혀두면 이 책에서 소개하는 모든 작품을 손쉽게 만들 수 있습니다.

바느질의 이해를 돕기 위해 사진에선 붉은 실을 사용했습니다.

실제 작품을 만들 때에는 원단에 어울리는 색의 실로 바느질해주세요.

준 비 물 예상 재료비 15,000원 | 예상 제작 시간 2시간 | 완제품 예상가 30,000원

원단
□ 플라워 리넨 ½마 □ 스트라이프 ½마 □ 단색 ½마 □ 접착심지 ½마

부자재
□ 장식용 레이스 13cm □ 12mm 단추 1개 □ 오시도리면끈 25cm
□ 카드지갑 속지 1개

봉제용품
□ 바늘 □ 자수용 바늘 □ 봉제사 □ 손바느질용 실 □ 시침핀 □ 매직테이프
□ 쪽가위 □ 수성사인펜 초크 □ 시접자 □ 송곳 □ 자수실

재 단 하 기 재단 사이즈는 모두 시접 1cm를 포함하고 있습니다.

ⓐ 겉감용 패치 14×13.5cm 1장
ⓑ 겉감용 패치(플라워) 7×10cm 1장
ⓒ 겉감용 패치(스트라이프) 7×5.5cm 1장
ⓓ 안감 19×13.5cm 1장
ⓔ 꽂이감 14×13.5cm 2장
ⓕ 몸판용 접착심지 17×11.5cm 1장
ⓖ 꽂이감용 접착심지 6×11.5cm 2장

패치 연결하기

조각 원단들을 하나로 연결해 봉제하는 것을 패치 연결이라고 합니다. 겉감용 패치 a, b, c를 연결하여 하나의 겉감으로 만듭니다.

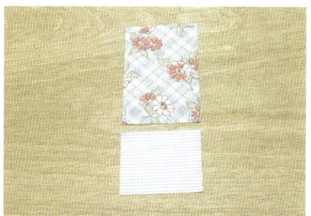

1 겉감 패치를 연결하기 위해 플라워 리넨 패치 (b)와 스트라이프 리넨 패치 (c)를 준비합니다.

2 겉감 패치 (b)와 (c)의 아래쪽을 겉면끼리 마주 대고 시침핀으로 고정해주세요.

Tip
패치를 연결할 때는, 연결해줄 패치의 겉면과 겉면을 마주 대어 봉제해야만 올바른 패치가 완성됩니다.

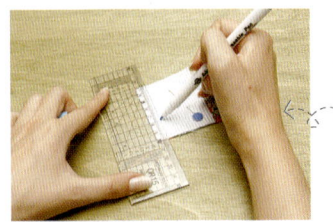

3 시접자와 초크를 사용해 패치가 맞닿은 면에 1cm의 시접을 표시 해주세요.

박음질하기

패치를 연결할 때는 박음질이라는 바느질 기법을 사용합니다.
먼저 원단 끝의 7mm 부분에서 바느질을 시작해 원단 끝까지 박음질한 후, 반대 방향으로 바꾸어 끝까지 박음질을 해줍니다. 그 후 다시 반대 방향으로 바꾸어 7mm 정도 겹치게 박음질해주면 바느질의 시작과 끝부분이 튼튼해져 잘 풀리지 않게 됩니다.

4 끝에서 약 7mm 떨어진 지점에서 바느질을 시작합니다. 먼저 뒷면에서 앞면으로 바늘을 빼줍니다.

5 원단 끝까지 박음질을 해주세요. 왼쪽으로 한 땀 옆에 바늘을 찔러 뒤쪽으로 빼줍니다.

6 바느질을 처음 시작했던 곳의 한 땀 오른쪽 옆에서 바늘을 빼어줍니다.

7 바느질을 시작한 첫 번째 구멍으로 바늘을 넣어 뒤쪽으로 빼줍니다.

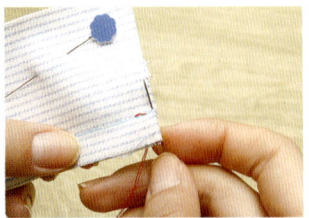

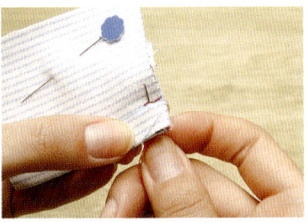

8 마지막 땀에서 오른쪽으로 한 땀 떨어진 곳에서 바늘을 찔러 앞쪽으로 빼줍니다.

9 왼쪽으로 한 땀 옆에 바늘을 찔러 넣어 천에 비어 있는 공간을 채워줍니다. 이제 박음질 방향을 왼쪽으로 바꿔주세요.

10 맨 처음 땀에 겹쳐지도록 뒤쪽에서 바늘을 통과시켜줍니다.

11 오른쪽으로 한 땀 옆에 바늘을 찔러주세요.

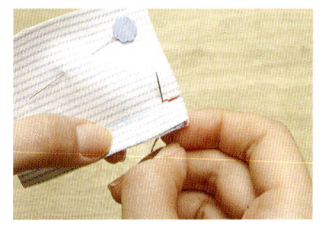

12 왼쪽으로 두 땀 옆에 바늘을 찔러 앞쪽으로 빼줍니다.

13 오른쪽으로 한 땀 옆에 바늘을 찔러 넣어주세요.

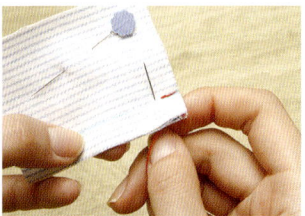

14 왼쪽으로 두 땀 옆으로 바늘을 찔러 올려주세요.

15 오른쪽으로 한 땀 되돌아 뒤쪽으로 바늘을 찔러줍니다.

16 같은 방법으로 끝부분까지 쭉 박음질을 합니다. 이제 다시 방향을 바꾸어 박음질을 조금 더 해주세요.

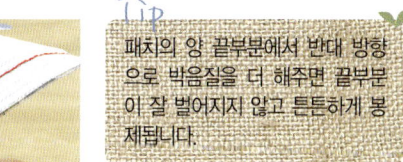

Tip
패치의 양 끝부분에서 반대 방향으로 박음질을 더 해주면 끝부분이 잘 벌어지지 않고 튼튼하게 봉제됩니다.

17 끝에서 7mm 떨어진 지점으로 바늘을 뽑아 올려주세요.

18 왼쪽으로 한 땀 박음질 해줍니다. 두 번 반복해주세요.

실 매듭짓기

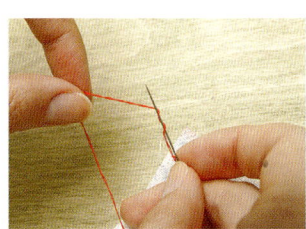

19 실을 바늘에 2~3바퀴 감아주세요.

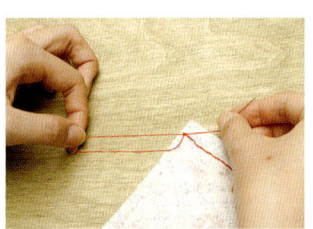

20 감은 실을 왼쪽 손으로 누르고 오른쪽 손으로 바늘을 잡아당기면 둥근 고리가 생깁니다. 실이 감겨있는 부분이 매듭지을 부분에 가도록 고리와 바늘 쪽 실을 살살 당겨줍니다.

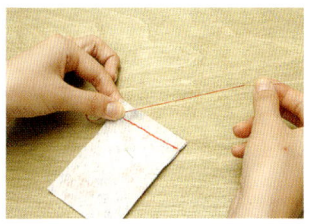

21 매듭 부분을 살짝 눌러주며 실을 쭉 잡아당기면 매듭이 생깁니다.

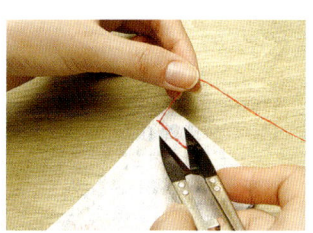

22 매듭짓고 남은 실은 쪽가위로 잘라냅니다.

가름솔 만들기

양쪽으로 벌린 시접의 모양을 가름솔이라고 합니다.

23 봉제한 시접을 다리미로 다려주면 바느질로 인해 울었던 부분이 판판해집니다.

24 겉감 패치 (b)와 (c)를 모두 안쪽 면이 위로 오도록 펼친 뒤 시접을 양쪽으로 벌려주세요.

25 가름솔로 벌린 시접을 다리미로 꼼꼼히 다려줍니다.

패치 연결하기 2

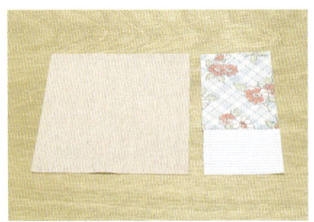   

26 연결한 겉감 패치 (b), (c)와 겉감 패치 (a)를 준비해주세요.

27 겉감 패치 (a)의 겉면 오른쪽 옆선에 맞추어 연결된 겉감 패치 (b), (c)를 겹치게 올려놓되 겉면이 아래로 가게 올려놓습니다.

28 시침핀으로 고정한 뒤, 겹쳐진 옆선에서 1cm의 시접선을 초크로 표시해주세요.

29 끝에서 7mm 떨어진 지점에서 박음질을 시작해주세요.

 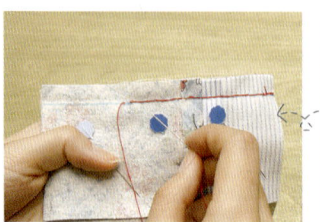 

30 겉감 패치 (b), (c)를 연결했던 것처럼 되돌아박기로 시작한 뒤 반대 방향으로 바꾸어 박음질로 모두 박아줍니다.

31 초크 표시선을 따라 박음질로 봉제하여 패치를 연결합니다.

 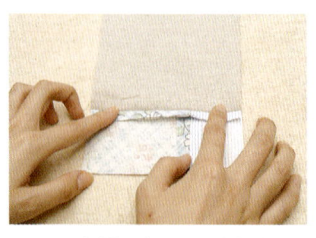 

32 봉제한 시접은 다리미로 다려주세요.

33 시접을 양쪽으로 벌려 가름솔로 만듭니다.

34 가름솔로 벌린 시접을 다리미로 꼼꼼히 다려주면 겉감이 완성됩니다.

심지 붙이기

원단에 심지를 붙여주는 이유는 원단에 힘을 주어 완성품의 형태를 탄탄하게 만들어주기 위해서입니다.

35 겉감의 시접이 보이는 안쪽 면에 몸판용 접착심지(f)의 접착면을 마주 대어주세요. 심지는 시접이 두꺼워지는 것을 방지하기 위해 패치한 원단보다 사방이 1cm씩 작습니다.

36 다리미로 심지를 꾹꾹 눌러 접착시켜주세요. 심지를 붙이는 다리미의 온도는 면직을 다리는 정도가 적당합니다.

37 꽂이감(e)을 안쪽 면이 서로 마주 닿도록 세로를 반으로 접어주세요.

38 반으로 접은 선에 맞추어 꽂이감용 접착심지(g)를 접착면이 안쪽 면과 마주 닿도록 올려놓아주세요.

39 다시 반으로 접어 다리미로 꾹꾹 눌러 접착시켜줍니다. 꽂이감 2장 모두 같은 작업으로 만들어주세요.

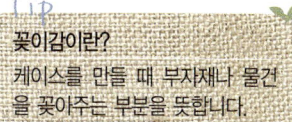

TIP

꽂이감이란?
케이스를 만들 때 부자재나 물건을 꽂아주는 부분을 뜻합니다.

장식하기

이 과정에선 레이스와 단추를 여밀 수 있는 끈을 달아줄 것입니다.

40 레이스를 준비하고 매직테이프를 레이스 길이만큼 잘라주세요.

41 레이스에 매직테이프를 붙여주세요.

42 매직테이프의 필름을 떼어냅니다.

43 겉감 겉면의 패치 연결선에 레이스를 붙여줍니다.

홈질하기

44 끝선에서 약 7mm 떨어진 지점에서 바늘을 통과시켜주세요.

45 통과한 바늘을 왼쪽으로 2~3mm 정도 한 땀 떠주세요.

46 2~3mm 정도 떨어진 왼쪽 지점으로 바늘을 꽂아 올려주세요.

47 왼쪽으로 한 땀 옆에 바늘을 꽂아 뒤쪽으로 빼냅니다.

48 같은 방법으로 계속 홈질하여 레이스를 고정해주세요.

49 봉제하고 난 후 남은 레이스는 가장자리에 맞춰 쪽가위로 잘라냅니다.

여밈용 매듭 만들기

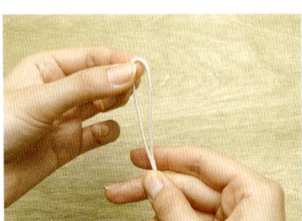

50 오시도리면끈을 반으로 접어주세요.

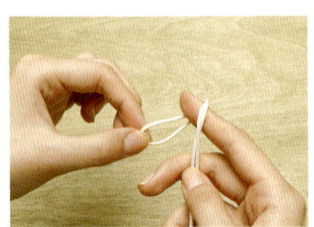

51 오른손의 검지에 오시도리면끈의 고리 부분을 걸어주세요.

52 왼손의 고리를 오른손 검지에 걸린 면끈 아래로 잡아당겨 손가락에 고리를 만들어주세요.

53 오른손 검지에 생긴 고리에 왼손의 고리를 통과시켜주세요.

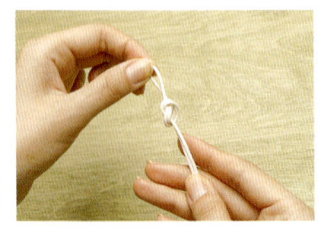

54 단추가 들어갈 공간을 남기고 고리를 잡아당겨 매듭을 짓습니다.

여밈 달기

55 패치가 완성된 겉감의 왼쪽 옆 선을 반으로 접어 초크로 중심 선을 표시해주세요.

56 초크로 표시한 지점에 오시도 리면끈을 올려놓습니다.

57 오시도리면끈을 가장자리에 가 깝게 박음질로 고정시켜주세 요.

58 튼튼히 박아준 후 남은 끈은 가장자리에 맞춰 쪽가위로 잘 라줍니다.

합봉하기

만들어놓은 겉감과 안감, 꽂이감 등을 하나로 합쳐주는 것을 합봉이 라고 합니다.

59 겉감을 겉면이 위로 보이도록 준비해주세요.

60 겉감의 겉면 위에 사진처럼 꽂이감(e)을 양쪽 선을 기준으 로 올려줍니다.

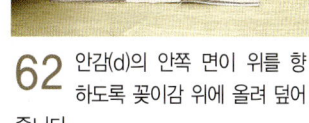

61 이때 꽂이감의 열려있는 쪽이 바깥쪽으로 향하도록 놓아야 합니다.

62 안감(d)의 안쪽 면이 위를 향 하도록 꽂이감 위에 올려 덮어 줍니다.

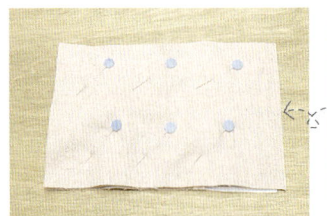 

63 겉감, 꽂이감, 안감을 함께 시
침핀으로 고정해주세요.

65 창구멍을 제외한 표시선대로
꼼꼼하게 박음질해주세요.

66 시접은 봉제한 선에 가깝게 가
위로 모두 잘라냅니다. 바느질
선은 자르지 않도록 주의하세요.

64 아래쪽에 창구멍을 5cm 정도
초크로 표시해줍니다. 남은 부
분의 사방에는 1cm 시접선을 초크로
표시해주세요.

67 단, 창구멍의 시접은 남겨둔
채 잘라냅니다.

뒤집기

68 창구멍을 벌려 겉감 쪽이 보이
도록 뒤집어주세요.

69 겉감이 보이도록 뒤집은 모양
입니다.

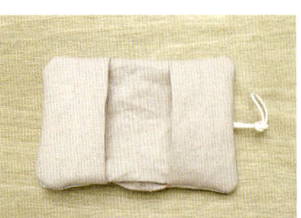

70 꽂이감은 안감을 향하도록 모
양을 정리해줍니다.

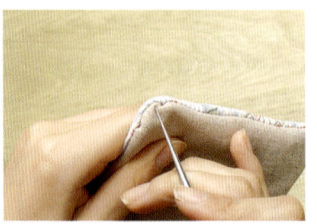

71 울퉁불퉁한 모서리는 송곳을
이용하여 다듬어주세요.

공그르기로 창구멍 막기

창구멍을 통해 겉감이 보이도록 뒤집은 후에 공그르기로 창구멍을 막아줍니다. 공그르기를 사용하면 뒤집기 전에 박음질했던 부분과 다르지 않은 모양으로 봉제되므로 작품을 깔끔하게 마무리할 수 있습니다.

72 창구멍의 위쪽 시접 안쪽에서 바늘을 통과시켜 빼내주세요.

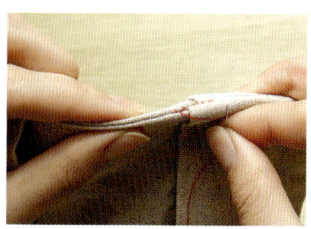

73 창구멍의 시접을 서로 마주 닿게 접어주세요.

74 창구멍 아래 시접에 바늘을 넣어 왼쪽으로 5~7mm 정도 통과시킨 뒤 밖으로 빼냅니다.

75 같은 방법으로 위쪽 시접에도 바늘을 넣어 7mm 정도 통과시킨 뒤 바늘을 밖으로 빼냅니다. 창구멍의 위, 아래 시접을 공그르기로 봉제합니다.

76 공그르기를 끝마친 후 바늘에 실을 2~3번 감아주세요.

77 왼쪽 손으로 감은 실을 눌러주고 오른손으로 바늘을 잡아당겨 매듭을 짓습니다.

78 매듭을 짓고 남은 실은 바로 잘라내지 않습니다. 매듭에서 가까운 곳에 바늘을 길게 통과시켜주세요.

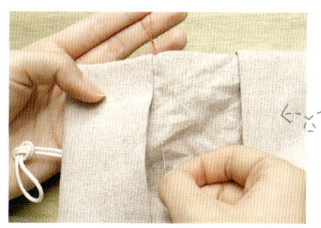

79 안감 쪽으로 바늘을 빼내어 줍니다. 매듭에서 멀리 떨어진 곳으로 바늘을 빼냅니다.

80 실을 최대한 잡아당기고 쪽가위로 실을 잘라내 주세요. 매듭이 안쪽으로 숨어 매듭과 실 끝이 보이지 않아 깔끔하게 마무리됩니다.

81 공그르기가 마무리됐으면 다리미로 꼼꼼히 다려줍니다.

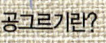
TIP

공그르기란?
창구멍을 막을 때 주로 쓰이며, 바느질 땀이 겉으로 드러나지 않는 게 특징인 바느질법입니다.

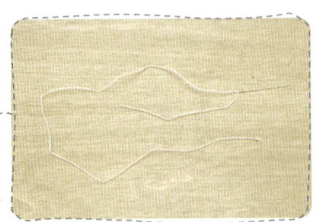

82 자수용 바늘에 자수실을 걸어
주세요. 한 줄만 걸어 끝을 매
듭지어주세요.

84 오시도리면끈으로 만든 고리
를 여닫아서 단추가 달릴 위치
를 초크로 표시해주세요.

85 자수실을 건 바늘을 초크로
표시한 지점에 통과시켜주세
요. 이때 안감 쪽에서 바느질을 시작
해야 매듭이 꽂이감에 가려 보이지 않
습니다.

83 몸판을 반으로 접어주세요.

TIP
단추를 달아줄 때는 꽂이감을 함
께 봉제하지 않고 안감과 겉감만
봉제하도록 주의해야 합니다.

86 단춧구멍에 바늘을 통과시켜
주세요.

87 겉감을 한 땀 뜨고 단춧구멍에
통과시키는 작업을 두세 번 반
복해주세요.

88 실을 2~3번 감아 단추를 고
정해줍니다.

 **89** 바늘을 뒤쪽으로 통과시켜주세요.

 **90** 꽂이감과 함께 봉제되지 않도록 바늘을 빼내어주세요.

 **91** 바늘에 실을 2~3번 감아주세요.

 **92** 왼쪽 손으로 감은 실을 누르고 오른손으로 실을 잡아당겨 매듭을 지어주세요.

 **93** 매듭지은 후 나머지 실은 잘라냅니다.

 **94** 단추를 달아준 모습입니다.

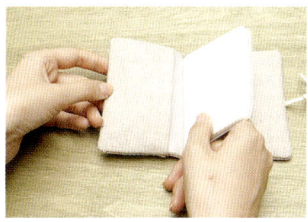 **95** 꽂이감에 카드 지갑 속지를 끼워줍니다.

 **96** 늘어가는 카드를 깔끔하게 정리해줄, 쓰리 패치 카드 지갑이 완성되었습니다.

 Application

원단을 바꿔서 만들 수도 있어요.

카드 지갑의 패치 모양을 바꾸지 않은 채 원단과 레이스만 바꿔줘도 자신의 개성이 드러나는 작품으로 만들 수 있습니다. 할인카드나 쿠폰 등 늘어나기만 하는 카드와 명함들을 스스로 디자인한 카드 지갑에 깔끔하게 수납해보세요. 가방을 여는 것이 즐거워집니다.

얼굴에 닿는 감촉이 부드러운, 오가닉 와플 세안밴드

이번 작품에서는 바이어스테이프 사용법과 벨크로 사용법을 소개합니다.
바이어스테이프를 손바느질로 다는 방법을 배워봅시다.
더불어 도안을 이용한 가장 간단하고 기본적인 재단법도 익혀두면 아주 좋습니다.

준비물 예상 재료비 15,000원 | 예상 제작시간 1시간 | 완제품 예상가 30,000원

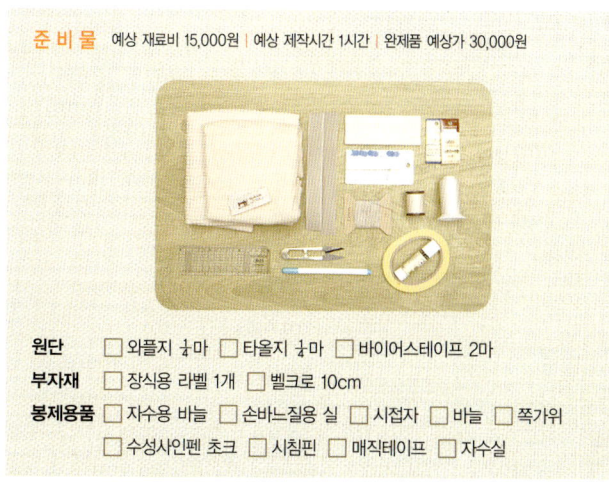

원단 ☐ 와플지 ½마 ☐ 타올지 ½마 ☐ 바이어스테이프 2마
부자재 ☐ 장식용 라벨 1개 ☐ 벨크로 10cm
봉제용품 ☐ 자수용 바늘 ☐ 손바느질용 실 ☐ 시접자 ☐ 바늘 ☐ 쪽가위
☐ 수성사인펜 초크 ☐ 시침핀 ☐ 매직테이프 ☐ 자수실

재단하기 재단 사이즈는 모두 시접 1cm를 포함하고 있습니다.

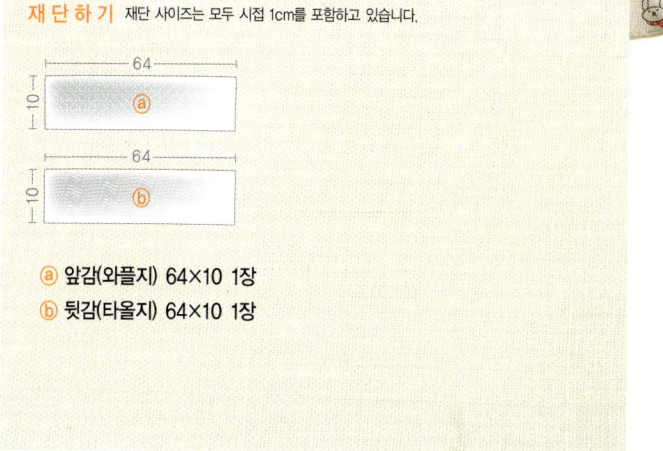

ⓐ **앞감(와플지)** 64×10 1장
ⓑ **뒷감(타올지)** 64×10 1장

장식하기

1 라벨의 양옆을 안쪽으로 5mm 정도 꺾어 접어주세요. 라벨의 길이는 종류에 따라 조금씩 달라질 수 있습니다.

2 자수용 바늘에 자수실을 한 줄로 끼워 준비해주세요.

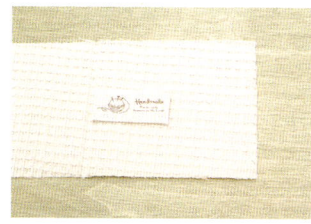

3 앞감(a)의 겉면 오른쪽에 라벨을 올려놓습니다.

4 앞감의 안쪽 면에서 바늘을 통과시켜 라벨의 모서리를 스티치해주세요.

TIP

리넨소잉에서 사용하는 장식용 부자재는?
리넨소잉에는 무늬나 글씨가 새겨진 라벨, 테이프, 레이스, 단추, 자개장식, 참 등 소재에 제한이 없이 사용하여 장식할 수 있습니다.

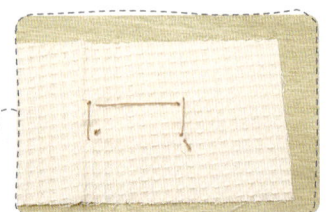

5 한쪽 모서리를 스티치해준 다음 뒤쪽에서 매듭을 지어 고정해줍니다.

6 모서리를 모두 같은 방법으로 스티치해준 뒤 원단의 뒤쪽에서 매듭지어주세요.

벨크로 달아 연결하기

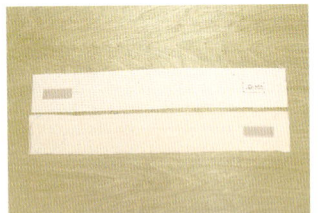

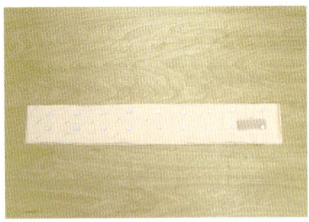

7 앞감(a)의 겉면 왼쪽과 뒷감(b)의 겉면 오른쪽에 벨크로를 달아줍니다.

8 벨크로의 가장자리를 봉제해주세요.

9 앞감의 안쪽 면과 뒷감의 안쪽 면을 서로 마주 대줍니다.

10 시침핀으로 고정해주세요.

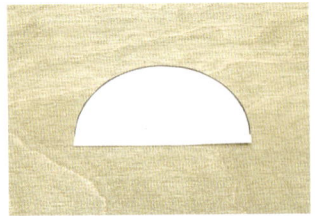

11 실물패턴을 준비합니다.

12 준비한 천의 양쪽 끝에 패턴을 올려놓고 초크로 곡선을 표시해주세요.

13 초크로 표시한 선을 따라 가위로 잘라줍니다.

14 양쪽 끝 모두 같은 작업을 해주세요.

바이어스 달기

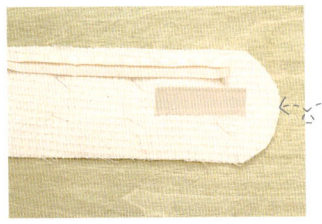

15 앞감의 겉면 위쪽에 바이어스테이프의 겉면이 마주 닿도록 올려놓아주세요.

16 바이어스테이프의 시접에 매직테이프를 잘라 붙여주세요.

바이어스란?

바이어스란, 바이어스테이프로 시접을 감싸 봉제해준 것을 말합니다. 바이어스테이프는 원단을 45도로 재단한 후 접어서 만듭니다. 잡아당기면 늘어나는 성질을 갖고 있어 모서리나 곡선 부분의 시접도 쉽게 처리할 수 있습니다.

17 매직테이프의 필름을 떼어낸 뒤 바이어스테이프의 시접을 펼쳐 앞감의 시접 부분에 붙여주세요.

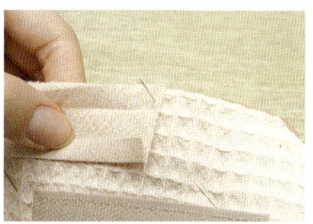

18 바이어스테이프의 시접선을 따라 쭉 봉제해주세요.

19 쭉 둘러 봉제하고 닿는 끝 지점은 겹쳐서 봉제해주세요.

20 봉제된 바이어스테이프의 나머지 부분을 뒷감 쪽으로 꺾어 접어주세요.

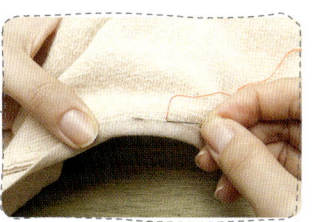

21 뒷감 쪽의 바이어스는 공그르기로 달아줍니다. 먼저 안쪽에서 바느질을 시작해주세요.

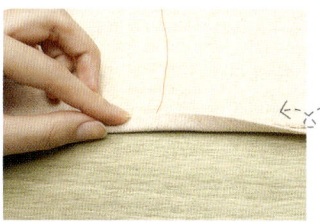

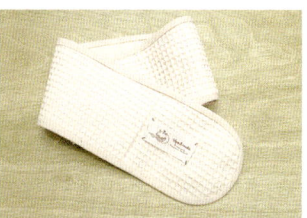

22 테이프로 안감과 뒷감을 한꺼번에 감싸면서 공그르기해주세요.

23 곡선 부분은 바이어스테이프를 늘여가면서 삐뚤어지지 않게 잘 감싸주세요.

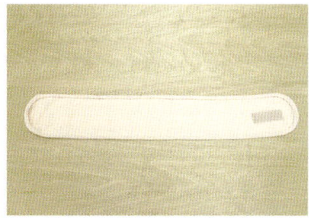

24 바이어스테이프로 둘레를 모두 감싸 연결해줍니다.

25 얼굴에 닿는 감촉이 부드러운, 오가닉 와플 세안밴드가 완성되었습니다.

가방 속 깜찍한 수납공간, 프레임 동전 지갑

이 작품에서는 간단한 동전 지갑 만들기를 통해 프레임 다는 방법을 소개합니다.
간단한 패치로 걸감을 만든 뒤 실물패턴 모양대로 재단한 심지의 모양에 맞춰
원단을 자르는 방법도 알아두면 유용하게 활용할 수 있습니다.

준비물 예상 재료비 15,000원 | 예상 제작시간 2시간 30분 | 완제품 예상가 30,000원

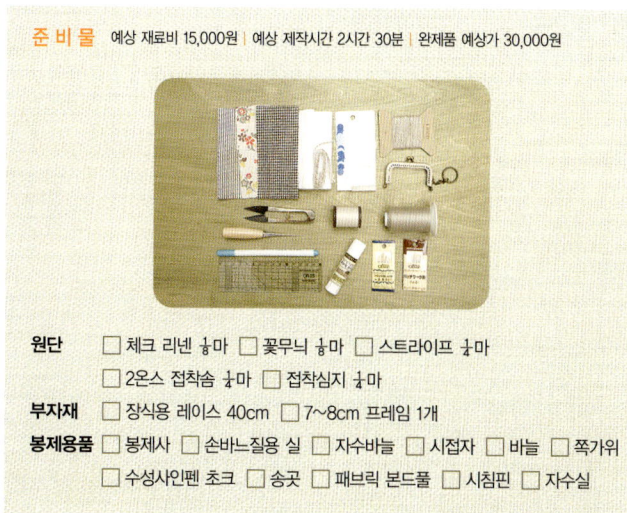

원단 ☐ 체크 리넨 ½마 ☐ 꽃무늬 ½마 ☐ 스트라이프 ½마
☐ 2온스 접착솜 ½마 ☐ 접착심지 ½마
부자재 ☐ 장식용 레이스 40cm ☐ 7~8cm 프레임 1개
봉제용품 ☐ 봉제사 ☐ 손바느질용 실 ☐ 자수바늘 ☐ 시접자 ☐ 바늘 ☐ 쪽가위
☐ 수성사인펜 초크 ☐ 송곳 ☐ 패브릭 본드풀 ☐ 시침핀 ☐ 자수실

재단하기 재단 사이즈는 모두 시접 1cm를 포함하고 있습니다.

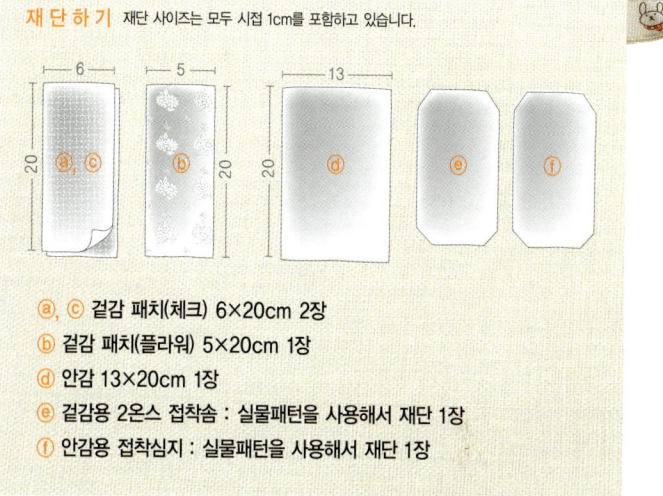

ⓐ, ⓒ **걸감 패치(체크) 6×20cm 2장**
ⓑ **걸감 패치(플라워) 5×20cm 1장**
ⓓ **안감 13×20cm 1장**
ⓔ **걸감용 2온스 접착솜 : 실물패턴을 사용해서 재단 1장**
ⓕ **안감용 접착심지 : 실물패턴을 사용해서 재단 1장**

패치 연결하기

플라워 패치를 중심으로 양옆에 체크 패치를 연결해 걸감을 만들어줍니다.

1 걸감 패치[체크] (a)와 걸감 패치[플라워] (b)를 겉면끼리 마주 댄 뒤 시침핀으로 고정합니다.

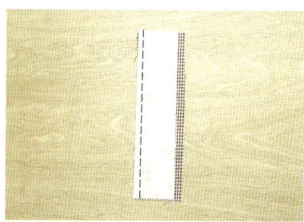

2 겹쳐진 세로 옆선을 1cm 시접으로 봉제합니다.

3 봉제한 시접은 가름솔로 다려줍니다.

4 플라워 천의 다른 한쪽 면에도 걸감 패치[체크] (c)를 겉면끼리 마주 닿게 올려준 뒤 시침핀으로 고정합니다.

5 1cm 시접으로 겹쳐진 세로 옆선 한쪽을 봉제해주세요.

6 봉제한 시접을 가름솔로 꼼꼼히 다려주면 걸감이 완성됩니다.

솜, 심지 붙이기

겉감에는 접착솜을, 안감에는 접착 심지를 붙여 몸통을 폭신하고 탄탄 하게 만들어줍니다.

TIP

솜을 다리는 온도는?
솜을 아래로, 원단은 위로 하여 다려주기 때문에 원단 종류에 맞 는 온도로 다려줍니다.

7 겉감용 2온스 접착솜(e)의 접착면 과 겉감의 안쪽 면을 마주 대어 올려놓고 다리미로 접착시켜주세요.

8 솜이 다리미에 닿으면 녹아버리 므로, 다릴 때는 꼭 원단 쪽에서 다려주어야 합니다.

TIP

동전 지갑의 모양을 유지해주기 위 해서 심지를 붙여주고, 폭신한 감 촉을 주기 위해 솜도 붙여줍니다.

9 안감용 접착심지(f)와 안감(d)의 안 쪽 면을 마주 대고 다리미로 꾹꾹 눌러 접착시켜주세요. 심지는 솜과 다르 게 심지 쪽에서 다림질해도 괜찮습니다.

장식하기

TIP

장식용 단추나 라벨 등을 장식하 고 싶다면 이 단계에서 해주면 됩 니다.

10 겉감의 겉쪽으로 보이는 패치 연결선에 장식용 레이스를 패 브릭 본드풀로 임시고정한 뒤 홈질로 봉제해 붙여주세요.

11 봉제하고 남은 레이스는 원단에 맞추어 쪽가위로 잘라줍니다.

겉감, 안감 만들기

12 솜을 붙인 겉감의 모서리 쪽 원 단은 시접 1cm만 남기고 가위 로 잘라줍니다.

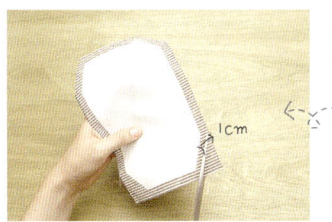

13 안감의 모서리도 마찬가지로 시접 1cm만 남기고 가위로 잘라줍니다.

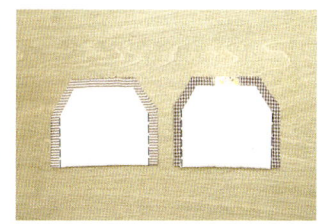

14 겉감과 안감 모두 겉면끼리 마주 닿게 반으로 접어주세요.

15 겉감과 안감의 양 옆선을 꺾이는 선 전까지만 1cm 시접으로 봉제해주세요.

바닥 만들기

안감과 겉감에 바닥을 만들어주는 작업을 통해 몸통의 모양을 부피감 있게 만들어줍니다.

16 봉제한 후 반으로 접힌 시접에 가위집을 넣어주세요.

17 가름솔로 시접 부위를 다려줍니다.

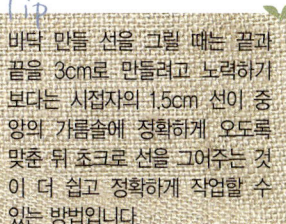

18 시접자를 가름솔에 직각으로 놓은 뒤 가름솔의 봉제선을 기준으로 양옆으로 각각 1.5cm씩 총 길이가 3cm가 되도록 초크로 표시합니다.

19 초크로 표시한 선대로 봉제하면 바닥이 만들어집니다. 겉감과 안감의 양쪽 모두에 같은 작업을 해주세요.

TIP
바닥 만들 선을 그릴 때는 끝과 끝을 3cm로 만들려고 노력하기 보다는 시접자의 1.5cm 선이 중앙의 가름솔에 정확하게 오도록 맞춘 뒤 초크로 선을 그어주는 것이 더 쉽고 정확하게 작업할 수 있는 방법입니다.

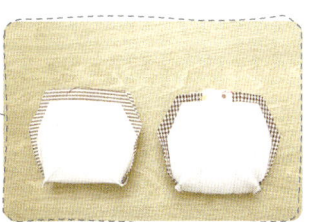

20 봉제하고 난 뒤, 모서리에 남은 삼각형 부분은 봉제선에 가깝게 가위로 잘라줍니다.

합봉하기

겉감과 안감을 합쳐 하나의 몸통으로 만듭니다.

21 겉감의 겉면이 보이도록 뒤집어주세요.

22 겉감의 안쪽과 안감의 안쪽 면이 마주 닿도록 겉감 안으로 안감을 집어넣어주세요.

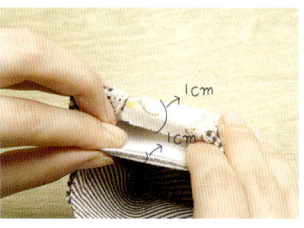

23 겉감과 안감의 입구가 잘 맞도록 중앙과 옆선을 맞춰 입구를 정리합니다.

24 겉감과 안감의 시접을 모두 1cm씩 원단 사이의 안쪽으로 접어주세요.

25 겉감과 안감의 입구를 공그르기로 연결해 마무리해주세요.

프레임 달기

프레임은 작은 동전 지갑에서 커다란 가방까지 두루 사용하는 부자재입니다. 프레임 다는 방법은 중앙에서 한쪽 가장자리까지 프레임의 절반을 먼저 달아준 뒤, 다시 중앙에서 나머지 절반을 달아줍니다.

26 입구 중심을 초크로 표시합니다.

27 프레임의 중심과 초크로 표시한 중심선을 맞추어주세요.

Tip
프레임을 한 번에 연결하지 않는 이유는, 한쪽 끝에서 다른 쪽 끝으로 바느질을 하면 좌우의 모양이 틀어지기 쉽기 때문입니다. 중앙에서 바느질을 시작해 양쪽으로 봉제해 나가면 좌우의 균형이 잘 맞고 깨끗하게 완성됩니다.

28 자수실을 연결한 바늘을 입구 중앙의 안쪽에서 통과시켜 겉으로 빼냅니다. 몸판 입구에서 빼낸 바늘을 프레임의 중심 구멍에 통과시켜 프레임과 몸판의 중심이 일치되게 맞춘 뒤 바느질을 계속합니다.

29 송곳을 사용하여 몸판을 프레임 사이로 밀어넣으며 봉제합니다.

30 바늘을 프레임 구멍 사이로 홈질하듯 앞뒤로 왕복하며 연결합니다. 실밥이 보이지 않도록 안쪽에서는 땀을 작게 떠주는 게 좋습니다.

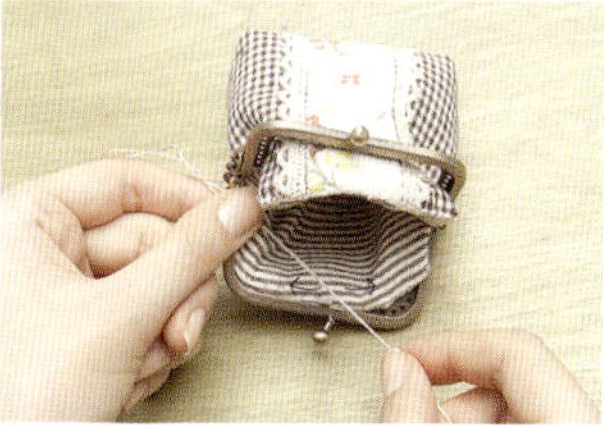

31 중앙에서 한쪽으로 바느질한 후 매듭짓고, 다시 중앙에서 반대쪽으로 바느질해 매듭지어줍니다.

32 가방 속 깜찍한 수납공간, 통통하고 귀여운 프레임 동전 지갑이 완성되었습니다.

깨끗한 화장대의 비밀, 라운드 지퍼 파우치

이번 작품에서는 지퍼 사용법을 소개합니다.

지퍼는 가장 흔히 쓰는 유용한 입구 부자재로 사용법을 배워두면 수많은 곳에

응용하여 사용할 수 있습니다. 또한 도안을 이용하여 원단을 재단하고 봉제하는 방법을 배워봅니다.

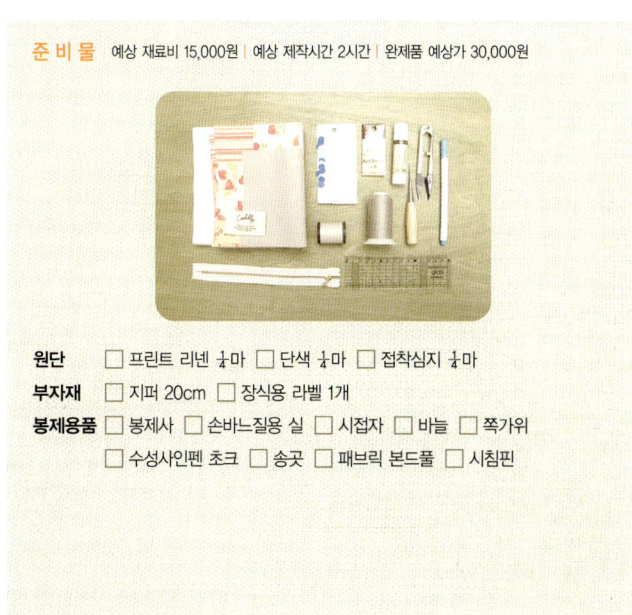

준비물 예상 재료비 15,000원 | 예상 제작시간 2시간 | 완제품 예상가 30,000원

원단 ☐ 프린트 리넨 ½마 ☐ 단색 ½마 ☐ 접착심지 ½마

부자재 ☐ 지퍼 20cm ☐ 장식용 라벨 1개

봉제용품 ☐ 봉제사 ☐ 손바느질용 실 ☐ 시접자 ☐ 바늘 ☐ 쪽가위
☐ 수성사인펜 초크 ☐ 송곳 ☐ 패브릭 본드풀 ☐ 시침핀

재단하기

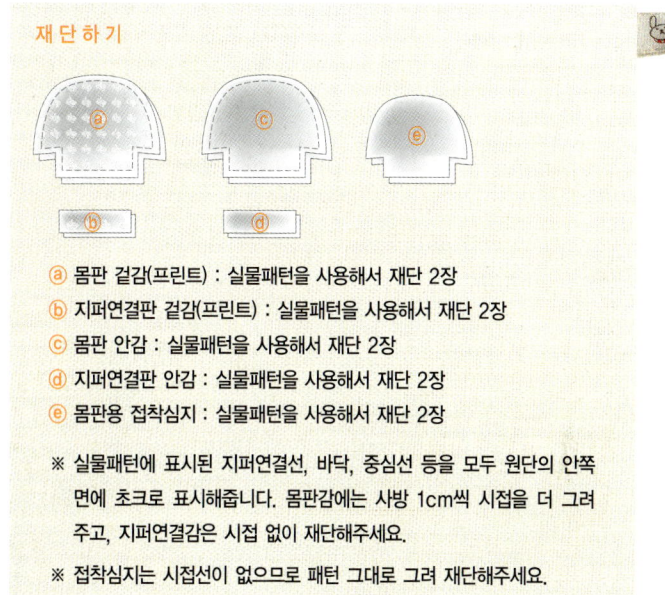

ⓐ **몸판 겉감(프린트)** : 실물패턴을 사용해서 재단 2장

ⓑ **지퍼연결판 겉감(프린트)** : 실물패턴을 사용해서 재단 2장

ⓒ **몸판 안감** : 실물패턴을 사용해서 재단 2장

ⓓ **지퍼연결판 안감** : 실물패턴을 사용해서 재단 2장

ⓔ **몸판용 접착심지** : 실물패턴을 사용해서 재단 2장

※ 실물패턴에 표시된 지퍼연결선, 바닥, 중심선 등을 모두 원단의 안쪽
면에 초크로 표시해줍니다. 몸판감에는 사방 1cm씩 시접을 더 그려
주고, 지퍼연결감은 시접 없이 재단해주세요.

※ 접착심지는 시접선이 없으므로 패턴 그대로 그려 재단해주세요.

심지 붙이고 지퍼 연결하기

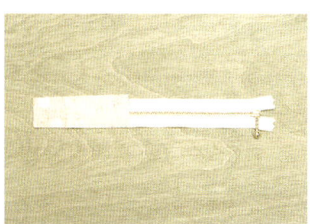
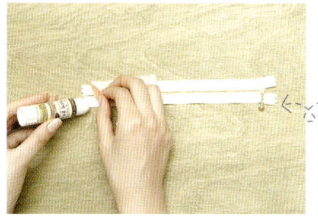

1 겉감(a)의 안쪽 면과 접착심지(e)의
접착 면이 마주 닿도록 올려놓고
다리미로 꾹꾹 눌러 접착시켜주세요.

2 지퍼연결감(b)의 겉면과 지퍼의
겉쪽이 마주 닿도록 지퍼의 끝에
올려 겹쳐줍니다.

3 패브릭 본드풀로 시접 부분을 임
시고정해주세요.

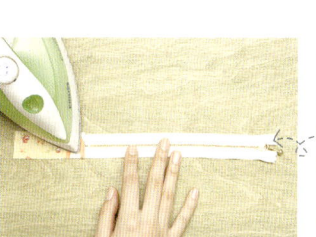
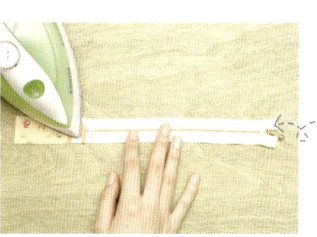
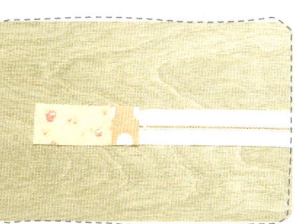

4 표시선대로 1cm 시접으로 봉제
해 지퍼연결감과 지퍼를 연결해
주세요.

5 봉제한 후 지퍼연결감을 바깥쪽
으로 꺾어 다려줍니다.

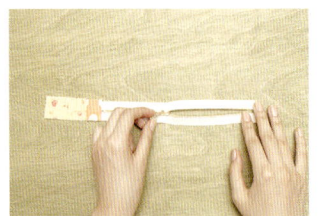

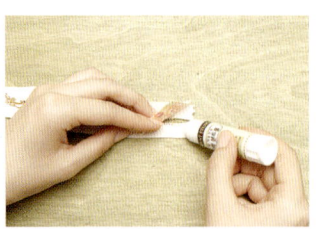

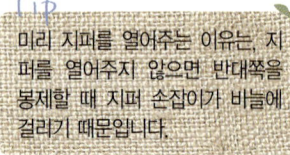

미리 지퍼를 열어주는 이유는, 지퍼를 열어주지 않으면 반대쪽을 봉제할 때 지퍼 손잡이가 바늘에 걸리기 때문입니다.

6 지퍼를 열어주세요.

7 위와 마찬가지로 지퍼의 다른 쪽 끝도 지퍼의 겉면과 지퍼연결감의 겉면이 서로 마주 닿도록 올려놓은 뒤 패브릭 본드풀로 임시고정합니다.

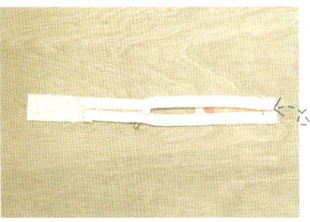

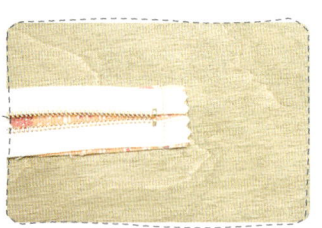

8 반대쪽과 같은 방법으로 1cm 시접에서 봉제해주세요.

9 봉제한 지퍼연결감을 바깥쪽으로 꺾어 다려주면 파우치 입구가 완성됩니다. 지퍼를 여닫아 잘 움직이는지 확인해주세요.

장식하기

10 겉감의 겉면 원하는 위치에 패브릭 본드풀로 장식용 라벨을 임시고정해주세요.

11 라벨의 양옆을 박아 겉감에 고정해줍니다.

지퍼 달기

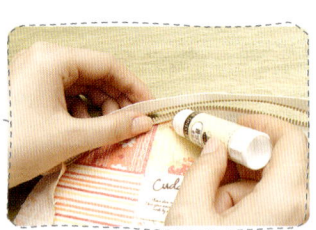

12 지퍼 입구와 몸판을 연결하기 위해 지퍼를 열어주세요.

13 지퍼 입구의 겉면과 몸판의 겉면이 마주 닿도록 시접 부분을 패브릭 본드풀로 임시고정하며 붙여주세요.

Tip

재단할 때의 시접은 1cm인데 봉제할 때의 시접이 5mm인 이유는, 지퍼의 두께와 심지의 두께가 서로 맞닿기 때문에 두꺼워지는 것을 방지하기 위해서 여유를 주어 연결하기 때문입니다.

14 입구 둘레를 모두 붙여준 다음 지퍼와 겉면을 시접 5mm로 봉제합니다.

15 지퍼 시접은 5mm이므로 흐트러지지 않도록 주의해서 박아주세요.

16 반대쪽도 마찬가지로 패브릭 본드풀을 이용해 몸판에 임시 고정합니다.

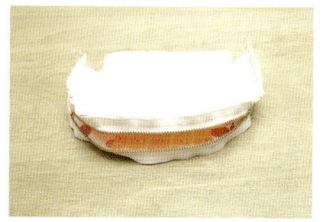

17 마찬가지로 가장자리 끝선끼리 맞닿게 5mm 시접으로 봉제해주세요.

바닥 만들기

18 마주 닿은 겉쪽 몸판의 바닥 부분을 시침핀으로 고정한 뒤 1cm 시접으로 봉제해주세요.

19 봉제한 시접은 가름솔로 다려 주세요.

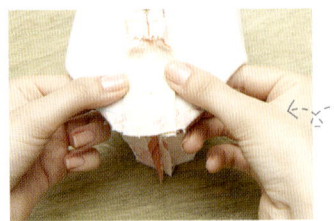
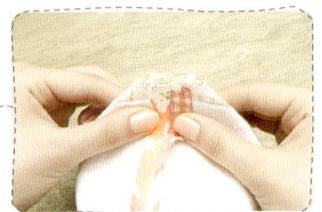

20 실물패턴에서 표시했던 바닥
선끼리 마주 닿게 접어주세요.
몸판 바닥의 가름솔로 다렸던 중심선
과 옆선의 중심이 마주 닿게 됩니다.

21 마주 닿게 접은 바닥 선을 1cm
시접으로 봉제해주세요.

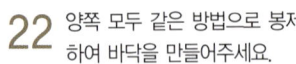

22 양쪽 모두 같은 방법으로 봉제
하여 바닥을 만들어주세요.

23 겉면이 밖으로 나오도록 겉감
을 뒤집어줍니다.

안감 만들기

24 안감을 준비해주세요. 지퍼연
결감(d) 2장, 몸판감(c) 2장씩
입니다.

25 몸판감의 안감 겉면 양옆선에
안감 지퍼연결감의 겉면을 마
주 대어주세요. 이때 패브릭 본드풀로
임시고정하면 편리합니다.

26 양쪽 모두 1cm 시접으로 봉제
해주세요.

27 반대쪽의 몸판감 안감을 같은 방법으로 연결해주세요.

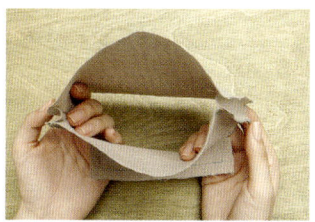

28 안감이 모두 연결된 것을 볼 수 있습니다.

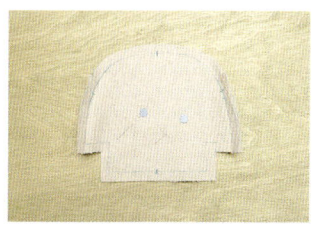

29 안감의 겉면끼리 마주 대어 시침핀으로 고정해주세요. 바닥선을 삐뚤어지지 않게 잘 맞춰주세요.

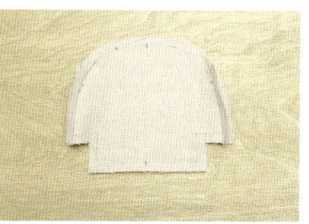

30 1cm 시접선에 맞춰 몸판 바닥을 봉제해주세요.

31 봉제한 바닥시접은 가름솔로 다려주세요.

32 실물패턴에서 표시했던 바닥선끼리 마주 닿게 접어주면 몸판 바닥의 가름솔로 다렸던 중심선과 옆선의 중심이 마주 닿게 됩니다.

33 겉감처럼 양쪽 모두 1cm 시접으로 봉제해 바닥을 만들어줍니다.

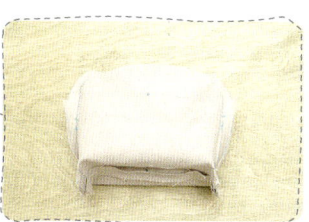

합봉하기

34 겉감의 안쪽 면과 안감의 안쪽 면이 서로 마주 닿도록 안감을 겉감 속에 집어넣어주세요.

35 겉감과 안감의 지퍼연결감 부분을 서로 마주 닿게 합니다.

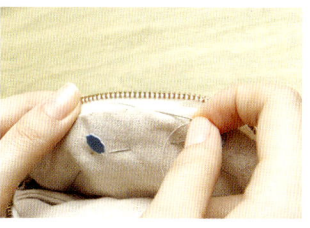

36 겉감과 안감을 시침핀으로 고정한 후 지퍼 안쪽에서 안감의 시접을 안쪽으로 1cm씩 접어가며 겉감과 안감을 공그르기로 연결해줍니다.

37 깨끗한 화장대의 비밀, 라운드 지퍼 파우치가 완성되었습니다.

모든 스타일에 잘 어울리는, 가죽끈 빅백

이번 작품에서는 가장 기본적인 형태이되 여성들이 가장 많이 애용하는 커다란 가방 만드는 방법을 소개합니다.

가방과 주머니의 기본적인 구조와 가죽끈에 구멍을 뚫어 손잡이로 만드는 방법을 알아두면

다른 소품을 만들 때 응용이 가능합니다.

준 비 물 예상 재료비 30,000원 | 예상 제작시간 2시간 30분 | 완제품 예상가 60,000원

원단 ☐ 단색 리넨 1마 ☐ 체크 ½마 ☐ 4온스 접착솜 ½마

부재료 ☐ 25mm 가죽끈 40cm 2개 ☐ 장식용 라벨 1개

봉제용품 ☐ 봉제사 ☐ 손바느질용 실 ☐ 바늘 ☐ 자수바늘 ☐ 시접자 ☐ 쪽가위
☐ 패브릭 본드풀 ☐ 시침핀 ☐ 아이론스케일 ☐ 구멍 펀치 ☐ 가죽용 포크형 펀치
☐ 수성사인펜 초크 ☐ 송곳 ☐ 자수실 ☐ 고무망치 ☐ 펀칭보드

재 단 하 기 재단 사이즈는 모두 시접 1cm를 포함하고 있습니다. 동영상에서는 본 작품보다 작은 크기의 작품이 실려 있습니다.

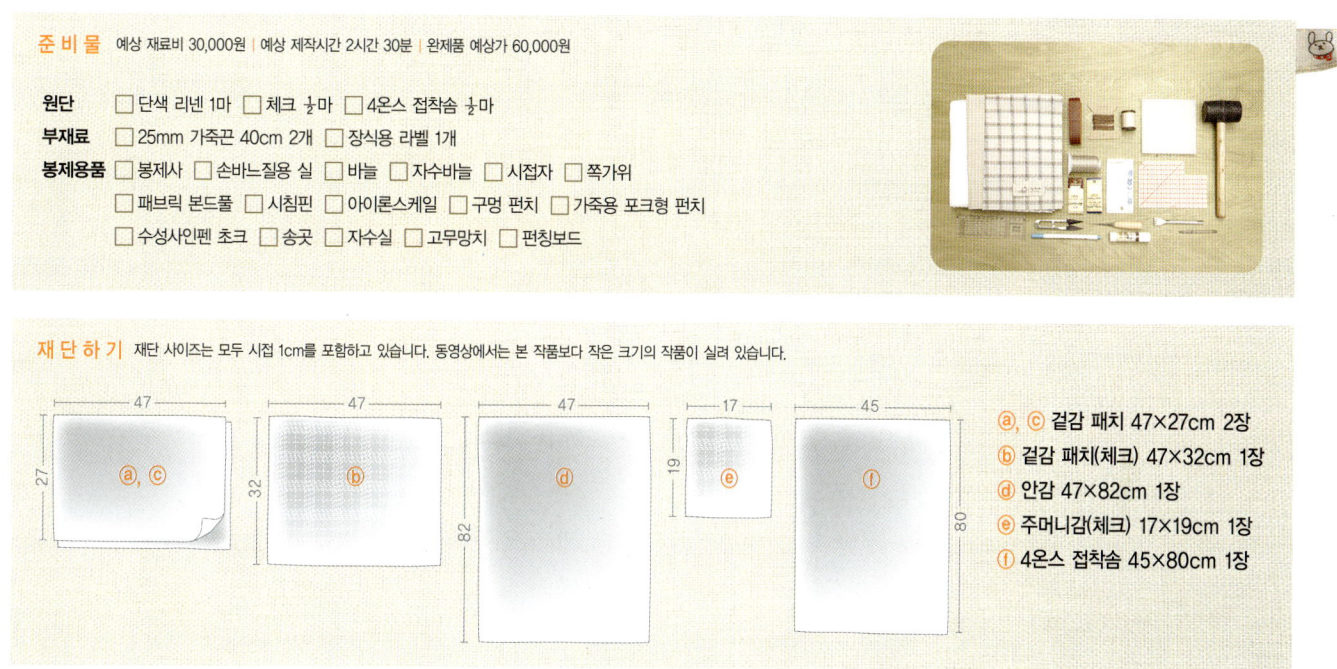

ⓐ, ⓒ 겉감 패치 47×27cm 2장
ⓑ 겉감 패치(체크) 47×32cm 1장
ⓓ 안감 47×82cm 1장
ⓔ 주머니감(체크) 17×19cm 1장
ⓕ 4온스 접착솜 45×80cm 1장

패치 연결하기

겉감 패치 a, b, c를 모두 이어 가방의 겉감을 만들어줍니다.

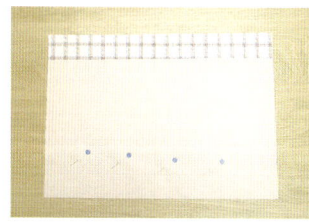

1 겉감 패치[체크] (b)의 겉면 아래에 겉감 패치 (a)의 겉면이 서로 마주 닿도록 올려놓고 시침핀으로 고정해주세요.

2 1cm 시접으로 겹쳐놓은 아래쪽을 봉제합니다.

3 봉제한 후 시접은 가름솔로 꼼꼼히 다려주세요.

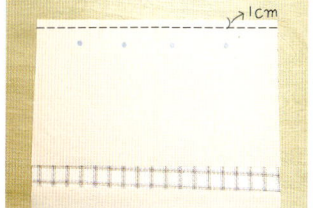

4 같은 방법으로 겉감 패치[체크] (b)의 겉면 위쪽에 겉감 패치 (c)의 겉면이 마주 닿게 올려놓은 뒤 1cm 시접으로 봉제해주세요.

5 봉제한 후 시접을 가름솔로 꼼꼼히 다려주면 하나로 연결된 겉감 패치가 완성됩니다.

솜 붙이기

6 완성된 겉감의 시접이 보이는 안쪽 면에 4온스 접착솜(f)의 접착면을 마주 대어주세요. 솜은 시접 부위가 두꺼워지는 걸 막기 위해 겉감보다 사방이 1cm씩 작습니다.

7 솜은 다리미에 닿으면 녹기 때문에 솜을 접착시킬 때는 꼭 원단 쪽에서 다려주셔야 합니다.

TIP
시접이 두꺼워지는 걸 방지하기 위해 접착솜은 겉감보다 시접 크기만큼이 작습니다.

장식하기

8 솜을 붙이고 난 뒤 겉감의 겉면 원하는 위치에 장식용 라벨을 달아주세요.

9 장식용 라벨의 양옆을 박아 고정합니다. 겉감에 장식을 하고 싶다면 이 과정에서 해주면 됩니다.

TIP
라벨은 크기가 작아서 임시고정 없이 봉제하면 모양이 흔들릴 수 있습니다. 패브릭 본드풀을 사용하여 임시고정해주면 라벨을 훨씬 쉽게 달 수 있습니다.

주머니 만들기

가방의 안감에 주머니를 달아줍니다. 주머니는 올이 풀리지 않도록 가장자리를 처리해 주는 것이 중요합니다.

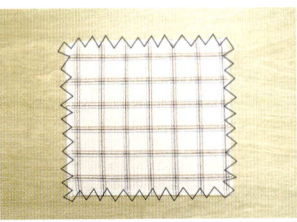

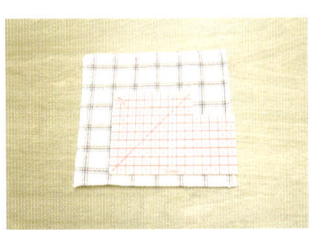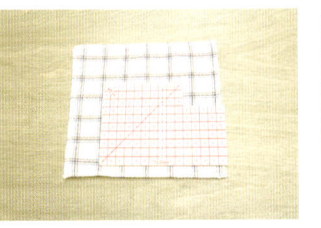

10 주머니감(e)의 사방을 오버로크해주세요.

11 주머니감의 안쪽 면을 위로 놓고 아이론스케일을 아래쪽 끝선에서 1cm쯤에 올려놓습니다.

TIP
오버로크 재봉틀이 없는 분은 말아박기, 또는 감침질로 올이 풀리지 않도록 마감해주세요. 세탁소를 이용하는 방법도 있습니다.

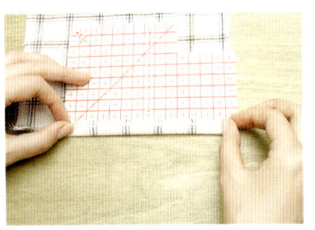

12 주머니감의 아래쪽 시접을 아이론스케일 위로 1cm 접어 올려주세요.

13 접어 올린 주머니감을 다리미로 다려주면 오버로크한 부분이 안쪽으로 접힙니다.

TIP
아이론스케일이란?
정확한 치수를 손쉽게 접어 다릴 수 있게 도와주는 도구로 눈금표시가 되어 있어 자가 따로 필요 없고 그 위에 바로 다림질을 해도 상관없는 부직포 재질입니다.

14 위와 같은 방법으로 아래 면과 양 옆면을 1cm씩 접어 다려주세요.

  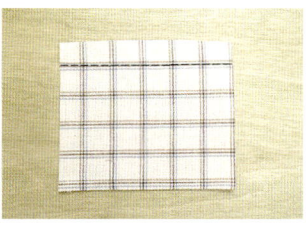

15 주머니감 위쪽은 다른 부위와 같은 방법으로 하되, 2cm를 접어 다려줍니다.

16 주머니감(e)의 겉쪽 면이 보이도록 놓고 위쪽의 약 1.8cm 지점을 초크로 그어줍니다.

17 표시한 선대로 겉에서 박아줍니다. 이 부분이 주머니의 입구가 될 부분입니다.

Tip
주머니는 위에서 약 10cm 정도 떨어진 지점에서 중심을 잘 맞추어 시침하는 것이 좋습니다.

18 안감(d)의 겉면과 주머니의 안쪽 면이 마주 닿게 올려놓고 시침핀으로 고정해주세요.

19 주머니 입구를 제외한 나머지 3면을 모두 가장자리에 가깝게 박아주세요.

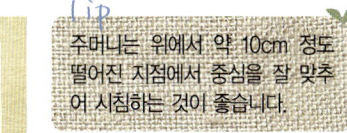

겉감, 안감 몸판 만들기

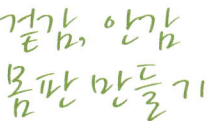

겉감과 안감의 옆선을 봉제하고 안감에 창구멍을 만들어줍니다.

20 겉감의 겉면이 서로 마주 닿도록 반으로 접은 뒤 양 옆선을 1cm 시접으로 봉제합니다.

21 안감도 겉면이 서로 마주 닿도록 반으로 접어주세요.

22 안감의 옆선 한쪽에 10cm 정도의 창구멍을 표시한 뒤 창구멍을 제외한 양 옆선을 모두 1cm 시접으로 봉제합니다.

바닥 만들기

안감과 겉감에 바닥을 만들어주는 작업을 통해 가방의 몸통 모양을 만들어줍니다.

23 겉감 봉제 후 반으로 접힌 시접선은 쪽가위로 잘라줍니다.

24 안감도 마찬가지로 반으로 접힌 시접선을 쪽가위로 잘라줍니다.

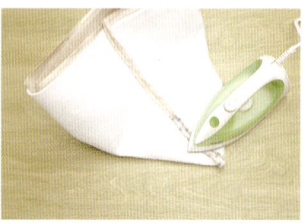

25 봉제한 시접 모두 가름솔로 꼼꼼히 다려줍니다.

26 안감도 마찬가지로 창구멍을 포함한 시접 모두를 가름솔로 꼼꼼히 다려줍니다.

27 가름솔 중앙의 봉제선을 중심으로 양옆 5cm씩 총 10cm가 되는 부분에 시접자를 직각이 되게 놓고 초크로 표시합니다.

28 안감에도 마찬가지로 중심을 잘 맞추어 10cm를 초크로 표시해 줍니다.

29 초크로 표시한 선대로 봉제해 주세요.

30 봉제한 선에 가깝게 나머지 모서리 부분을 잘라냅니다. 봉제한 선을 자르지 않도록 주의하세요.

31 겉감과 안감 양쪽 모두에 같은 작업을 해줍니다.

합봉하기

겉감과 안감을 합쳐 하나의 몸통으로 만들어줍니다. 가방의 앞뒤 모양을 생각하여 라벨과 주머니의 위치를 잘 잡아주는 것이 중요합니다.

32 겉감을 겉면이 보이도록 뒤집어줍니다.

33 겉감의 겉면과 안감의 겉면이 서로 마주 닿도록 겉감을 안감 안으로 집어넣습니다. 이때 겉감의 라벨이 달린 쪽이 가방의 앞쪽 면이므로 안감의 주머니가 달린 쪽과 반대가 되게 집어넣어주세요.

34 겉감과 안감의 바닥이 서로 잘 마주 닿도록 맞춰줍니다.

35 양 옆선도 마찬가지로 겉감과 안감이 서로 마주 닿도록 위치를 잘 잡아주세요.

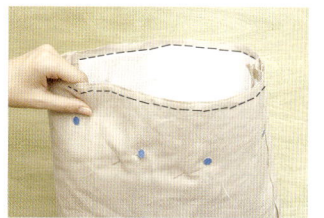

36 시침핀으로 겉감과 안감을 고정해 주세요. 입구 둘레를 1cm 시접으로 쭉 봉제하여 겉감과 안감을 하나로 합칩니다.

37 봉제한 시접은 겉감 쪽으로 꺾어 다려주세요.

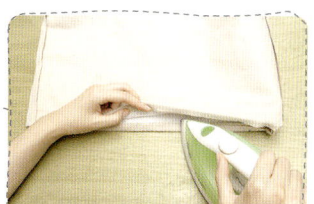

Tip

시접을 처리하는 다른 방법으로는 시접을 꺾어 다리지 않고 봉제선에 가깝게 잘라주는 방법도 괜찮습니다.

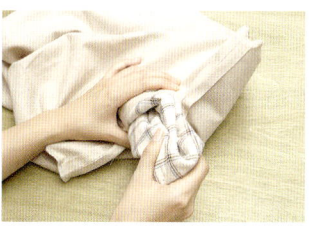

38 안감 쪽에 있는 창구멍을 통해 겉감을 빼내어주세요.

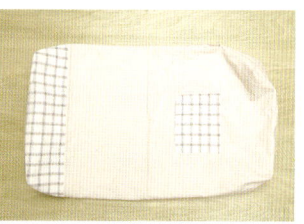

39 창구멍을 통해 겉감을 모두 빼낸 모습입니다.

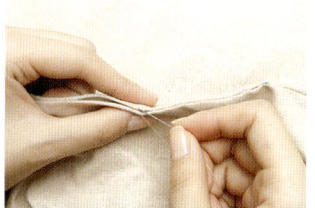

40 안감에 있는 창구멍을 공그르기로 막아 마무리해줍니다.

41 안감을 겉감의 안쪽으로 집어넣습니다.

42 겉감과 안감의 입구가 흐트러지지 않도록 다리미로 꾹꾹 눌러 다려주세요.

43 다려준 입구는 가장자리에 가깝게 한 번 더 박아주면 겉감과 안감이 서로 들뜨지 않게 마무리할 수 있습니다.

가죽끈 달기

가죽끈에 구멍을 낸 뒤 자수실로
가죽끈의 구멍과 몸통을 한꺼번에
홈질하여 손잡이를 달아줍니다.

44 겉감 입구 쪽을 반으로 접어
중심을 초크로 표시해주세요.

45 표시한 중심선에서 양옆으로
8~10cm 지점에 가죽끈을 달
위치를 표시해주세요.

46 가죽끈은 40cm 길이로 두 개
를 준비합니다. 펀칭보드 위에
가죽끈을 올려놓고 포크형 펀치로 구
멍을 낼 위치를 정합니다.

47 고무망치로 포크형 펀치를
3~4번 두드려 구멍을 내어주
세요.

48 첫 번째로 낸 구멍 위치에 맞
추어 사각형으로 구멍을 만들
어주세요.

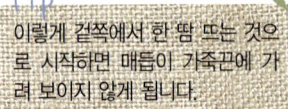
이렇게 겉쪽에서 한 땀 뜨는 것으
로 시작하면 매듭이 가죽끈에 가
려 보이지 않게 됩니다.

49 가죽끈의 반대편 끝부분에도
같은 작업을 해주세요.

50 가죽끈을 연결하기 위해 초크
로 표시한 위치에 매듭지은
자수실로 바늘땀을 한 땀 떠줍니다.

51 자수실로 가죽끈의 구멍을 홈
질하듯 교차하며 가방 본판과
함께 바느질해줍니다.

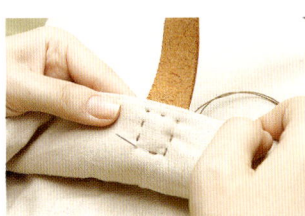

52 마지막 땀은 안쪽으로 나오도
록 해주세요.

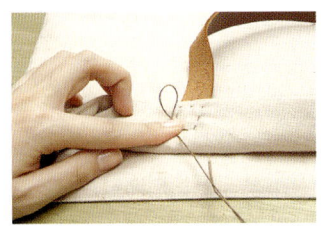

53 안쪽에서 매듭을 지어줍니다.

54 앞뒤 모두 같은 방법으로 가죽 끈을 연결해줍니다.

55 모든 스타일에 잘 어울리는, 가 죽끈 빅백이 완성되었습니다.

열쇠고리는 이제 안녕, 5구 키홀더

이번 작품에서는 키홀더 부자재와 스프링도트단추 다는 법을 소개합니다.
구멍펀치와 누름쇠 등의 사용법을 익혀다른 작품에도 활용해 보세요.

준 비 물 예상 재료비 15,000원 | 예상 제작시간 1시간 | 완제품 예상가 30,000원

원단
☐ 도트 리넨 ½마 ☐ 단색 ½마 ☐ 4온스 접착솜 ½마

부자재
☐ 장식용 레이스 20cm ☐ 5구 키홀더 1개 ☐ 스프링 도트단추 1개
☐ 양면 징 2개

봉제용품
☐ 펀칭보드 ☐ 구멍 펀치 ☐ 도트단추용 누름쇠 ☐ 양면 징용 누름쇠
☐ 고무망치 ☐ 패브릭 본드풀 ☐ 봉제사 ☐ 손바느질용 실 ☐ 시접자
☐ 바늘 ☐ 쪽가위 ☐ 수성사인펜 초크 ☐ 송곳 ☐ 시침핀

재 단 하 기 재단 사이즈는 모두 시접 1cm를 포함하고 있습니다.

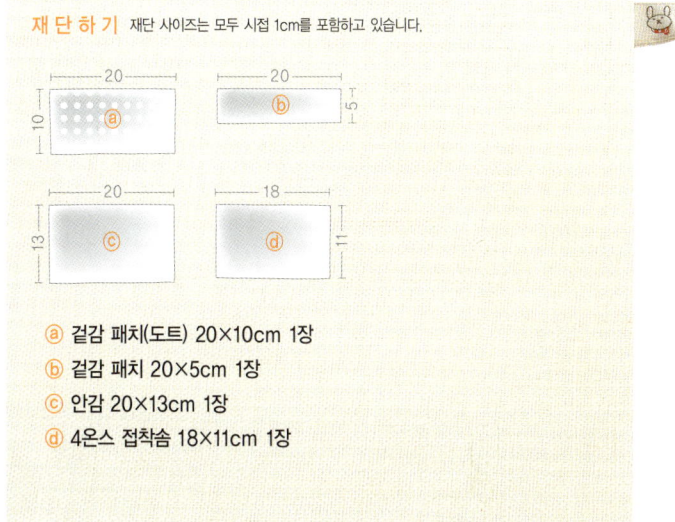

ⓐ 겉감 패치(도트) 20×10cm 1장
ⓑ 겉감 패치 20×5cm 1장
ⓒ 안감 20×13cm 1장
ⓓ 4온스 접착솜 18×11cm 1장

패치 연결하기

패치 2장을 위, 아래로 연결하여
겉감을 만들어줍니다.

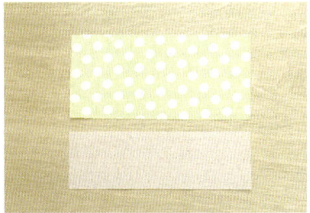

1 겉감 패치 (a)와 (b)를 준비해주세요.

2 겉감 패치 (a)와 (b)를 아랫선에 맞추어 겉면끼리 마주 댄 뒤 시침핀으로 고정해주세요.

3 1cm 시접으로 아래쪽을 봉제해주세요.

4 봉제한 시접을 가름솔로 다려주면 겉감이 완성됩니다.

솜 붙이기

5 겉감의 안쪽 면과 4온스 접착솜 (d)의 접착면이 마주 닿게 올려놓 아줍니다. 접착솜은 시접이 두꺼워지 는 것을 막기 위해 본판보다 사방이 1cm씩 작으므로 한쪽으로 치우치지 않도록 주의하세요.

6 원단 쪽에서 다리미로 꾹꾹 눌러 솜을 붙여줍니다. 솜은 열에 약하 므로 꼭 원단 쪽에서 다려주세요.

장식하기

7 겉감의 겉면 패치연결선에 장식 용 레이스를 패브릭 본드풀로 임 시고정한 후 봉제해주세요.

8 봉제 후 남은 레이스는 원단 끝 선에 맞춰 쪽가위로 잘라줍니다.

연결하기

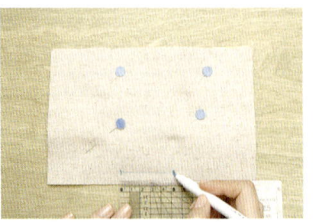

9 겉감의 겉면과 안감(c)의 겉면이 마주 닿게 겹쳐주세요.

10 시침핀으로 고정한 뒤 아래쪽 시접선에 창구멍을 5cm 정도 표시해주세요.

11 창구멍을 제외한 사방을 모두 1cm 시접으로 봉제해주세요.

12 창구멍의 시접을 제외한 나머 지 시접들은 모두 시접선에 가 깝게 가위로 잘라줍니다.

뒤집기

13 창구멍을 통해 겉감이 보이도록 뒤집어주세요.

14 송곳을 사용해 모서리를 깔끔하게 빼내어 정리합니다.

 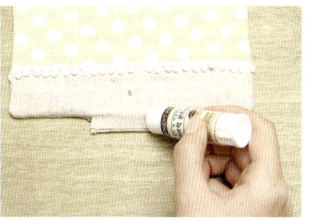 

15 겉쪽에서 다리미로 한 번 더 꼼꼼하게 다려주세요.

16 창구멍 시접에 패브릭 본드풀을 발라 겉감과 안감 사이의 안쪽으로 접어 넣어 붙여주세요.

17 본판 둘레를 가장자리에 가깝게 한 번 더 봉제해주면 끝부분이 붕 뜨지 않고 눌려집니다. 이때 창구멍도 함께 봉제되므로 공그르기로 창구멍을 따로 막아주지 않아도 괜찮습니다.

키홀더 달기

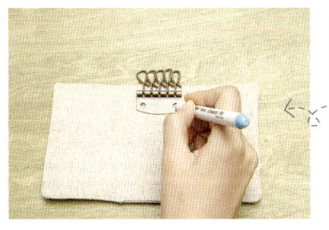 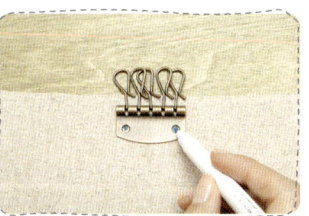  

18 안쪽 면 중앙 위쪽에 키홀더를 올려놓아주세요. 키홀더의 구멍을 초크로 표시해줍니다.

19 펀칭보드 위에 몸판을 올려놓은 뒤 초크로 표시한 지점에 구멍 펀치를 대고 고무망치로 3~4번 두드려 구멍을 냅니다.

 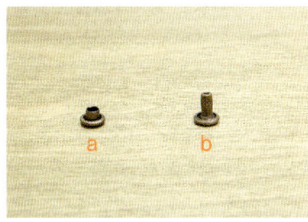  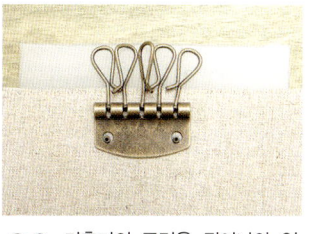

20 구멍에 송곳을 넣어 구멍 크기가 좀 더 커지도록 다듬어주세요.

21 양면 징 a, b를 두 쌍 준비해주세요.

22 사진처럼 몸판의 구멍에 양면 징 b를 겉면에서 끼워주세요.

23 키홀더의 구멍을 튀어나와 있는 양면 징 b에 맞춰 올려놓습니다.

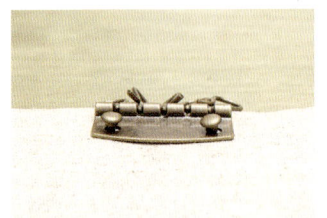

24 양면 징 a를 양면 징 b 위에 올려 끼워주세요.

25 누름쇠를 대고 고무망치로 3~4번 두드려 고정시켜주세요. 모든 작업은 펀칭보드 위에서 해주셔야 바닥이 상하지 않습니다.

26 나머지 한쪽도 같은 방법으로 고정해줍니다.

스프링 도트단추 달기

공구를 사용해서 양면 징과 비슷한 방법으로 달아주는 단추입니다.

27 몸판의 좌우를 겹쳐 닫아주세요.

28 겉쪽면의 세로 중심 오른쪽 끝에서 1.5cm 지점을 초크로 표시해주세요. 스프링 도트단추 a와 b가 달릴 위치입니다.

29 겉쪽의 위치에 맞춰 마주 닿는 아래쪽에도 표시해주세요. 스프링 도트단추 c와 d가 달릴 위치입니다.

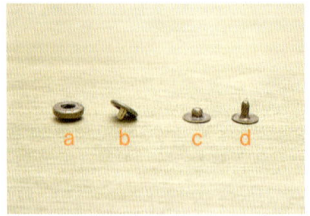

30 스프링 도트단추 a, b, c, d를 준비합니다.

31 펀칭보드 위에 몸판을 올려놓고 초크로 표시한 왼쪽 지점을 먼저 구멍펀치로 구멍 내주세요.

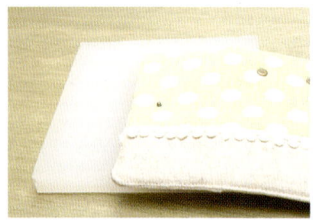

32 스프링 도트단추 d를 안쪽 면에서 끼워주세요.

33 스프링 도트단추 c를 그 위에 사진과 같은 모양으로 덮어줍니다.

34 안 단추 누름쇠의 홈과 c의 튀어나온 부분이 마주 닿게 끼워 덮어줍니다.

35 안 단추 누름쇠를 고무망치로 3~4번 두드려주면 c와 d가 하나로 단단히 고정됩니다.

TIP
양면 징과 스프링 도트단추를 달기 위해선 여러 번의 연습이 필요하니 꼭 다른 원단에 먼저 연습한 뒤 작업해주세요.

36 초크로 표시한 오른쪽 지점을 구멍펀치로 구멍 내주세요.

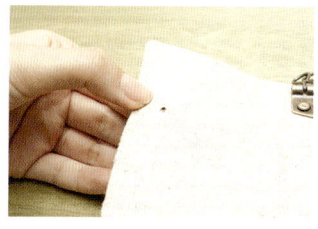

37 스프링 도트단추 b를 겉면에서 끼워주세요.

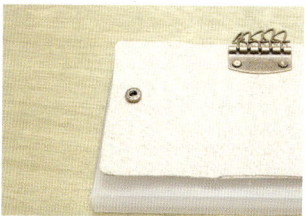

38 스프링 도트단추 a를 그 위에 끼워 올려주세요.

39 겉단추 누름쇠의 뾰족한 부분을 a의 홈에 끼워주세요.

40 누름쇠를 고무망치로 3~4번 두드려 단단히 고정해줍니다.

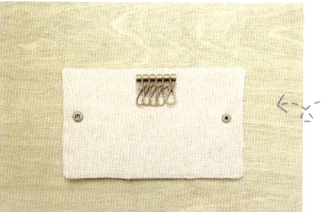

41 키홀더 부자재와 스프링 도트단추를 달아준 키홀더의 앞뒤 모습입니다. 스프링 도트단추의 모양을 유의해서 부품을 끼워 달아주세요.

42 열쇠고리 대신 사용할, 5구 키홀더가 완성되었습니다.

Application

쓰고 남은 자투리천을 활용해보세요.

다른 작품에 비해 작은 크기의 천으로도 충분히 만들 수 있는 키홀더입니다. 혹시 쓰고 남은 자투리 천이 많으세요? 그럼 어울리는 패턴의 천을 몇 개 골라 키홀더를 만들어 지인에게 선물해보세요. 약간의 수고와 시간만으로도 상대방을 감동시키기에 충분하답니다.

공그르기가 필요없는, 바네 파우치

이번 작품에선 겉감보다 큰 사이즈의 안감을 겉감 쪽으로 접어 봉제하여 부자재를 끼우는 구멍을 만들어보겠습니다.

패치를 따로 하지 않더라도 안감의 원단이 자연스레 겉감 쪽으로 나와 패치를 한 것 같은 모양을 만들어냅니다.

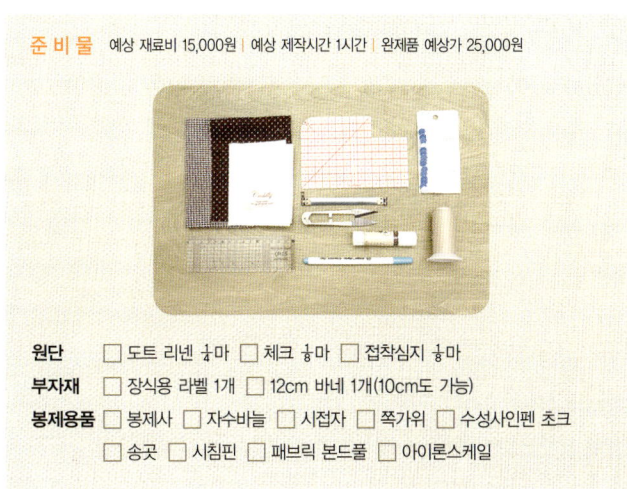

준비물 예상 재료비 15,000원 | 예상 제작시간 1시간 | 완제품 예상가 25,000원

원단
☐ 도트 리넨 늑마 ☐ 체크 늑마 ☐ 접착심지 늑마

부자재
☐ 장식용 라벨 1개 ☐ 12cm 바네 1개(10cm도 가능)

봉제용품
☐ 봉제사 ☐ 자수바늘 ☐ 시접자 ☐ 쪽가위 ☐ 수성사인펜 초크
☐ 송곳 ☐ 시침핀 ☐ 패브릭 본드풀 ☐ 아이론스케일

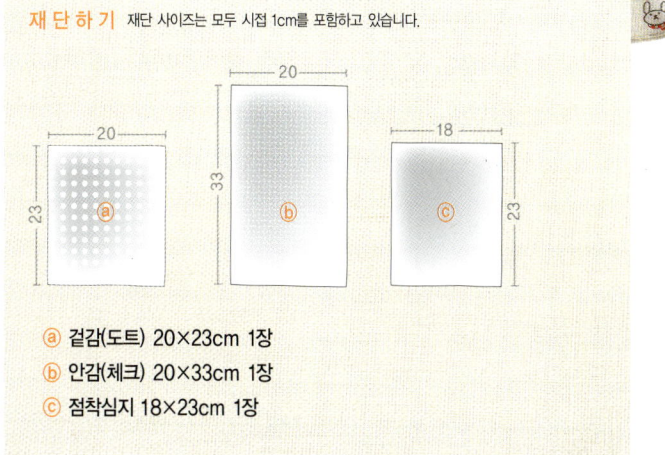

재단하기 재단 사이즈는 모두 시접 1cm를 포함하고 있습니다.

ⓐ 겉감(도트) 20×23cm 1장
ⓑ 안감(체크) 20×33cm 1장
ⓒ 접착심지 18×23cm 1장

심지 붙이고 장식하기

1 겉감(a)의 안쪽 면에 접착심지(c) 의 접착 면을 마주 대고 다리미로 접착시켜주세요. 겉감의 양옆 세로에 만 1cm의 시접 여유분이 있습니다.

2 겉감의 겉면 원하는 위치에 장식 용 라벨을 패브릭 본드풀로 임시 고정해주세요.

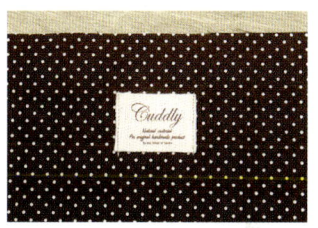

3 라벨의 양옆을 박아 고정해줍니다.

안감 입구 만들기

4 안감의 양옆 세로 5cm 지점을 초크로 표시해 주세요.

5 안감의 위와 아래쪽 끝을 아이론 스케일로 1cm씩 안쪽으로 접어 다려주세요.

6 접어 다린 시접은 패브릭 본드풀 로 임시고정해줍니다.

7 아래쪽 시접도 패브릭 본드풀로 임시고정해줍니다.

안감, 겉감 몸판 만들기

8 안감을 겉면끼리 마주 닿게 반으로 접고 시침핀으로 고정해주세요.

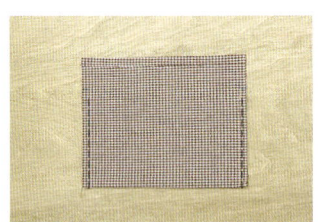

9 4번 과정에서 초크로 표시한 지점까지 양 옆선을 1cm 시접으로 봉제해주세요.

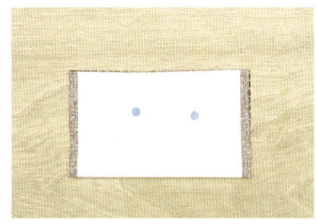

10 겉감의 겉면끼리 마주 닿게 반으로 접고 시침핀으로 고정합니다.

11 양 옆선을 1cm 시접으로 모두 봉제해주세요.

바닥 만들기

12 옆선을 봉제한 후 반으로 접힌 양쪽 시접에 가위집을 넣어줍니다.

13 겉감도 마찬가지로 반으로 접힌 양쪽 시접에 가위집을 넣어주세요.

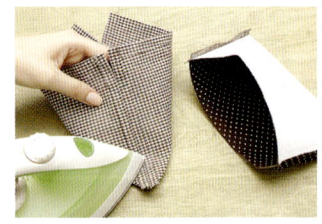

14 시접은 모두 가름솔로 다려줍니다.

15 봉제선을 중심으로 양옆으로 각각 1.5cm씩 총 3cm를 초크로 표시해주세요.

16 초크로 표시한 선을 따라 봉제해주세요. 안감과 겉감 양쪽 모두에 같은 작업을 해줍니다.

17 봉제한 선에 가깝게 나머지 모서리 부분을 쪽가위로 잘라줍니다.

합봉하기

18 겉면이 보이도록 겉감을 뒤집어주세요.

19 겉감의 안쪽 면과 안감의 안쪽 면이 마주 닿도록 안감을 겉감 안으로 집어넣어주세요.

20 안감에 초크로 표시한 선이 겉감의 끝 지점에 마주 닿도록 위치를 맞춰주세요.

21 겉감과 안감을 시침핀으로 고정해주세요.

22 안감을 바깥쪽으로 접어주세요. 이때 1cm 접어놓은 안감의 시접이 겉감 밖에 닿도록 사진과 같이 접어줍니다.

23 입구 둘레를 모두 접어주세요.

24 입구 둘레를 패브릭 본드풀로 임시고정해줍니다.

25 임시고정해놓은 입구를 가장자리 끝 1~2mm 근처에서 봉제해줍니다.

바네 끼우기

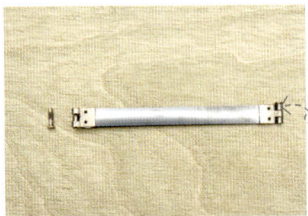 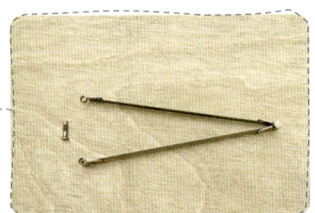  

26 12cm 바네를 준비합니다. 바네는 사진과 같이 한쪽은 고정되어 있고, 다른 한쪽은 열린 채로 고정용 핀과 함께 판매됩니다.

27 바네를 열어 입구에 만들어진 구멍에 동시에 끼워주세요.

28 바네를 반대쪽 구멍으로 빠져 나오도록 입구를 주름 잡아가면서 밀어 넣어주세요.

29 반대쪽 입구까지 바네를 모두 빼내줍니다.

30 바네를 닫아 바네 구멍의 요철이 잘 마주 닿게 해줍니다.

31 마주 닿은 바네 위쪽의 구멍에 핀을 꽂아주세요.

32 핀을 눌러 고정해줍니다. 조심스럽게 주름을 잡아 균형을 맞춰줍니다.

33 공그르기가 필요없는, 바네 파우치가 완성되었습니다.

> **Tip**
> 핀이 잘 들어가지 않으면 망치로 아주 조심스럽게 살살 쳐주시는 것도 좋습니다.

Application

여러 종류의 바네 파우치에 도전해보세요.

바네 중에는 손잡이를 달 수 있도록 고리가 달려 있는 것도 있고, 그 크기도 무척 다양합니다. 작은 도장을 넣는 도장집부터 안경집, 가방과 같은 여러 가지 소품들을 바네로 만들어보세요.

30분 만에 뚝딱, **조리개 파우치**

이번 작품에서는 한 장의 원단을 이용하여 만드는 가장 간단한 형태의 파우치를 소개합니다.
별도의 재단이나 안감은 필요없어요. 겉감 한 장만으로도 충분합니다.

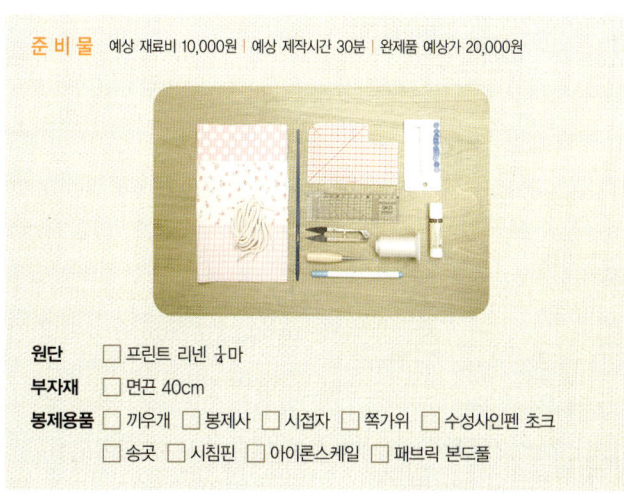

준비물 예상 재료비 10,000원 | 예상 제작시간 30분 | 완제품 예상가 20,000원

원단 ☐ 프린트 리넨 ½마
부자재 ☐ 면끈 40cm
봉제용품 ☐ 끼우개 ☐ 봉제사 ☐ 시접자 ☐ 쪽가위 ☐ 수성사인펜 초크
☐ 송곳 ☐ 시침핀 ☐ 아이론스케일 ☐ 패브릭 본드풀

재단하기 재단 사이즈는 모두 시접 1cm를 포함하고 있습니다.

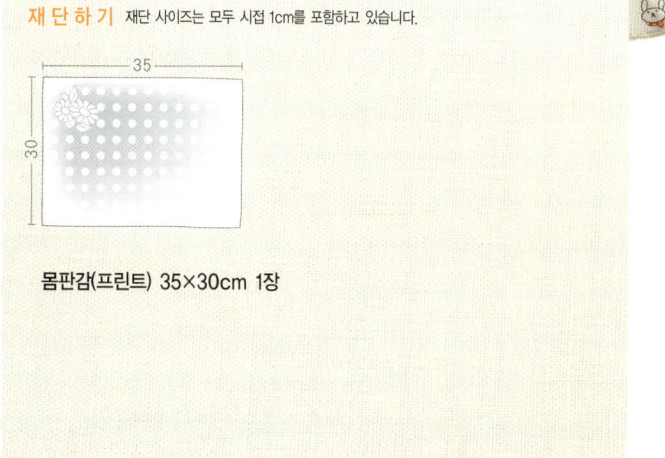

몸판감(프린트) 35×30cm 1장

오버로크하고 몸판 만들기

1 재단한 몸판감의 사방을 오버로크 처리해주세요. 오버로크 재봉틀이 없다면 감침질이나 말아박기로 끝단의 실이 풀리지 않게 해줍니다.

2 몸판감의 안쪽 면 옆선에 시접자를 대고 위에서 10cm 지점을 초크로 표시해주세요.

3 몸판감을 겉면끼리 마주 닿도록 반으로 접어 시침핀으로 고정해주세요.

4 표시선대로 양 옆선과 바닥만 1cm 시접으로 봉제해주세요. 단, 초크로 표시한 10cm 지점과 윗면은 봉제하지 않아요.

5 봉제 후 반으로 접힌 시접 끝에 가위집을 넣어주세요.

6 시접은 모두 가름솔로 다려주세요.

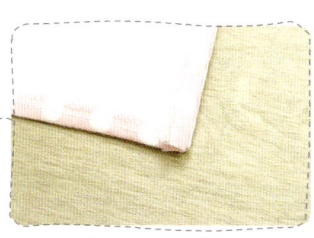

입구 만들기

7 몸판의 봉제하지 않았던 시접을 표시선처럼 ㄷ 모양으로 봉제하여 시접이 몸판에서 떨어지지 않게 해주세요.

8 옆선의 위에서 7cm 지점을 초크로 표시해줍니다.

9 입구를 8번 과정에서 초크로 표시한 선에 마주 닿도록 접어주세요.

10 시접 부분을 패브릭 본드풀로 임시고정해주세요.

11 임시고정한 시접의 가장자리 1~2mm 옆을 따라 입구 둘레를 봉제해주세요. 끈을 끼울 수 있는 구멍이 생겨요.

Tip

입구가 벌어지기 쉽게 하기 위해서는 옆에 봉제해준 부분과 끈이 들어가는 부분 사이에 약간의 여유가 있는 게 좋습니다. 바네 파우치와는 달리 조리개 파우치에선 봉제 부분과 3cm의 여유를 준 뒤 끈 끼울 구멍을 만들어줍니다.

12 겉쪽 면이 보이도록 뒤집어주세요.

13 송곳으로 모서리를 빼내어 정리해주세요.

끈 끼우기

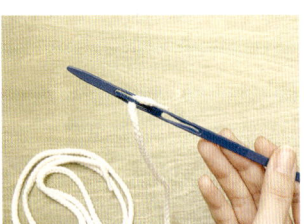

14 끼우개에 면끈을 끼워주세요.

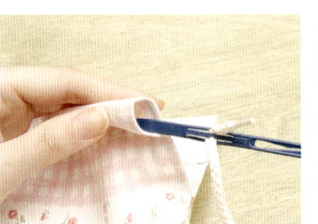

15 입구 구멍에 끼우개를 끼워 면끈을 구멍으로 넣습니다.

Tip

고무줄 끼우개란?

의복이나 소품을 만들 때 고무줄이나 면끈 같은 것을 좁은 구멍에도 쉽게 통과시킬 수 있도록 만들어진 용품으로 옷핀이나 가는 실핀 등을 사용해도 괜찮습니다.

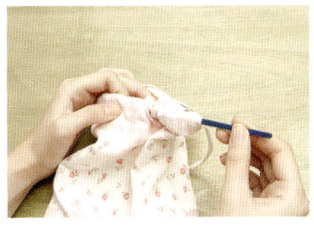

16 끼우개로 구멍을 통과시켜주세
요.

17 반대쪽 구멍으로 끼우개를 빼
내어주면 면끈이 구멍에 끼워
집니다.

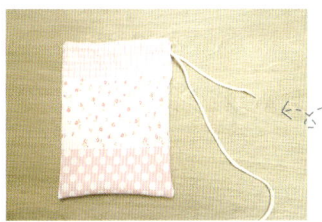

18 면끈에서 끼우개를 빼내고 면
끈을 각각 10cm 정도 여분으
로 남긴 뒤 나머지는 잘라주세요.

19 면끈 2개를 한꺼번에 잡아서
매듭을 지어주세요.

20 30분으로도 충분한, 조리개
파우치가 완성되었습니다.

TIP
취향에 따라 면끈에 나무구슬이
나 기타 부자재를 끼워 장식해도
예쁘답니다.

Part 04

리넨, 가방 안에

01

당신도 참 좋아할 거예요, 도트무늬 아이팟 케이스

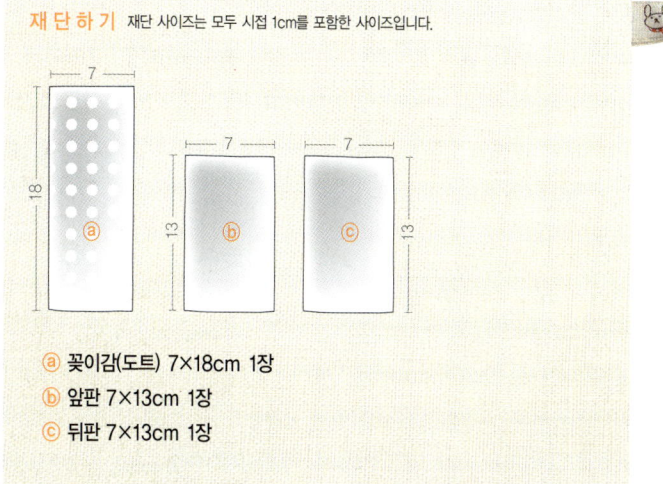

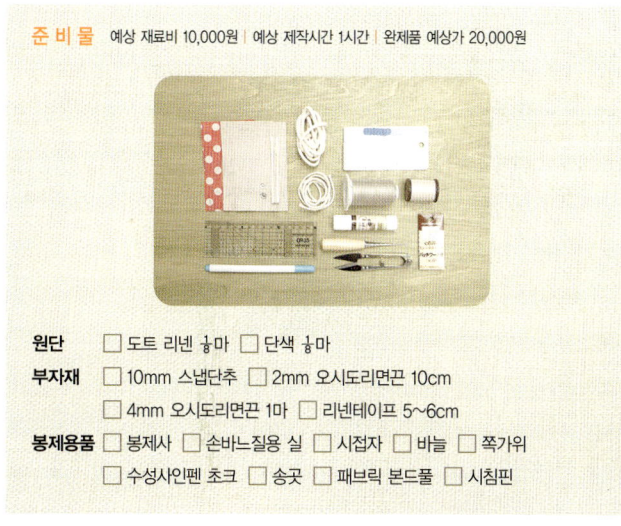

준비물
예상 재료비 10,000원 | 예상 제작시간 1시간 | 완제품 예상가 20,000원

원단 ☐ 도트 리넨 ½마   ☐ 단색 ½마

부자재 ☐ 10mm 스냅단추   ☐ 2mm 오시도리면끈 10cm
☐ 4mm 오시도리면끈 1마   ☐ 리넨테이프 5~6cm

봉제용품 ☐ 봉제사   ☐ 손바느질용 실   ☐ 시접자   ☐ 바늘   ☐ 쪽가위
☐ 수성사인펜 초크   ☐ 송곳   ☐ 패브릭 본드풀   ☐ 시침핀

재단하기   재단 사이즈는 모두 시접 1cm를 포함한 사이즈입니다.

ⓐ 꽂이감(도트) 7×18cm 1장
ⓑ 앞판 7×13cm 1장
ⓒ 뒤판 7×13cm 1장

꽂이감 만들고
여밈장식 달기

1 꽂이감(a)을 안면끼리 마주 닿게 반으로 접어 다리미로 다려주세요.

2 뒤판(c)의 겉면 가로 1cm, 세로 2cm 지점을 초크로 양쪽에 표시합니다.

3 2mm 두께의 오시도리면끈을 5cm 길이로 2개 잘라 반으로 접은 뒤 초크로 표시한 선에 고정합니다.

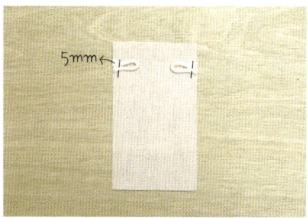

4 고정한 오시도리면끈을 모두 5mm 시접으로 봉제해 고정합니다.

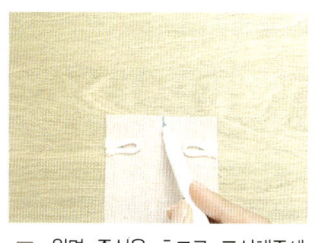

5 윗면 중심을 초크로 표시해주세요.

TIP 4번 과정의 봉제는 꽂이감과 몸판을 합봉할 때에 오시도리면끈도 1cm 시접으로 함께 봉제되므로 오시도리면끈의 위치가 틀어지지 않게 하기 위한 임시방편입니다.

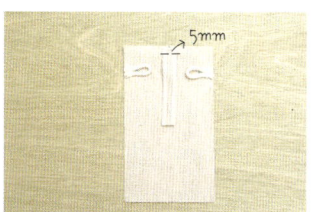

6 리넨테이프를 5mm 시접으로 봉제해 고정합니다.

꽃이감 연결하기

7 시접 부분이 아래쪽으로 가도록 앞판(b)의 겉면에 꽂이감(a)을 올려놓고 시침핀으로 고정해주세요.

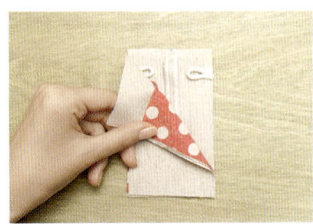

8 여밈 장식을 모두 마친 뒤판(c)의 겉과 시침해놓은 앞판(b)과 꽂이감(a)의 겉면이 서로 마주 닿도록 사진과 같이 올려놓아주세요.

9 아래쪽에 4cm 정도 창구멍을 표시합니다.

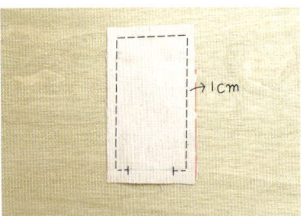

10 창구멍을 제외한 사방을 1cm 시접으로 봉제해주세요.

11 창구멍의 시접만 남기고 봉제한 시접은 모두 가위로 잘라줍니다.

뒤집기

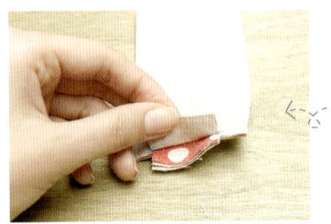

12 창구멍을 통해 모두 뒤집어주세요.

13 창구멍의 시접을 안쪽으로 접어 넣은 뒤 공그르기를 합니다.

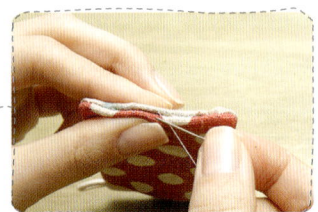

스냅단추 달기

14 테이프를 아래쪽으로 접어 내려 마주 닿는 지점을 초크로 표시해주세요.

15 초크로 표시한 선을 바늘로 한 땀 떠줍니다.

16 스냅단추의 구멍으로 바늘을 빼냅니다.

17 스냅단추를 달아줄 위치에 고정한 후, 바늘을 리넨테이프에 꽂아 통과시킵니다.

18 바늘을 3~4번 왕복하여 구멍을 고정합니다. 스냅단추의 구멍 4개를 모두 고정해주세요.

19 같은 방법으로 아래쪽의 꽂이감에도 스냅단추를 달아주세요.

끈 달기

20 양옆의 구멍에 4mm 오시도리면끈을 끼워주세요.

21 오시도리면끈의 끝부분에 매듭을 지어주세요.

22 모든 이의 마음에 쏙 드는, 아이팟 케이스가 완성되었습니다.

Application

다양한 디자인의 아이팟 케이스를 만들어보세요.

원단이나 장식들의 디자인을 바꾸어 자신의 스타일과 가장 어울리는 작품을 만들어보세요.
아이팟이 없더라도 재단 사이즈만 바꾸어주면 자신이 가지고 있는 제품의 케이스가 완성된답니다.

02

이제 스크래치 걱정없는,

블랙 스트라이프 핸드폰 케이스

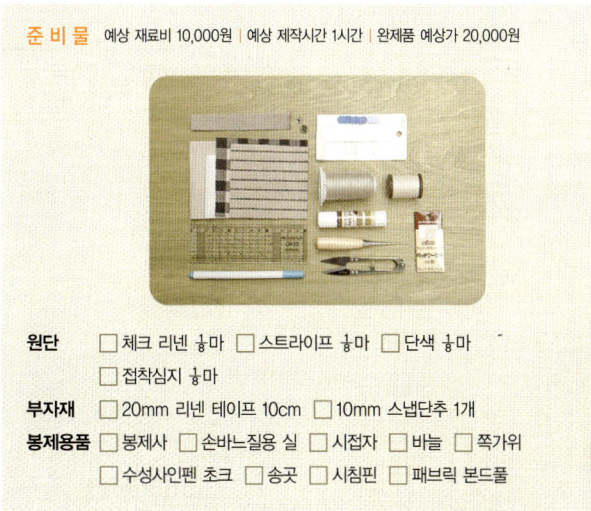
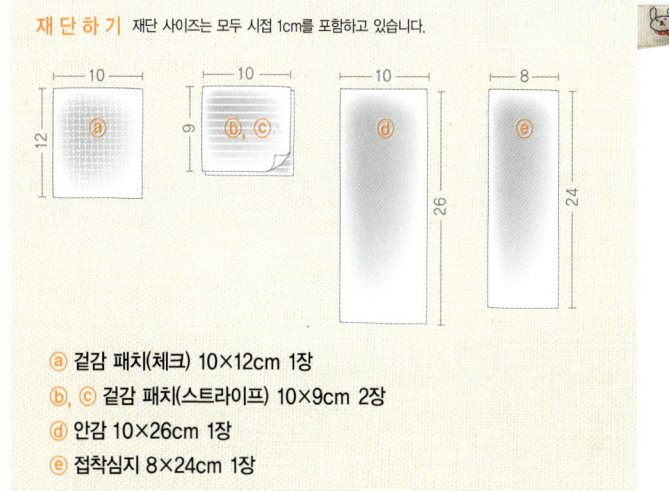

준비물
예상 재료비 10,000원 | 예상 제작시간 1시간 | 완제품 예상가 20,000원

원단
- ☐ 체크 리넨 ½마
- ☐ 스트라이프 ½마
- ☐ 단색 ½마
- ☐ 접착심지 ½마

부자재
- ☐ 20mm 리넨 테이프 10cm
- ☐ 10mm 스냅단추 1개

봉제용품
- ☐ 봉제사
- ☐ 손바느질용 실
- ☐ 시접자
- ☐ 바늘
- ☐ 쪽가위
- ☐ 수성사인펜 초크
- ☐ 송곳
- ☐ 시침핀
- ☐ 패브릭 본드풀

재단하기
재단 사이즈는 모두 시접 1cm를 포함하고 있습니다.

- ⓐ 겉감 패치(체크) 10×12cm 1장
- ⓑ, ⓒ 겉감 패치(스트라이프) 10×9cm 2장
- ⓓ 안감 10×26cm 1장
- ⓔ 접착심지 8×24cm 1장

패치 연결하기

1 겉감 패치[체크] (a)와 겉감 패치 [스트라이프] (b)의 겉면을 맞대고 시침핀으로 고정해주세요.

2 가로를 1cm 시접으로 봉제해주 세요.

3 봉제한 시접은 가름솔로 다려주 세요.

4 나머지 스트라이프 패치(c)도 봉 제한 반대쪽 면에 겉면끼리 마주 댄 뒤 시침핀으로 고정해주세요.

5 1cm 시접으로 봉제해줍니다.

6 봉제한 시접을 가름솔로 다려주 면 겉감이 완성됩니다.

심지 붙이고 테이프 달기

Tip 접착심지는 시접이 두꺼워지지 않도록 사방이 1cm씩 작으니 빼 뚫어지지 않도록 주의하여 붙여 줍니다.

7 겉감의 안쪽 면에 접착심지(e)의 접착면을 마주 대고 다리미로 꾹 꾹 눌러 붙여주세요.

8 겉감의 겉면 입구 중심에 리넨테 이프를 시침핀을 이용해 5mm 시접으로 고정해주세요.

겉감, 안감 만들기

9 겉감의 겉면끼리 마주 닿도록 반 으로 접어 시침핀으로 고정해주 세요.

10 양 옆선을 1cm 시접으로 봉제 합니다.

11 안감(d)을 겉면끼리 마주 닿도 록 반으로 접어 시침핀으로 고 정해주세요.

12 양 옆선을 1cm 시접으로 봉제 해주세요.

바닥 만들기

13 겉감과 안감의 반으로 접힌 시 접 부분에 가위집을 넣어줍니다.

14 봉제한 시접은 가름솔로 다려 주세요.

15 가름솔을 중심으로 양옆으로 1cm씩 총 2cm를 초크로 표시 해줍니다.

16 겉감과 안감 모두 초크선을 따 라 봉제한 뒤 나머지 시접을 잘라주세요.

합봉하기

17 겉감을 겉면이 보이도록 뒤집어주세요.

18 겉감과 안감의 안쪽 면이 서로 마주 닿도록 안감을 겉감 안으로 집어넣어주세요.

19 겉감과 안감의 입구 시접을 서로 마주 닿도록 겉감과 안감 사이의 안쪽으로 1cm씩 접어 넣어주세요.

20 안감과 겉감의 옆선을 잘 맞춘 뒤 접어준 시접을 패브릭 본드 풀로 임시고정해줍니다.

21 시침핀으로 한 번 더 입구와 시접을 임시고정해줍니다.

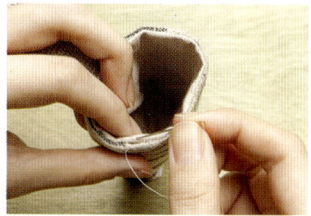

22 입구 시접을 공그르기합니다.

스냅단추 달기

23 테이프를 앞쪽으로 여닫아 단추 달 위치를 초크로 표시해주세요.

24 초크로 표시한 곳에 스냅단추를 달아주세요.

25 이제 스크래치 걱정없는, 핸드폰 케이스가 완성되었습니다.

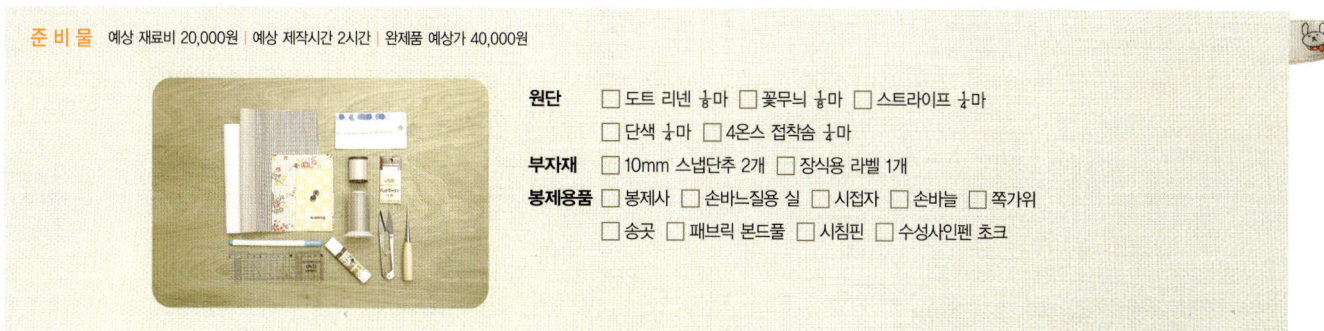

준비물 예상 재료비 20,000원 | 예상 제작시간 2시간 | 완제품 예상가 40,000원

원단
- ☐ 도트 리넨 ⅛마 ☐ 꽃무늬 ⅛마 ☐ 스트라이프 ⅛마
- ☐ 단색 ⅛마 ☐ 4온스 접착솜 ⅛마

부자재
- ☐ 10mm 스냅단추 2개 ☐ 장식용 라벨 1개

봉제용품
- ☐ 봉제사 ☐ 손바느질용 실 ☐ 시접자 ☐ 손바늘 ☐ 쪽가위
- ☐ 송곳 ☐ 패브릭 본드풀 ☐ 시침핀 ☐ 수성사인펜 초크

재 단 하 기 재단 사이즈는 모두 시접 1cm를 포함하고 있습니다.

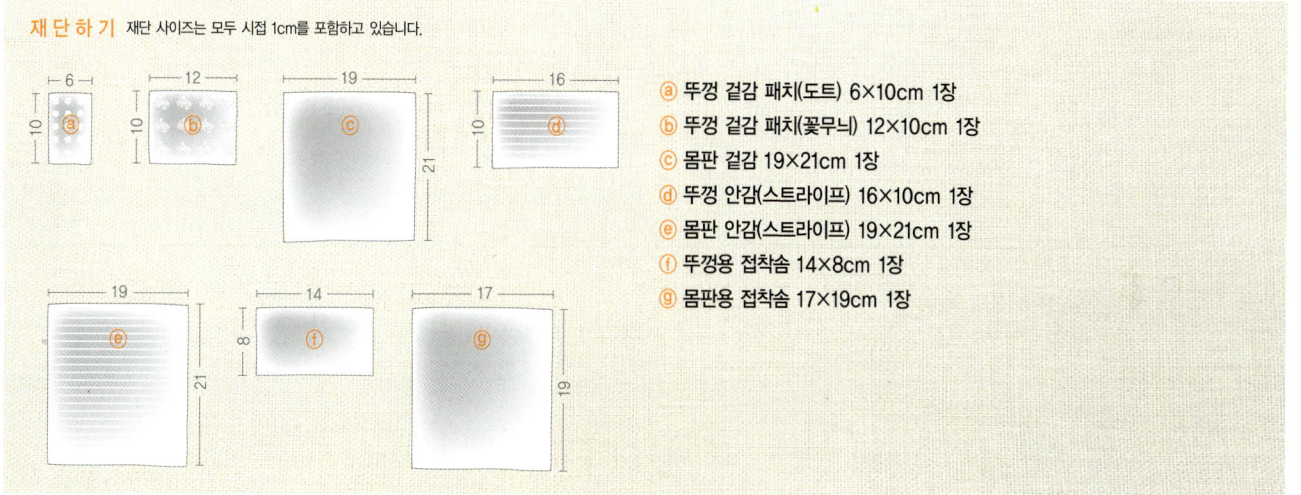

- ⓐ 뚜껑 겉감 패치(도트) 6×10cm 1장
- ⓑ 뚜껑 겉감 패치(꽃무늬) 12×10cm 1장
- ⓒ 몸판 겉감 19×21cm 1장
- ⓓ 뚜껑 안감(스트라이프) 16×10cm 1장
- ⓔ 몸판 안감(스트라이프) 19×21cm 1장
- ⓕ 뚜껑용 접착솜 14×8cm 1장
- ⓖ 몸판용 접착솜 17×19cm 1장

뚜껑 만들기

1 뚜껑 겉감 패치 (a)와 (b)를 준비해주세요.

2 뚜껑 겉감 패치 (a)와 (b)의 겉면을 마주 닿게 놓은 뒤 1cm 시접으로 봉제해주세요.

3 봉제한 시접은 가름솔로 다려주세요.

4 뚜껑용 접착솜(f)의 접착면을 뚜껑 겉감의 안쪽 면에 마주 대고 다리미로 다려 접착시켜주세요.

5 접착솜은 다리미 열에 녹으므로 꼭 원단 쪽에서 다려 붙여줍니다.

6 뚜껑 겉감의 겉면과 뚜껑 안감(d)의 겉면이 마주 닿도록 올려놓고 시침핀으로 고정해주세요.

7 표시선대로 3면만 1cm 시접으로 봉제해줍니다.

8 봉제한 후 시접은 봉제선에 가깝게 가위로 잘라줍니다.

9 봉제하지 않는 쪽을 통해 뚜껑을 뒤집어 겉면이 보이게 합니다.

10 송곳을 이용해서 모서리를 깔끔하게 빼내 정리해주세요.

11 다리미로 꼼꼼히 다려주면 뚜껑이 완성됩니다.

겉감 만들기

12 몸판 겉감(c)의 안쪽 면에 몸판용 접착솜(g)의 접착면을 마주 닿게 올려놓아줍니다. 접착솜이 한쪽으로 치우치지 않도록 주의해주세요.

13 다리미로 원단 쪽에서 꾹꾹 눌러 접착솜을 붙여줍니다.

장식하기

14 몸판 겉감의 겉면 오른쪽에서 4cm, 위에서 6cm 지점을 초크로 표시해줍니다.

15 초크로 표시한 지점에 장식용 라벨을 패브릭 본드풀로 임시 고정해주세요.

16 장식용 라벨 양옆을 박아 고정해줍니다.

뚜껑 달기

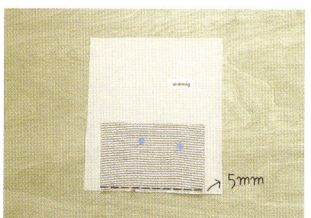

17 몸판 겉감(c)을 세로로 반을 접어 초크로 중앙을 표시해주세요. 라벨이 달린 쪽이 위쪽을 향하도록 합니다.

18 뚜껑의 세로를 반으로 접어 초크로 표시해주세요.

19 초크로 표시한 선이 마주 닿도록 겉면끼리 마주 대어 시침핀으로 고정한 뒤 5mm 시접으로 봉제합니다.

겉감, 안감 만들기

20 몸판 겉감을 가로로 반을 접어 시침핀으로 고정해주세요.

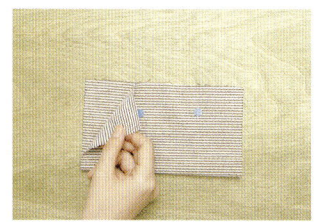

21 양 옆선을 1cm 시접으로 봉제해주세요.

22 몸판 안감도 겉면끼리 마주 닿게 가로로 반을 접어 시침핀으로 고정해주세요.

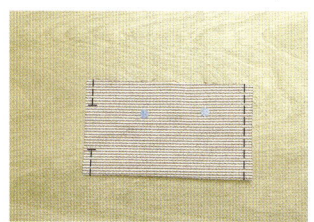

23 안감의 옆선에 창구멍을 5cm 표시해주세요.

24 창구멍을 제외한 양 옆선을 1cm 시접으로 봉제해주세요.

바닥 만들기

25 겉감과 안감 모두 반으로 접힌 시접 끝에 가위집을 넣어주세요.

26 겉감과 안감 모두 시접을 가름솔로 다려주세요.

27 겉감과 안감 모두 가름솔을 중심으로 양옆 1.5cm 총 3cm씩 바닥을 초크로 표시한 후 봉제해주세요.

28 봉제한 후 나머지 시접은 봉제선에 가깝게 가로로 잘라줍니다.

합봉하기

29 안감을 겉면이 보이도록 뒤집어주세요.

30 겉감의 겉면과 안감의 겉면이 서로 마주 닿도록 안감을 집어넣어주세요.

31 안감과 겉감의 양 옆선을 잘 맞추어 입구를 시침핀으로 고정해주세요.

32 입구 둘레를 1cm 시접으로 봉제해주세요.

33 안감에 있는 창구멍을 통해 겉이 보이도록 뒤집어주세요.

34 안감의 창구멍을 공그르기로 막아 마무리합니다.

35 안감을 겉감 안쪽으로 집어넣어주세요.

36 입구를 다리미로 꼼꼼히 다려줍니다.

스냅단추 달기

37 뚜껑 안면의 아래에서 2cm, 양옆 끝에서 2cm 지점을 각각 초크로 표시해주세요.

38 초크로 표시한 곳에 스냅단추 중 가운데가 튀어나온 부품을 손바느질로 달아주세요.

39 뚜껑을 여닫아 단추가 닿는 위치를 초크로 표시하고, 스냅단추 중 가운데가 파여 있는 부품을 달아주세요.

40 도톰해서 걱정없는, 닌텐도 케이스가 완성되었습니다.

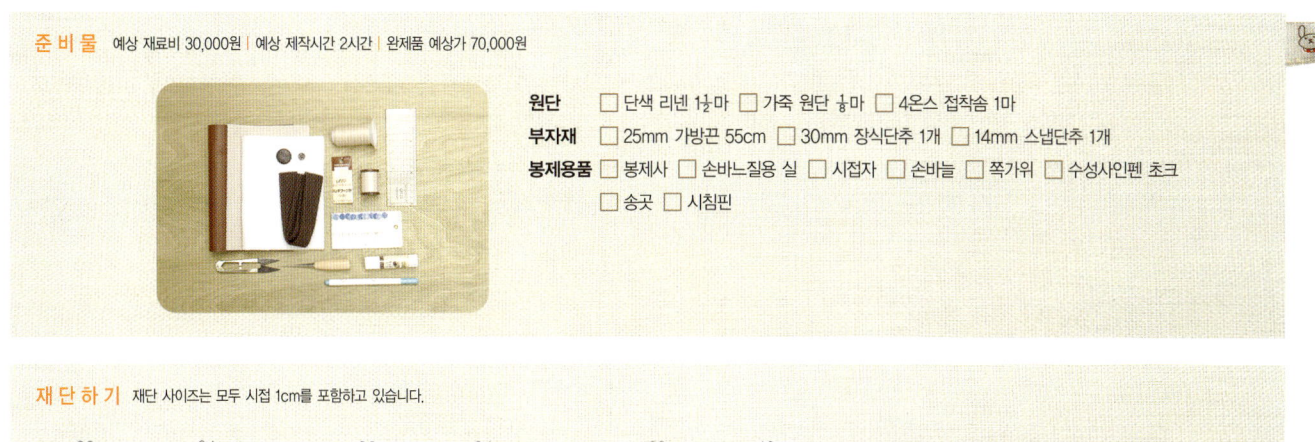

준 비 물 예상 재료비 30,000원 | 예상 제작시간 2시간 | 완제품 예상가 70,000원

원단 ☐ 단색 리넨 1½마 ☐ 가죽 원단 ⅛마 ☐ 4온스 접착솜 1마

부자재 ☐ 25mm 가방끈 55cm ☐ 30mm 장식단추 1개 ☐ 14mm 스냅단추 1개

봉제용품 ☐ 봉제사 ☐ 손바느질용 실 ☐ 시접자 ☐ 손바늘 ☐ 쪽가위 ☐ 수성사인펜 초크
☐ 송곳 ☐ 시침핀

재 단 하 기 재단 사이즈는 모두 시접 1cm를 포함하고 있습니다.

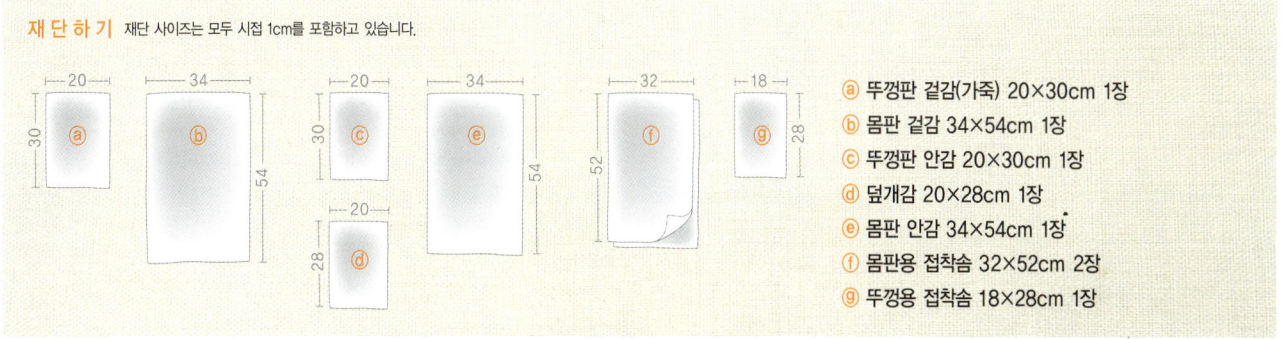

ⓐ 뚜껑판 겉감(가죽) 20×30cm 1장
ⓑ 몸판 겉감 34×54cm 1장
ⓒ 뚜껑판 안감 20×30cm 1장
ⓓ 덮개감 20×28cm 1장
ⓔ 몸판 안감 34×54cm 1장
ⓕ 몸판용 접착솜 32×52cm 2장
ⓖ 뚜껑용 접착솜 18×28cm 1장

솜 붙이기

1 몸판 겉감(b)과 몸판 안감(e)의 안쪽 면에 몸판용 접착솜(f)의 접착면을 마주 대어주세요. 접착솜은 시접이 두꺼워지는 것을 막기 위해 사방이 원단보다 1cm씩 작게 재단되었습니다.

2 겉면이 보이도록 뒤집어 원단 쪽에서 다리미로 꾹꾹 눌러 접착시킵니다.

3 뚜껑판 안감(c)의 안쪽 면에 뚜껑용 접착솜(g)의 접착면을 마주 대어주세요.

4 뒤집어 원단 쪽에서 다리미로 꾹꾹 눌러 접착시켜주세요. 솜은 다리미 열에 녹기 때문에 꼭 원단 쪽에서 다려주어야 합니다.

> Tip
> 겉감과 안감에 모두 솜을 붙여주어 카메라를 보호해줍니다.

뚜껑 만들기

5 뚜껑판 안감(c)의 겉면과 뚜껑판 겉감(a)의 겉면을 마주 대어주세요.

6 가죽 원단에 구멍이 생길 수 있으므로 시침핀은 사용하지 않습니다.

7 윗면을 제외한 3면을 1cm 시접으로 봉제해주세요.

8 봉제한 시접은 봉제선에 가깝게 가위로 잘라줍니다.

9 봉제하지 않은 곳을 통해 겉면이 보이도록 뒤집어주세요.

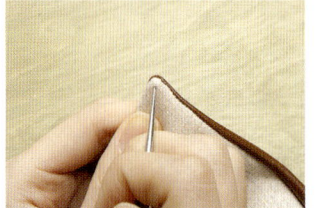

10 모서리를 송곳으로 잘 빼내어주세요. 이때 뚜껑 안감 쪽에서 모서리를 빼내어야 가죽이 상하지 않습니다.

11 다리미로 꼼꼼히 다려주면 뚜껑이 완성됩니다. 완성된 뚜껑을 다려줄 때는 가죽 쪽이 아니라 안감 쪽에서 다리미로 꼼꼼히 다려줍니다.

가방 안 덮개 만들기

12 덮개감(d)을 겉면끼리 마주 닿게 가로로 반을 접어 다려주세요.

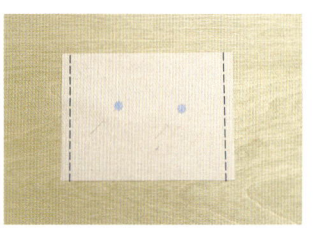

13 반으로 접은 후 시침핀으로 고정하고 양 옆선을 1cm 시접으로 봉제해주세요.

14 봉제한 시접은 봉제선에 가깝게 가위로 잘라냅니다.

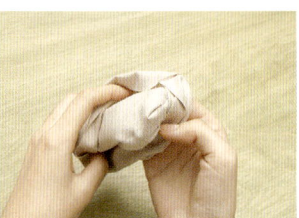

15 봉제하지 않은 곳을 통해 겉면이 보이도록 뒤집어줍니다.

16 모서리를 송곳으로 잘 빼내주세요.

17 완성된 덮개를 다리미로 꼼꼼히 다려주세요.

뚜껑, 덮개 달기

18 뚜껑을 세로로 반을 접어 중심을 뚜껑 안쪽에 초크로 표시해주세요.

19 몸판 겉감(b)의 세로를 반으로 접은 뒤 초크로 겉면에 중심을 표시해주세요.

20 초크선에 맞춰 뚜껑판을 몸판 중앙에 올려놓습니다. 이때 뚜껑판의 봉제되지 않은 부분이 바깥쪽을 향해야 합니다.

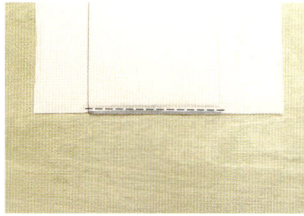

21 사진과 같이 5mm 시접으로 봉제하여 뚜껑을 몸판 겉감에 고정해줍니다.

22 덮개를 세로로 반을 접어 중심을 초크로 표시해주세요.

23 뚜껑을 달았던 몸판 겉감의 반대쪽 중앙에 덮개를 올려놓습니다.

24 덮개를 시침핀으로 고정한 뒤 5mm 시접으로 봉제해주세요.

몸판 만들기

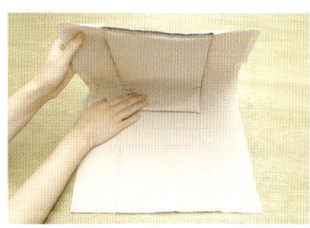

25 몸판 겉감을 가로로 반을 접어주세요.

26 몸판 겉감과 몸판 안감(e)을 각각 겉면끼리 마주 닿게 반으로 접어 시침핀으로 고정해주세요.

27 안감의 옆선에 창구멍을 10cm 표시합니다.

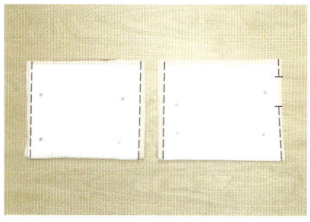

28 몸판의 양 옆선을 1cm 시접으로 봉제해주세요. 안감은 창구멍을 남겨놓고 봉제합니다.

바닥 만들기

29 봉제 후 옆선의 반으로 접힌 시접은 가위집을 넣어주세요.

30 시접들을 가름솔로 모두 다려 줍니다.

31 가름솔을 중심으로 양옆 7cm 씩 총 14cm가 되도록 초크로 표시한 뒤 봉제하여 바닥을 만들어주 세요.

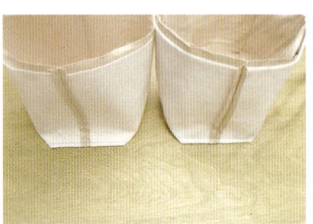

32 봉제 후 남은 부분은 봉제선에 가깝게 잘라내주세요.

가방끈 달기

33 겉감(b)을 겉면이 보이도록 뒤집어주세요.

34 겉감의 겉쪽 옆선에 가방끈을 시침핀으로 고정해주세요

35 5mm 시접으로 가방끈을 봉제 해주세요.

36 가방끈이 꼬이지 않도록 주의 해서 겉감의 양옆에 가방끈을 고정합니다.

합봉하기

37 겉감(b)의 겉면과 안감(e)의 겉 면이 마주 닿도록 겉감을 안감 에 넣어주세요. 가방끈도 안감 속으로 모두 넣어줍니다.

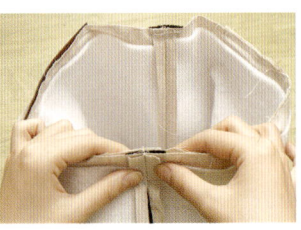

38 안감과 겉감의 양 옆선을 잘 맞춰줍니다.

39 입구 둘레를 시침핀으로 고정 한 뒤 1cm 시접으로 안감과 겉감을 함께 봉제합니다.

40 봉제한 입구 시접은 봉제선에 가깝게 잘라줍니다.

뒤집기

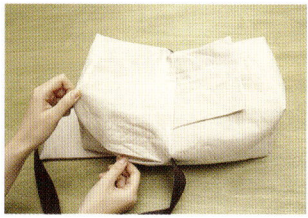

41 안감의 창구멍을 통해 겉감과 뚜껑, 가방끈까지 모두 밖으로 빼내어주세요.

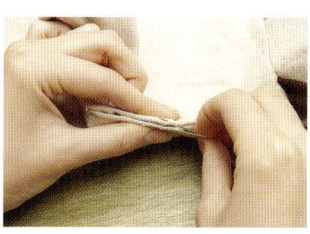

42 안감의 창구멍을 공그르기해줍니다.

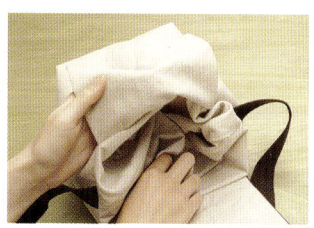

43 안감을 겉감의 안쪽으로 넣어주세요.

44 입구 둘레를 다리미로 꼼꼼히 다려줍니다.

단추 달기

45 뚜껑을 여닫아보고 단추를 달 위치를 정해줍니다.

46 뚜껑의 안쪽 면에 초크로 단추 위치를 표시하고, 마주 닿는 몸판에도 위치를 표시합니다.

47 초크로 표시한 지점에 스냅단추를 달아주세요.

48 뚜껑의 겉쪽에는 장식용 단추를 달아줍니다.

49 빈티지 카메라 가방이 완성되었습니다.

05 아기자기한 소품과 잘 어울리는, 니트 똑딱 파우치

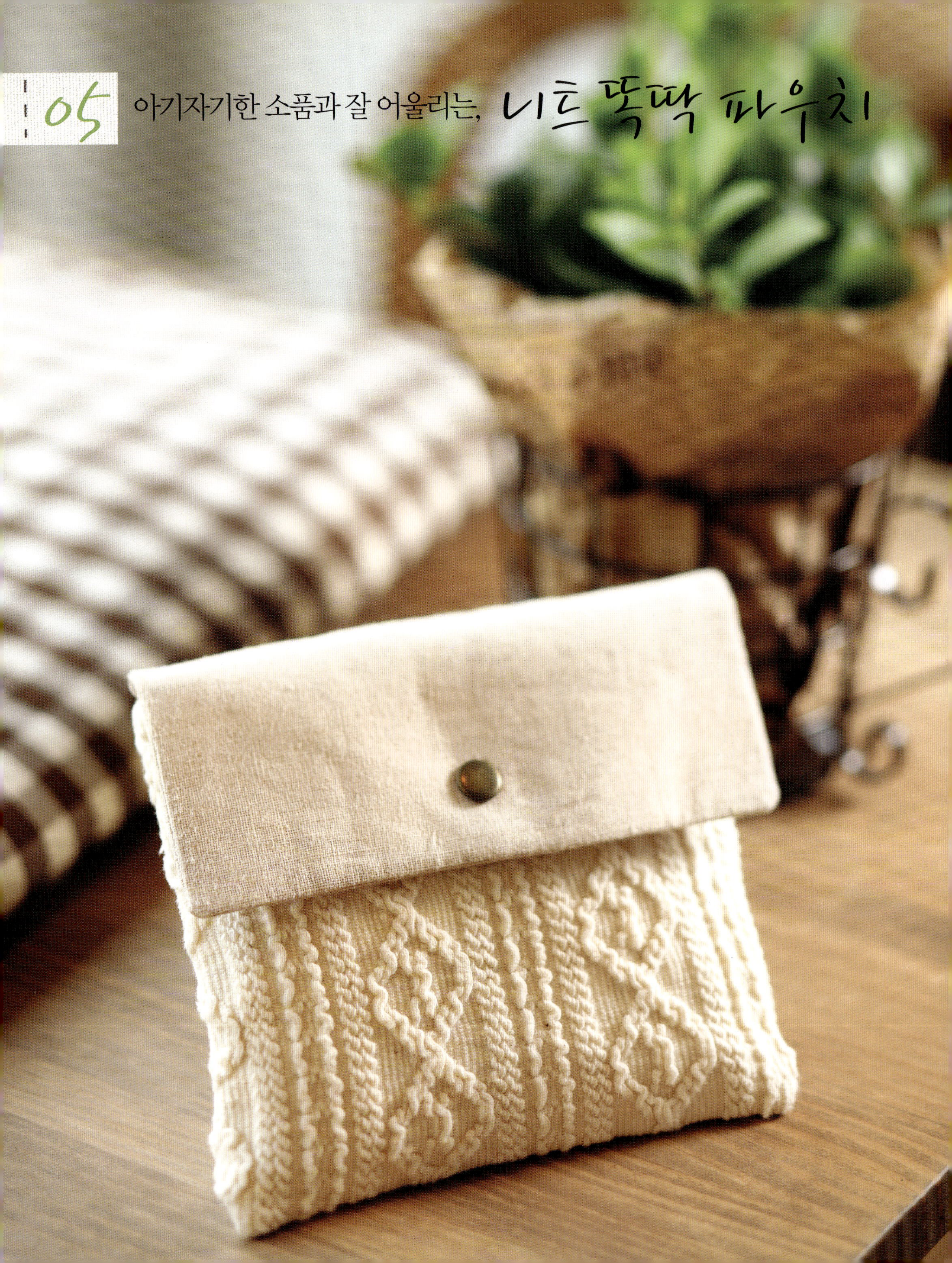

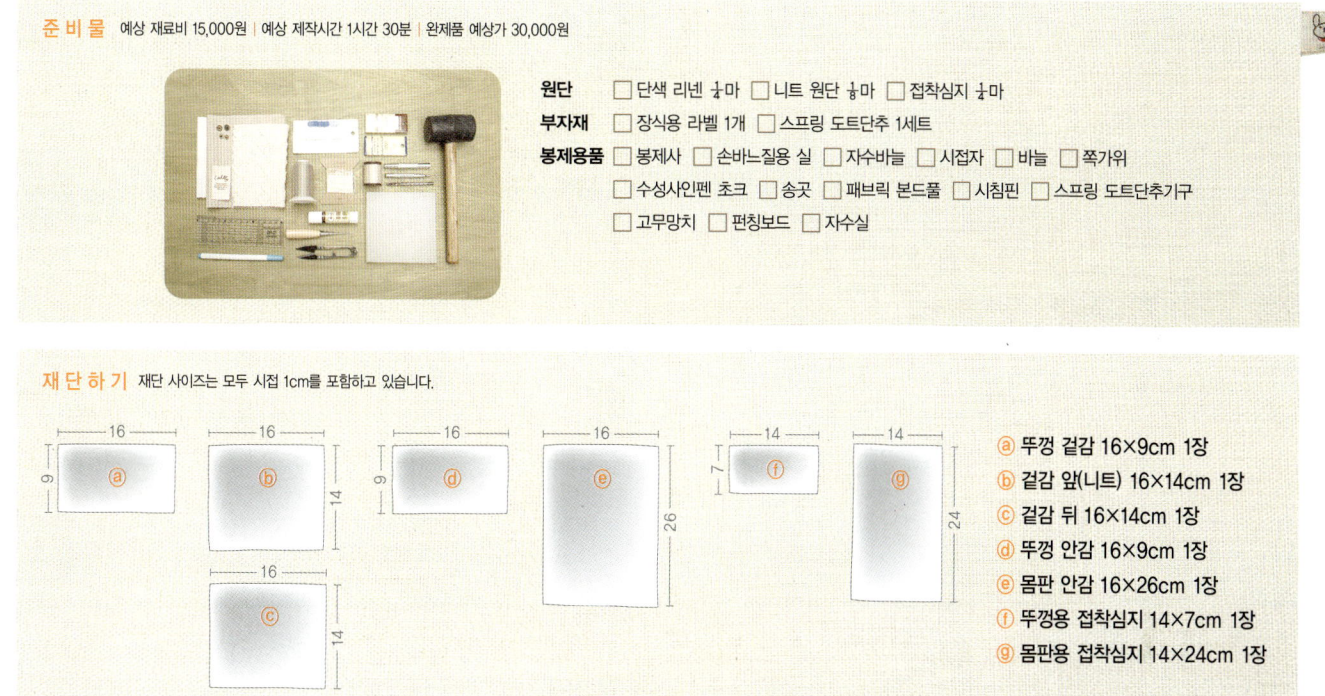

준비물 예상 재료비 15,000원 | 예상 제작시간 1시간 30분 | 완제품 예상가 30,000원

원단
- □ 단색 리넨 ½마 □ 니트 원단 ¼마 □ 접착심지 ¼마

부자재
- □ 장식용 라벨 1개 □ 스프링 도트단추 1세트

봉제용품
- □ 봉제사 □ 손바느질용 실 □ 자수바늘 □ 시접자 □ 바늘 □ 쪽가위
- □ 수성사인펜 초크 □ 송곳 □ 패브릭 본드풀 □ 시침핀 □ 스프링 도트단추기구
- □ 고무망치 □ 편칭보드 □ 자수실

재단하기 재단 사이즈는 모두 시접 1cm를 포함하고 있습니다.

ⓐ 뚜껑 겉감 16×9cm 1장
ⓑ 겉감 앞(니트) 16×14cm 1장
ⓒ 겉감 뒤 16×14cm 1장
ⓓ 뚜껑 안감 16×9cm 1장
ⓔ 몸판 안감 16×26cm 1장
ⓕ 뚜껑용 접착심지 14×7cm 1장
ⓖ 몸판용 접착심지 14×24cm 1장

뚜껑 만들기

1 뚜껑 겉감(a)의 안쪽 면에 뚜껑용 접착심지(f)의 접착면을 마주 대고 다리미로 꾹꾹 눌러 접착시켜줍니다.

2 뚜껑 겉감(a)의 겉면과 뚜껑 안감 (d)의 겉면이 서로 마주 닿도록 올려놓아주세요.

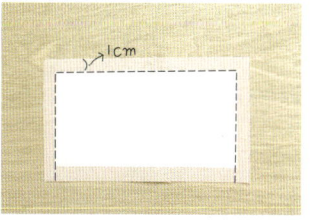

3 표시선대로 3면만 1cm 시접으로 봉제합니다.

4 봉제한 3면의 시접은 봉제선에 가깝게 가위로 잘라냅니다.

5 봉제하지 않는 곳은 시접을 남겨 둔 채 겉면이 보이도록 뒤집어주 세요.

6 뒤집은 후 다리미로 꼼꼼히 다려 주면 뚜껑 완성입니다.

Tip
접착심지는 시접이 두꺼워지는 것을 방지하기 위해서 사방이 원 단보다 1cm씩 작습니다.

몸판 겉감 만들기

7 겉감 앞쪽인 니트 원단(b)의 겉면 과 겉감 뒤쪽인 단색 원단(c)의 겉면을 서로 마주 대고 아래쪽을 1cm 시접으로 봉제합니다.

8 봉제한 시접은 가름솔로 다려주 세요.

9 겉감의 안쪽 면과 몸판용 접착심 지(g)의 접착면을 마주 대고 다리 미로 꾹꾹 눌러 접착시켜주세요. 몸판 겉감이 완성되었습니다.

장식하기

10 겉감의 뒤쪽인 단색 원단의 겉 면 원하는 위치에 장식용 라벨 을 달아줍니다.

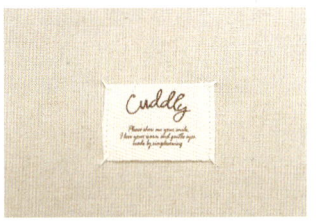

11 장식용 라벨의 모서리를 수실로 한 땀씩 스티치해주세요.

12 라벨을 달아준 뒤, 위쪽 입구에 뚜껑의 겉면 중심을 맞추어 마 주 대고 시침핀으로 고정하여 5mm 시접으로 봉제합니다.

안감 만들기

13 몸판 겉감을 겉면과 겉면이 마 주 닿도록 반으로 접어주세요.

14 양 옆선을 1cm 시접으로 봉제 합니다.

15 안감(e)도 마찬가지로 겉과 겉 이 마주 닿도록 반으로 접어주 세요.

16 안감의 옆선에 창구멍을 5cm 정도 표시한 뒤 창구멍을 제외 한 양옆을 1cm 시접으로 봉제합니다.

17 겉감과 안감 모두 봉제한 시접 은 봉제선에 가깝게 잘라주세요.

18 안감에 있는 창구멍은 시접을 잘라내지 않습니다.

19 안감을 겉면이 보이도록 뒤집 어주세요.

20 안감을 겉감에 집어넣어 겉감의 겉면과 안감의 겉면이 마주 닿도록 해주세요.

21 입구 둘레를 시침핀으로 고정합니다.

22 겹쳐진 겉감과 안감의 양 옆선을 잘 맞추어줍니다.

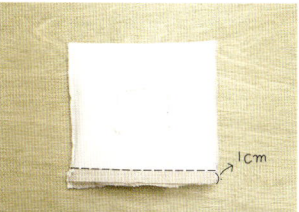

23 입구 둘레를 1cm 시접으로 봉제해주세요.

24 봉제한 시접은 봉제한 선에 가깝게 잘라주세요.

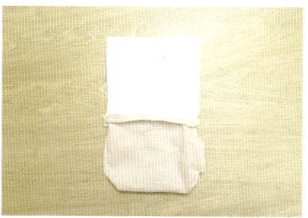

25 안감을 밖으로 빼내어줍니다.

26 안감에 있는 창구멍을 통해 겉감이 보이도록 뒤집어주세요.

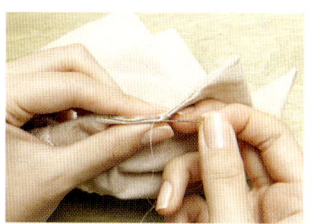

27 안감에 있는 창구멍을 공그르기로 막아줍니다.

28 공그르기가 끝난 안감을 겉감 안으로 집어넣어주세요.

스프링 도트단추 달기

29 뚜껑의 겉쪽 중심에 단추를 달 위치를 초크로 표시합니다.

30 뚜껑을 닫아보아 아래쪽 니트 원단(b)에 달릴 단추 위치도 초크로 표시해줍니다.

31 초크로 표시한 곳에 스프링 도트단추를 달아주면 완성입니다 (98쪽 스프링 도트단추 달기를 참고하세요).

32 아기자기한 소품과 잘 어울리는, 니트 파우치가 완성되었습니다.

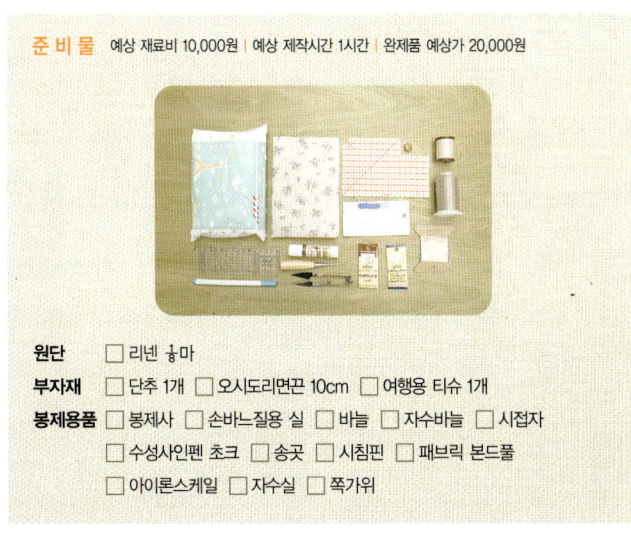

준비물 예상 재료비 10,000원 | 예상 제작시간 1시간 | 완제품 예상가 20,000원

재단하기 재단 사이즈는 모두 시접 1cm를 포함하고 있습니다.

몸판 23×34cm 1장

원단 ☐ 리넨 ⅓마

부자재 ☐ 단추 1개 ☐ 오시도리면끈 10cm ☐ 여행용 티슈 1개

봉제용품 ☐ 봉제사 ☐ 손바느질용 실 ☐ 바늘 ☐ 자수바늘 ☐ 시접자
☐ 수성사인펜 초크 ☐ 송곳 ☐ 시침핀 ☐ 패브릭 본드풀
☐ 아이론스케일 ☐ 자수실 ☐ 쪽가위

오버로크하고 입구 만들기

1 몸판의 사방을 모두 오버로크해주 세요. 감침질 또는 말아박기를 하 셔도 괜찮습니다.

2 세로로 반을 접어 중심선을 초크 로 표시해주세요.

3 중심선을 기준으로 양옆으로 5cm씩 총 10cm를 초크로 표시 해줍니다. 이 부분이 티슈를 뽑는 구 멍이 됩니다.

4 가로면의 시접을 아이론스케일을 사용해서 안쪽으로 1cm 접어 다 려줍니다. 한쪽만 작업해주세요.

5 접어 다린 가로면을 반으로 접어 중심을 초크로 표시해주세요.

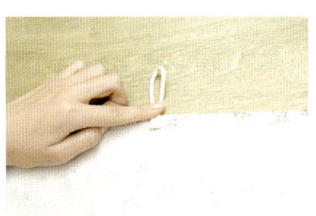

6 오시도리면끈을 반으로 접어 초 크로 표시한 선에 올려놓습니다.

7 올려놓은 오시도리면끈을 가장자 리에 가깝게 봉제합니다.

8 몸판감이 겉면끼리 마주 닿도록 반으로 접고 옆선만 1cm 시접으로 봉제합니다.

9 봉제 후 초크로 표시한 지점에 1cm 시접 길이로 가위집을 한 번씩만 넣어주세요.

10 시접을 가름솔로 다려줍니다.

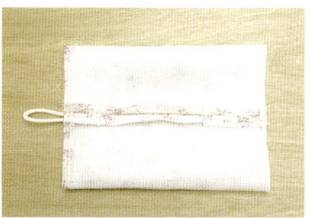

11 오시도리면끈이 달린 위치와 가름솔의 중심이 마주 닿도록 위치를 맞춰주세요.

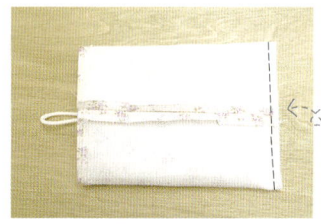

12 표시선대로 바닥을 1cm 시접으로 봉제합니다.

13 봉제하지 않은 쪽을 통해 겉면이 보이도록 뒤집어주세요.

14 티슈 뽑는 부분을 스티치해주세요. 매듭이 겉으로 보이지 않도록 시접 안쪽에서 바느질을 시작합니다.

15 1cm 간격으로 둘레를 스티치 해줍니다. 스티치는 장식적인 요소 외에도 안쪽의 고정되지 않은 시접을 고정시켜주는 역할을 합니다.

16 넓은 ㅁ 자 모양으로 스티치해 주세요.

단추 달기

17 오시도리면끈으로 만든 고리를 위쪽으로 구부려 단추 달 위치를 초크로 표시해줍니다.

18 초크로 표시한 지점에 단추를 달아주세요.

19 입구를 열어 티슈를 넣어주세요.

20 단추로 닫아주고 티슈 입구로 티슈를 빼내어주세요.

21 장미향과 어울리는, 퓨어리넨 티슈 커버가 완성되었습니다.

Application

여행용 티슈에 옷을 입혀주세요.

비닐 포장지에 싸인 휴지를 그대로 들고 다니는 것보다 감촉 좋은 퓨어 리넨으로 커버를 만들어 씌워주면 티슈의 깨끗함이 더욱 up! 된 느낌을 받을 수 있답니다. 500원짜리 여행용 티슈가 순식간에 고급스러워지는 기분을 함께 느껴보아요.

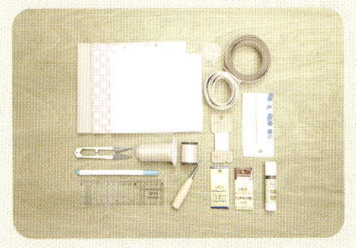

준 비 물 예상 재료비 20,000원 | 예상 제작시간 2시간 30분 | 완제품 예상가 50,000원

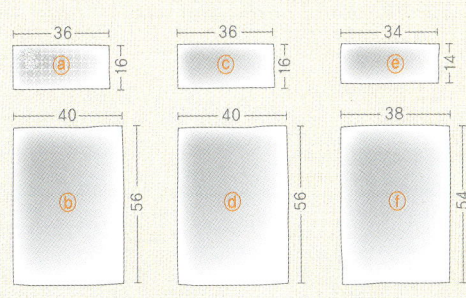

원단 ☐ 프린트 리넨 ½마 ☐ 단색 1마 ☐ 4온스 접착솜 ½마

부자재 ☐ 벨크로 32cm ☐ 가방끈 45cm ☐ 장식용 레이스 와펜 1개

봉제용품 ☐ 봉제사 ☐ 손바느질용 실 ☐ 바늘 ☐ 자수바늘 ☐ 시접자 ☐ 쪽가위
☐ 수성사인펜 초크 ☐ 송곳 ☐ 패브릭 본드풀 ☐ 시침핀 ☐ 자수실

재 단 하 기 재단 사이즈는 모두 시접 1cm를 포함하고 있습니다.

ⓐ 뚜껑(프린트) 겉감 36×16cm 1장

ⓑ 몸판 겉감 40×56cm 1장

ⓒ 뚜껑 안감 36×16cm 1장

ⓓ 몸판 안감 40×56cm 1장

ⓔ 뚜껑용 접착솜 34×14cm 1장

ⓕ 몸판용 접착솜 38×54cm 1장

※ 이 작품에서의 노트북 사이즈는 14인치 와이드입니다.

뚜껑 만들기

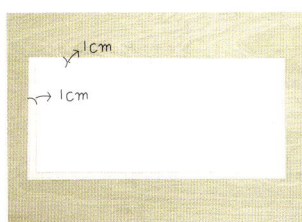

1 뚜껑 겉감(ⓐ)의 안쪽 면과 뚜껑용 접착솜(ⓔ)의 접착면을 마주 대어 올려놓습니다. 접착솜은 사방이 1cm씩 작으므로 한쪽으로 치우치지 않도록 주의해 주세요.

2 다리미로 꾹꾹 눌러 솜을 붙여줍니다. 솜은 열에 약하므로 다리미가 닿지 않도록 원단 쪽에서 다려주세요.

3 뚜껑 안감(ⓒ) 겉면의 밑에서부터 2.5cm 지점을 초크로 표시한 뒤 벨크로의 부드러운 부분을 중앙에 위치하게 시침핀으로 고정해줍니다.

4 표시선대로 벨크로의 가장자리에 가깝게 박아 고정해주세요.

5 솜을 붙인 뚜껑 겉감(ⓐ)과 벨크로를 달아준 뚜껑 안감(ⓒ)의 겉면을 서로 마주 대고 시침핀으로 고정합니다. 벨크로가 아래쪽을 향하게 놓습니다.

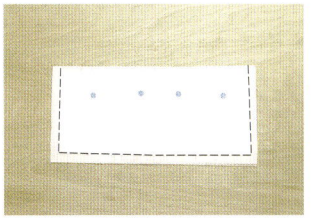

6 표시선대로 3면만 1cm 시접으로 봉제해주세요.

7 봉제한 3면의 시접은 가위로 잘 라줍니다.

8 봉제하지 않는 쪽을 통해 뒤집어 주세요.

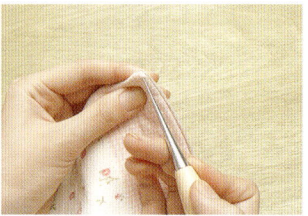

9 송곳을 이용해서 모서리를 깔끔 하게 빼내어 정리합니다.

10 다리미로 꼼꼼히 다려주면 뚜 껑이 완성됩니다.

몸판 만들기

11 몸판 겉감(b)의 안쪽 면에 몸판 용 접착솜(f)의 접착면을 마주 대어 올려놓아주세요. 접착솜은 사방 이 1cm씩 작으므로 한쪽으로 치우치 지 않도록 주의해주세요.

12 원단 쪽에서 다리미로 꾹꾹 눌 러 다려 접착솜을 붙여주세요.

13 몸판 겉감(b)의 겉면 위쪽 7cm 아래 지점을 초크로 표시합니 다.

14 초크로 표시한 지점에 벨크로 의 까끌한 부분을 올려놓고 시 침핀으로 고정해주세요.

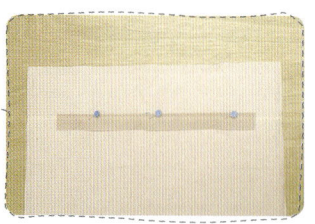

15 표시선처럼 벨크로의 가장자리 를 봉제해 고정합니다.

장식하기

16 몸판 겉감(b) 겉면의 위에서 18cm, 오른쪽에서 12cm 지점을 초크로 표시해주세요.

17 초크로 표시한 지점에 장식용 레이스 모티브를 올려놓아주세요.

18 레이스 모티브와 비슷한 색상의 실로 모티브와 천을 함께 홈질해줍니다.

19 레이스 모티브 아래쪽에 초크로 이니셜을 써주세요.

20 수실을 사용하여 홈질이나 박음질로 이니셜을 스티치해주세요.

21 스티치를 마무리한 후에 분무기로 물을 뿌려 초크 자국을 없애주면 장식이 깔끔하게 마무리됩니다.

뚜껑 달기

22 몸판 겉감(b)의 세로를 반으로 접어 중심을 초크로 표시해주세요.

23 뚜껑을 세로로 반을 접어 중심을 초크로 표시해주세요.

24 초크로 표시한 선끼리 마주 닿도록 몸판 겉감과 뚜껑 겉감이 만나도록 올려놓고 시침핀으로 고정해줍니다. 표시선대로 5mm 시접으로 봉제해주세요.

겉감, 안감 만들기

25 몸판 겉감의 가로를 겉면끼리 마주 닿도록 반으로 접어주세요.

26 양 옆선을 1cm 시접으로 봉제해주세요.

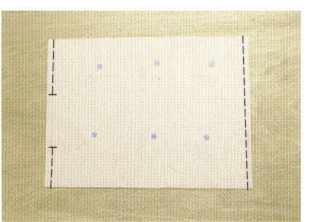

27 몸판 안감(d)도 겉면끼리 마주 닿도록 가로로 반을 접고 옆쪽에 10cm의 창구멍을 초크로 표시해 줍니다.

28 시침핀으로 고정하고 창구멍을 제외한 양 옆선을 1cm 시접으로 봉제해주세요.

바닥 만들기

29 겉감과 안감 모두 옆선을 봉제한 후 시접의 반으로 접힌 부분에 가위집을 넣어주세요.

30 시접을 모두 가름솔로 다려줍니다.

31 가름솔로 다린 선을 중심으로 양옆으로 2cm씩 총 4cm를 초크로 표시해주세요. 겉감과 안감 양쪽 모두 같은 작업을 해주세요.

32 초크로 표시한 선대로 모두 봉제한 뒤 남은 시접은 가위로 잘라줍니다.

33 겉감을 겉면이 보이도록 뒤집어주세요.

가방끈 달기

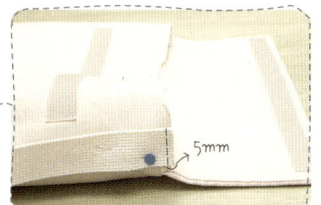

34 가방끈을 몸판 겉감(b)의 양쪽 옆에 시침핀으로 고정한 후 5mm 시접으로 봉제합니다.

35 가방끈이 꼬이지 않도록 주의 해서 달아주세요.

합봉하기

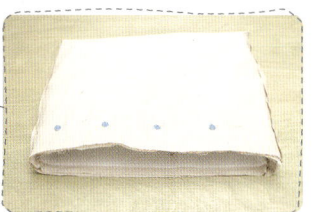

36 안감(d)의 겉면과 겉감(b)의 겉면이 마주 닿도록 겉감을 안 감 안으로 집어넣어주세요.

37 양 옆선을 맞추고 입구를 시침 핀으로 고정해주세요.

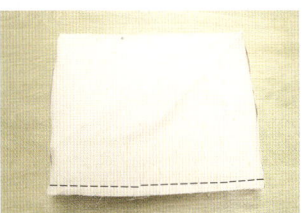
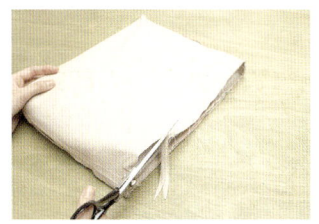

38 입구 둘레를 1cm 시접으로 봉 제해주세요.

39 봉제한 후 시접은 모두 봉제선 에 가깝게 잘라주세요.

뒤집기

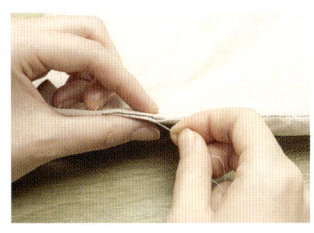

40 안감에 있는 창구멍을 통해 뒤 집어 겉감을 빼내어주세요.

41 안감 쪽에 있는 창구멍을 공그 르기로 마무리해주세요.

42 안감을 겉감 안쪽으로 집어넣 은 뒤 입구를 다리미로 꼼꼼히 다려주세요.

43 트랜드를 아는 멋쟁이의 선택, 노트북 가방이 완성되었습니다.

당신 몸의 수분을 지켜줄, 패치무늬 물통 파우치

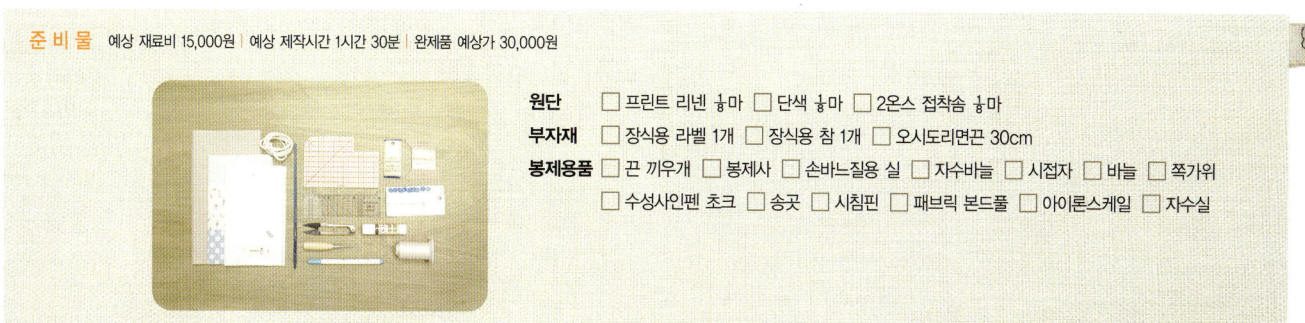

원단 ☐ 프린트 리넨 ⅓마 ☐ 단색 ⅓마 ☐ 2온스 접착솜 ⅓마

부자재 ☐ 장식용 라벨 1개 ☐ 장식용 참 1개 ☐ 오시도리면끈 30cm

봉제용품 ☐ 끈 끼우개 ☐ 봉제사 ☐ 손바느질용 실 ☐ 자수바늘 ☐ 시접자 ☐ 바늘 ☐ 쪽가위
☐ 수성사인펜 초크 ☐ 송곳 ☐ 시침핀 ☐ 패브릭 본드풀 ☐ 아이론스케일 ☐ 자수실

재 단 하 기 재단 사이즈는 모두 시접 1cm를 포함하고 있습니다.

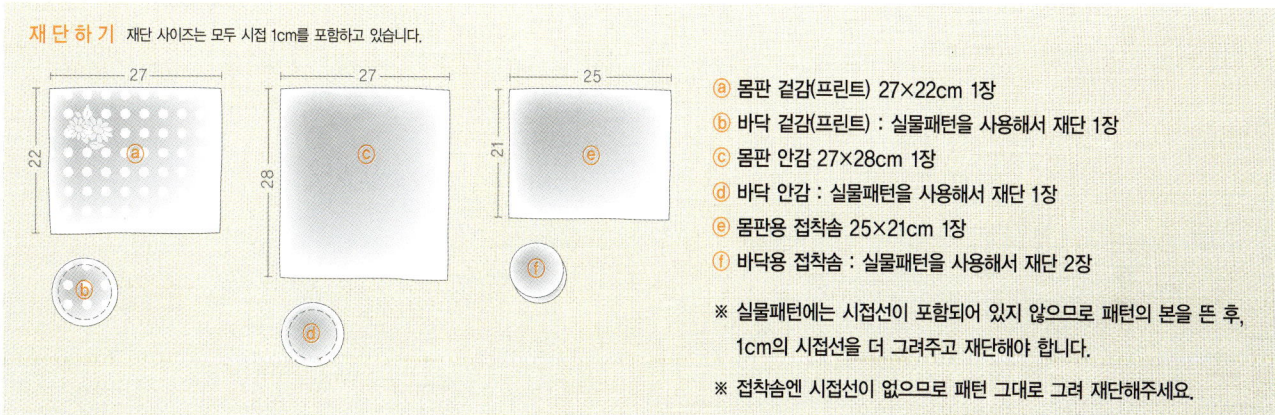

ⓐ 몸판 겉감(프린트) 27×22cm 1장

ⓑ 바닥 겉감(프린트) : 실물패턴을 사용해서 재단 1장

ⓒ 몸판 안감 27×28cm 1장

ⓓ 바닥 안감 : 실물패턴을 사용해서 재단 1장

ⓔ 몸판용 접착솜 25×21cm 1장

ⓕ 바닥용 접착솜 : 실물패턴을 사용해서 재단 2장

※ 실물패턴에는 시접선이 포함되어 있지 않으므로 패턴의 본을 뜬 후,
1cm의 시접선을 더 그려주고 재단해야 합니다.

※ 접착솜엔 시접선이 없으므로 패턴 그대로 그려 재단해주세요.

솜 붙이기

Tip

바닥의 겉감과 안감에 모두 솜을 붙여주는 이유는 바닥을 단단하게 만들고, 봉제를 쉽게 할 수 있도록 하기 위해서입니다.

1 몸판 겉감(a)의 안쪽 면에 몸판용 접착솜(e)의 접착면을 마주 대고 원단 쪽에서 다리미로 접착시켜주세요.

2 몸판 겉감은 위쪽 면에만 시접이 없으니 주의해서 붙여주세요.

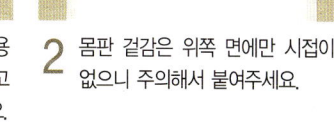

3 몸판 겉감과 마찬가지로 바닥 겉감(b)과 바닥 안감(d)의 안쪽 면에도 모두 접착솜(f)을 붙여줍니다.

장식하기

4 몸판 겉감(a)의 겉면에 패브릭 본드풀을 사용해서 라벨을 붙여주세요.

5 자수실로 라벨의 네 모서리를 한 땀씩 스티치해 고정합니다.

6 참 장식을 라벨 안쪽에 스티치하여 고정해줍니다. 라벨 디자인과 비슷하거나 어울리는 모양의 참을 달아주세요.

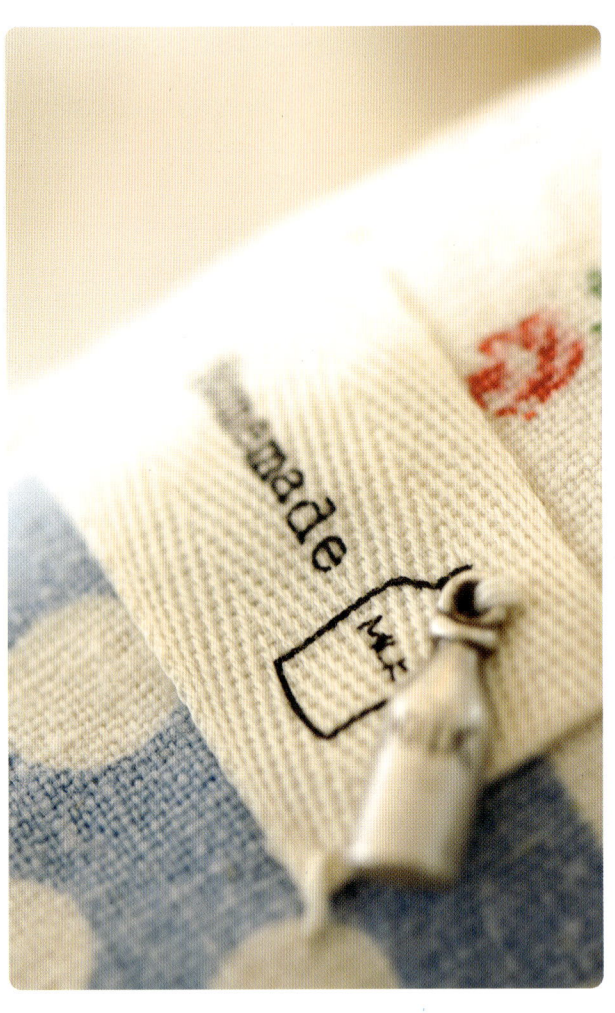

7 라벨 장식을 마친 뒤, 매듭은 겉감 안쪽에서 지어 마무리합니다.

8 라벨과 참을 달아 겉감 장식이 완성되었습니다.

겉감, 안감 만들기

9 몸판 안감(c)의 위쪽 시접을 아이론스케일로 1cm 안쪽으로 접어 다려주세요.

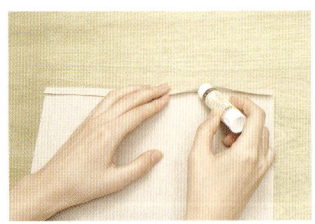

10 패브릭 본드풀로 접어 다린 시접을 움직이지 않게 임시고정해주세요.

11 몸판 안감의 세로를 겉면이 마주 닿게 반으로 접어 시침핀으로 고정합니다.

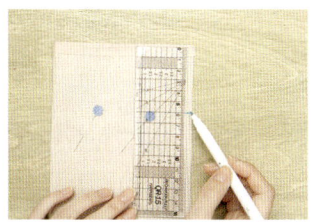

12 위에서 5cm 지점을 초크로 표시해주세요.

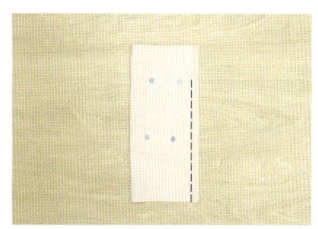

13 표시한 선까지만 1cm 시접으로 옆선을 봉제해주세요.

14 몸판 겉감(a)을 겉면끼리 마주 닿도록 세로로 반을 접어 시침핀으로 고정해주세요.

15 겉감의 옆선을 1cm 시접으로 모두 봉제해줍니다.

16 안감과 겉감 모두 봉제한 시접들을 가름솔로 꼼꼼히 다려줍니다.

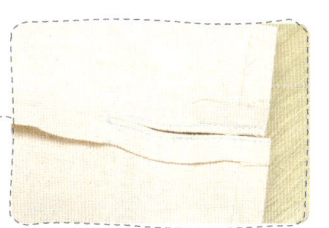

17 안감의 봉제하지 않은 5cm부분의 가장자리를 ㄷ 자 모양으로 봉제해줍니다. 시접이 들뜨지 않게 주의해주세요.

바닥 달기

18 몸판 겉감(a)의 겉면 아래쪽과 바닥 겉감(b)의 겉면을 마주 대어주세요.

19 시침핀으로 바닥을 몸판에 고정시킵니다.

20 1cm 시접으로 바닥을 꼼꼼히 봉제해 몸판과 연결합니다.

21 봉제한 시접은 봉제선에 가깝게 가위로 잘라줍니다.

22 몸판 안감(c)에도 같은 방법으로 바닥 안감(d)을 달아주세요.

합봉하기

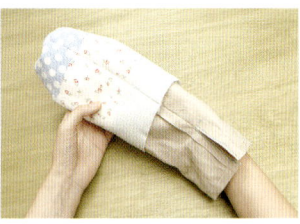

23 겉면이 보이도록 겉감을 뒤집어줍니다.

24 봉제해준 겉감의 바닥 부분을 다듬어 접힌 곳이 없도록 매만져주세요.

25 겉감의 안쪽 면과 안감의 안쪽 면이 마주 닿도록 안감을 겉감 안으로 넣어주세요.

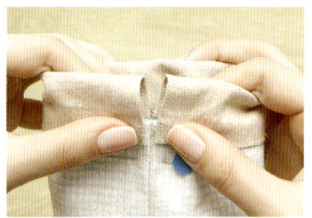

26 안감과 겉감의 옆선을 잘 맞춘 뒤 입구를 시침핀으로 고정해주세요.

27 안감에 표시된 선이 겉감의 끝에 닿게 합니다.

28 튀어나와 있는 안감의 입구 부분을 바깥쪽으로 접어 겉감의 입구에 겹쳐주세요.

29 패브릭 본드풀로 바깥쪽으로 접은 안감을 임시고정합니다.

30 임시고정한 입구 둘레를 가장자리에 가깝게 봉제해주면 끈을 끼울 수 있는 구멍이 만들어집니다.

끈 끼우기

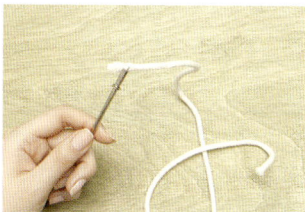

31 끈 끼우개에 오시도리면끈을 끼워주세요.

32 물통 파우치 입구의 구멍에 오시도리면끈을 끼워 넣어줍니다.

33 입구에 주름을 잡아가면서 끈을 반대쪽 구멍까지 빼냅니다.

34 끈을 모두 빼낸 후 양쪽으로 10cm 정도만 남기고 잘라줍니다.

35 오시도리면끈에 매듭을 지어 주세요.

36 당신 몸의 수분을 지켜줄, 물통 파우치가 완성되었습니다.

Application

물통 파우치로 소풍 분위기를 한껏 내보세요.

잔디가 파랗게 돋아 있는 공원에 돗
자리를 깔고 연인, 친구, 가족과 함
께 소풍을 즐겨보세요. 꼼꼼한 솜씨
로 만든 물통 파우치가 나들이의 즐
거움을 더해줍니다.

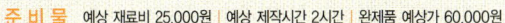

준비물 예상 재료비 25,000원 | 예상 제작시간 2시간 | 완제품 예상가 60,000원

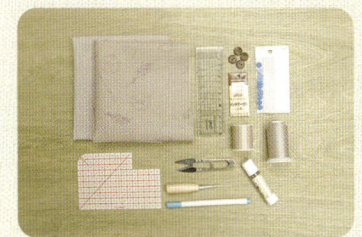

원단 ☐ 프린트 리넨 1마 ☐ 단색 1마

부자재 ☐ 장식용 단추 8개

봉제용품 ☐ 봉제사 ☐ 손바느질용 실 ☐ 시접자 ☐ 바늘 ☐ 수성사인펜 초크
☐ 송곳 ☐ 시침핀 ☐ 패브릭 본드풀 ☐ 아이론스케일 ☐ 쪽가위

재단하기

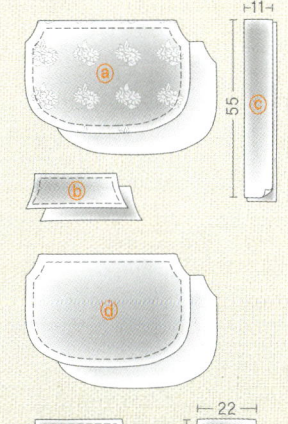

ⓐ **몸판 겉감(프린트)** : 실물패턴을 사용해서 재단 2장

ⓑ **입구 겉감** : 실물패턴을 사용해서 재단 2장

ⓒ **가방끈감** : 11×55cm 2장

ⓓ **몸판 안감** : 실물패턴을 사용해서 재단 2장

ⓔ **입구 안감** : 실물패턴을 사용해서 재단 2장

ⓕ **주머니감(프린트)** : 22×24cm 1장

※ 실물패턴에 표시된 다트선과 단추 다는 위치, 가방끈 다는 위치도 초크를 사용해서 원단에 표시해주세요.

※ 실물패턴에는 시접선이 포함되어 있지 않으므로 패턴의 본을 뜬 후, 1cm의 시접선을 더 그려주고 재단해야 합니다.

주머니 만들기

1 주머니감(f)의 사방을 오버로크해 주세요. 말아박기, 또는 감침질도 괜찮습니다.

2 아이론스케일을 사용해서 입구를 제외한 3면을 1cm씩 안쪽 면으로 접어 다려주세요.

3 접어 다린 시접은 패브릭 본드풀로 임시고정해주세요.

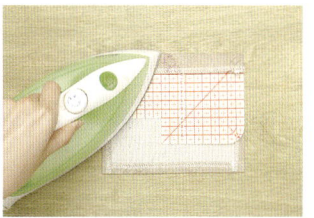

4 입구 쪽의 시접은 2cm를 접어서 다려주세요.

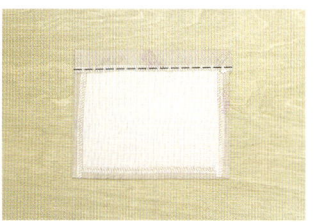

5 2cm로 접어 다린 시접도 패브릭 본드풀로 임시고정해줍니다.

6 입구 쪽의 2cm 시접만 시접의 가장자리에 가깝게 봉제합니다.

7 안감(d)의 겉면에 표시해둔 주머니 달 위치에 주머니감의 안쪽 면이 마주 닿도록 올려놓고 시침핀으로 고정해주세요. 입구를 제외한 3면을 가장자리에 가깝게 봉제합니다.

다트 만들기

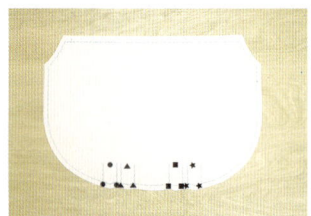

8 다트선이 안쪽 면에 표시된 몸판 겉감(a)과 몸판 안감(d)을 준비합니다.

9 다트선 ○는 ○끼리 △는 △끼리 마주 닿게 접어주세요.

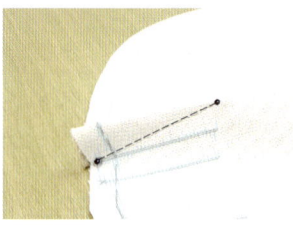

10 반으로 접은 선대로 다트를 봉제해주세요. 패턴에 표시된 중심선이 꼭지점이 되도록 세모꼴 모양이 되게 봉제합니다.

11 □는 □끼리 ☆는 ☆끼리 마주 대어 4개의 다트를 모두 만들어줍니다.

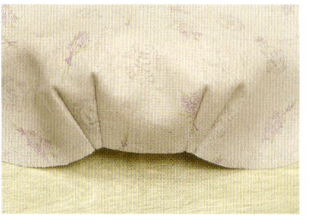

12 겉쪽에서 봤을 때 실밥이 보이거나 모양이 흐트러져 보이지 않도록 꼼꼼히 봉제해주세요.

13 겉감(a)과 안감(d) 모두 같은 방법으로 다트를 만들어주세요.

 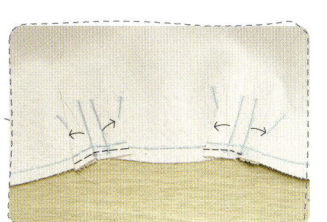

14 다트 시접은 모두 양쪽으로 벌린 뒤 표시선과 같이 5mm 시접으로 고정해주세요.

다트란?
평면인 원단을 곡선으로 만들 때 필요한 것으로, 일정하고 정돈된 모양으로 잡혀 있는 주름이라고 생각하시면 됩니다. 일정하지 않은 주름은 대개 주름 잡는다, 라고 표현합니다.

몸판 만들기

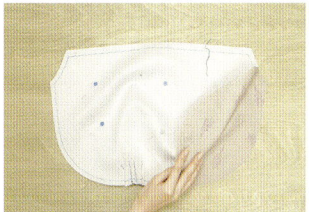

15 겉감(a)의 겉면끼리 서로 마주 대어 시침핀으로 고정해주세요.

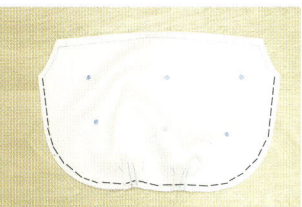

16 표시선대로 둥근 바닥 부분만 1cm 시접으로 봉제합니다.

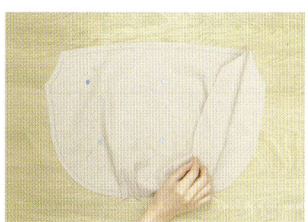

17 안감(d)의 겉면끼리 서로 마주 대어 시침핀으로 고정해주세요.

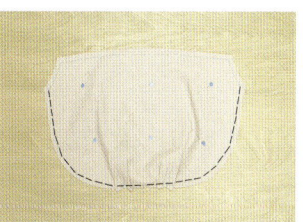

18 표시선대로 둥근 바닥 부분만 1cm 시접으로 봉제합니다.

19 겉감을 뒤집어 겉면이 보이도록 해주세요.

20 안감과 겉감의 겉면이 서로 마주 닿도록 겉감을 안감 안으로 집어넣어줍니다.

21 앞감과 겉감의 입구 부분을 잘 맞춘 뒤 양 옆선을 시침핀으로 고정해주세요.

22 양쪽 옆선을 1cm 시접으로 봉제하고 시접에는 1cm 간격으로 가위집을 넣어줍니다.

합봉하기

23 봉제하지 않은 입구를 통해 겉 감이 보이도록 뒤집어준 뒤 안 감을 겉감 안으로 넣어줍니다.

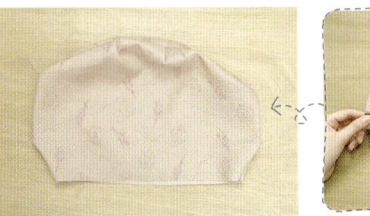 

24 겉감과 안감의 입구를 가장자 리에 가깝도록 함께 봉제하여 고정해주세요.

주름 만들기

25 입구를 손바느질로 홈질한 뒤 실을 잡아당기면 주름이 만들 어집니다.

26 실을 당겨 입구의 길이를 입구 감의 아래면 길이에 맞춰준 뒤 실을 매듭지어 고정합니다.

입구판 만들기

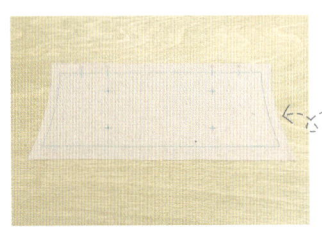 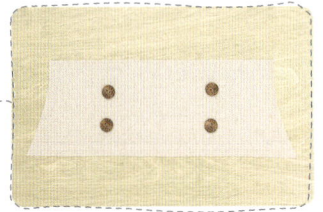

27 입구감 겉감(b)의 단추 달 위치 겉면에 장식용 단추를 달아줍 니다.

28 단추를 달지 않은 입구판 안감 (e) 2장 모두 아랫면을 안쪽으 로 1cm 접어 다려주세요.

가방끈 만들기

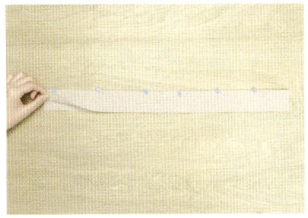

29 가방끈감(c)을 길게 반으로 접어 겉면끼리 마주 대고 시침핀으로 고정해줍니다.

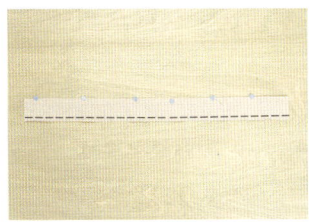

30 표시선대로 1cm 시접으로 봉제합니다.

31 봉제한 시접은 가름솔로 다려줍니다.

32 겉면이 보이도록 가방끈감을 뒤집어줍니다.

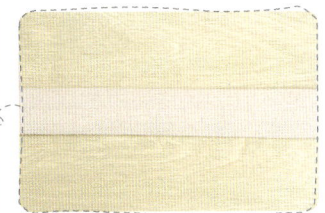

33 겉면에서 다시 한 번 꼼꼼히 다려주면 가방끈이 완성됩니다. 나머지 1장도 같은 방법으로 가방끈을 만들어줍니다.

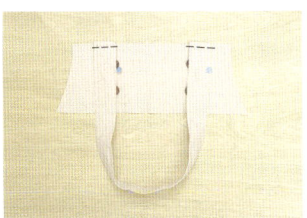

34 사진과 같이 입구판 겉감(b)의 가방끈 달 위치에 가방끈을 올려놓고 시침핀으로 고정해주세요.

35 가방끈을 5mm 시접으로 봉제해주세요. 입구판 겉감 2장 모두 같은 방법으로 끈을 달아줍니다.

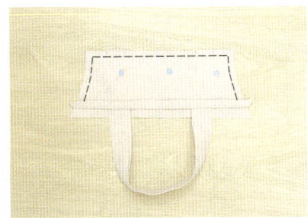

36 입구 겉감의 겉면(b)과 접어 다린 입구 안감(e)의 겉면을 서로 마주 대고 시침핀으로 고정해주세요. 표시선대로 1cm 시접으로 봉제해주세요.

37 봉제한 시접은 모두 봉제선에 가깝게 가위로 잘라줍니다.

38 겉감이 보이도록 입구감을 뒤집어주세요.

39 입구 모서리는 송곳으로 빼내어 모양을 다듬어주세요.

40 겉쪽에서 다리미로 꼼꼼히 다려주세요. 남은 입구감도 같은 방법으로 만들어주면 가방 입구가 완성됩니다.

끈 연결하기

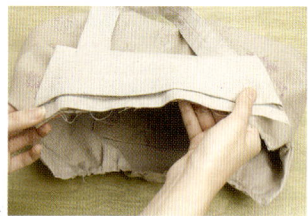

41 몸판 겉감의 주름 잡힌 입구와 입구 겉감의 겉면끼리 마주 대어주세요.

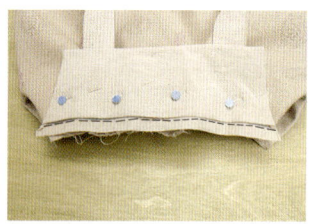

42 시침핀으로 고정한 뒤 접어 다리지 않아 튀어나와 있는 겉감 쪽 시접을 몸판 입구와 1cm 시접으로 봉제합니다.

43 접어 다린 안감 쪽 시접이 몸판과 함께 봉제되지 않도록 주의해주세요.

44 봉제 후 입구판 안감의 접어 다린 시접을 몸판의 안감 위로 올려 대어주세요.

45 입구판 안감의 접어 다린 시접과 몸판 안감을 공그르기로 연결해주세요.

46 소녀의 감성에 꼭 맞는, 퓨어 리넨 꽃무늬 주름 가방이 완성되었습니다.

남은 원단으로
만들 수 있는 것,
하나

작품을 만들다 보면 어디에도 쓸 수 없을 것 같은
자투리 원단이 많이 생긴답니다.
버리기엔 아깝고, 쓰자니 어디에 써야 될지 고민되는
작은 원단들을 멋지게 활용해보세요.

남은 리넨의 뒷면에 양면테이프를
붙여주면 멋진 패브릭 스티커가 만
들어집니다.

싸개단추 기구를 이용하여 나만의
싸개단추를 만들어 작품에 매치해
보세요.

조각 리넨을 태그에 붙이고 스탬프
를 이용해 꾸며보세요. 개성 있는
빈티지 소품이 완성됩니다.

Part 05
리넨, 일상 속에서

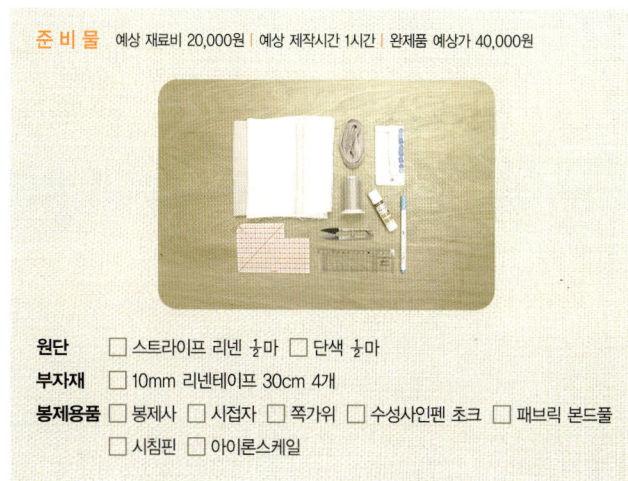

준 비 물 예상 재료비 20,000원 | 예상 제작시간 1시간 | 완제품 예상가 40,000원

원단　□ 스트라이프 리넨 늦마　□ 단색 늦마
부자재　□ 10mm 리넨테이프 30cm 4개
봉제용품　□ 봉제사　□ 시접자　□ 쪽가위　□ 수성사인펜 초크　□ 패브릭 본드풀
　　　　　　□ 시침핀　□ 아이론스케일

재 단 하 기 재단 사이즈는 모두 시접 1cm를 포함하고 있습니다.

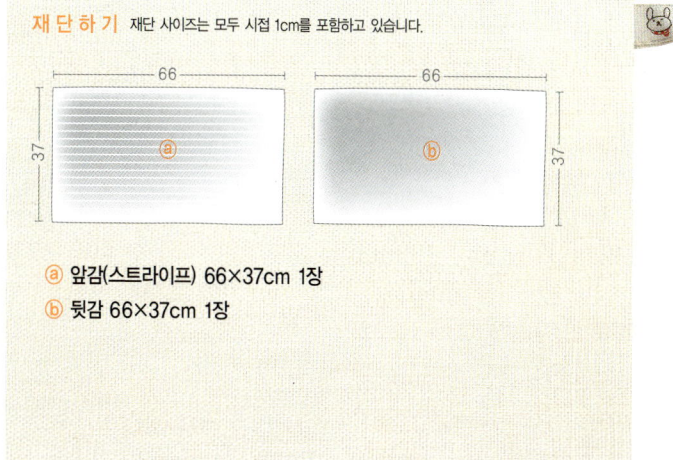

ⓐ **앞감(스트라이프)** 66×37cm 1장
ⓑ **뒷감** 66×37cm 1장

오버로크하기

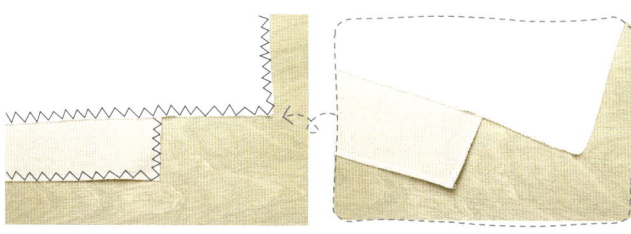

1 앞감(a)과 뒷감(b)의 사방을 모두 오버로크해주세요. 말아박기 또는 감침질도 괜찮습니다.

끈 달기

2 앞감과 뒷감 모두 세로 옆선의 한 쪽 면만 아이론스케일로 다려 3cm 안쪽으로 접어줍니다.

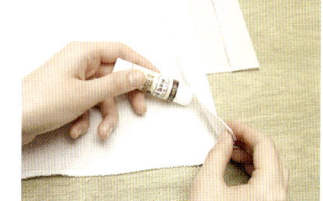

3 접어 다린 시접은 패브릭 본드풀로 움직이지 않게 임시고정해주세요.

4 접어 다린 시접의 가장자리를 봉제하여 시접을 움직이지 않게 고정시킵니다.

5 고정한 시접을 기준으로 7cm 아래의 위치를 초크로 표시해주세요.

6 고정한 시접을 기준으로 7cm 위의 위치도 초크로 표시해주세요.

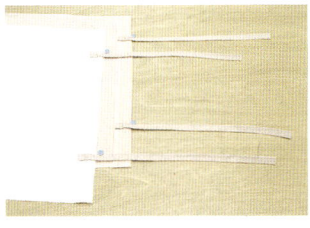

7 앞감과 뒷감의 초크 표시된 곳에 리넨테이프를 시침핀으로 고정해주세요.

8 리넨테이프를 사진과 같이 네모난 모양으로 4군데 모두 봉제합니다.

연결하기

9 앞감의 겉면과 뒷감의 겉면이 서로 마주 닿도록 올려놓고 시침핀으로 고정해주세요.

10 끈이 달린 입구 쪽을 제외한 3면을 모두 1cm 시접으로 봉제합니다.

11 입구를 통해 겉면이 보이도록 뒤집어주세요.

12 입구 쪽의 리넨테이프를 손으로 묶어주세요.

13 부드러운 천연 소재, 끈 여밈 베개 커버가 완성되었습니다.

Application

얼굴에 직접 닿는 베개는 매일 밤 접하는 중요한 침구 입니다.

얼굴에 직접 닿는 만큼 자주 빨아줘야 하는 베개 커버. 이 베개 커버만큼은 꼭 리넨으로 하나 장만하시길 추천드려요. 매일 밤 얼굴에 닿기 때문에 그 어떤 물건보다도 더 좋은 것을 써주는 게 좋답니다.

발걸음이 가볍게 느껴지는, 스트라이프 룸 슈즈

준비물 예상 재료비 20,000원 | 예상 제작시간 2시간 | 완제품 예상가 50,000원

원단 ☐ 스트라이프 리넨 ½마 ☐ 단색 ½마 ☐ 4온스 접착솜 ½마
부자재 ☐ 장식용 라벨 2개
봉제용품 ☐ 봉제사 ☐ 손바느질용 실 ☐ 시접자 ☐ 바늘 ☐ 쪽가위 ☐ 수성사인펜 초크
☐ 송곳 ☐ 패브릭 본드풀 ☐ 시침핀

재단하기

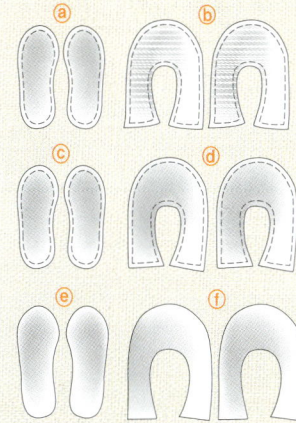

ⓐ **바닥 겉감** : 실물패턴을 사용해서 대칭되도록 재단 각 1장씩 2장
ⓑ **몸판 겉감(스트라이프)** : 실물패턴을 사용해서 재단 2장
ⓒ **바닥 안감** : 실물패턴을 사용해서 대칭되도록 재단 각 1장씩 2장
ⓓ **몸판 안감** : 실물패턴을 사용해서 재단 2장
ⓔ **바닥용 접착솜** : 실물패턴을 사용해서 대칭되도록 재단 각 1장씩 2장
ⓕ **몸판용 접착솜** : 실물패턴을 사용해서 재단 2장

※ 원단은 패턴을 옮겨 그린 것에 시접선 1cm를 더해서 그려준 후 재단해야 합니다.

※ 접착솜은 시접선이 없으므로 패턴 그대로 그려 재단해주세요.

※ 실물패턴의 중심 표시선과 창구멍 표시선, 신발의 좌우를 원단에 꼭 표시해 주세요.

접착솜 붙이기

1 바닥 겉감(a)의 안쪽 면에 바닥용 접착솜(e)의 접착면을 마주 대어 주세요.

2 몸판 겉감(b)에 몸판용 접착솜(f) 의 접착면을 마주 대어줍니다.

3 다리미로 원단 쪽에서 꾹꾹 눌러 솜을 원단에 접착시켜주세요. 솜 이 다리미에 닿으면 녹으므로 꼭 원단 쪽에서 다려주세요.

몸판 만들기

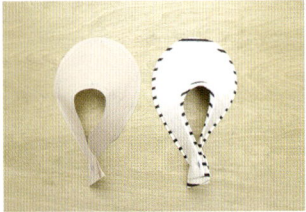

4 몸판 겉감(b)과 몸판 안감(d)의 뒤쪽 끝을 겉면이 마주 닿도록 마주 대어 세운 뒤 시침핀으로 고정해주세요.

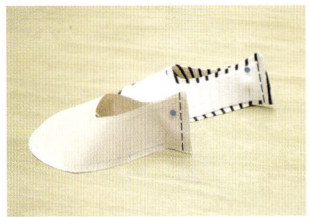

5 1cm 시접으로 뒤꿈치 부분을 봉제해줍니다.

6 가름솔로 시접을 벌려 다려주세요.

7 몸판 겉감(b)의 겉면과 몸판 안감(d)의 겉면이 서로 마주 닿도록 겹쳐서 시침핀으로 고정합니다.

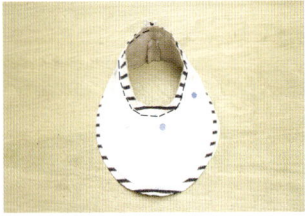

8 표시선대로 입구 둘레를 1cm 시접으로 봉제해주세요.

9 봉제한 시접에 1cm 간격으로 가위집을 넣어줍니다.

10 몸판 겉감(b)이 겉으로 보이도록 뒤집고 봉제한 입구 부분을 다리미로 꼼꼼히 다려주세요.

11 몸판의 겉감과 안감을 함께 시침핀으로 고정하고 밑선 부분을 가장자리에 가깝게 쭉 둘러 박아주세요.

12 이렇게 겉감과 안감을 함께 고정해주면 덧신을 신고 벗을 때 안감이 움직이지 않아 좋습니다.

168

바닥 연결하기

13 몸판의 겉면(b) 바닥 부분에 바닥 겉감(a)의 겉면을 마주 닿게 올려놓고 시침핀으로 고정해주세요.

14 오른쪽 왼쪽을 확인한 후 몸판과 바닥을 고정하고 실물패턴에 표시되어 있는 중심선을 꼭 맞춰주세요.

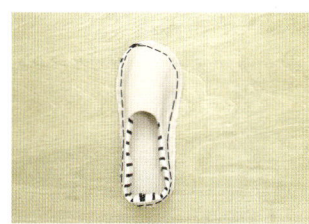

15 표시선대로 1cm 시접으로 봉제합니다.

16 패브릭 본드풀로 안감 바닥(c)의 겉면에 장식용 라벨을 임시 고정한 뒤 양옆을 박아 라벨을 붙여줍니다.

17 바닥 안감(c)과의 연결을 위해 몸판감을 눌러 납작하게 접어주세요.

18 눌러 접은 몸판 위에 바닥 안감의 겉면이 마주 닿도록 올려놓아주세요.

19 실물패턴에 표시된 창구멍을 제외한 둘레 모두를 1cm 시접으로 봉제합니다.

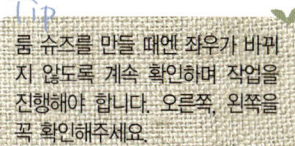

룸 슈즈를 만들 때엔 좌우가 바뀌지 않도록 계속 확인하며 작업을 진행해야 합니다. 오른쪽, 왼쪽을 꼭 확인해주세요.

20 봉제한 시접은 창구멍의 시접만 남기고 모두 봉제선에 가깝게 잘라주세요.

21 창구멍을 통해 룸 슈즈를 뒤집어주세요.

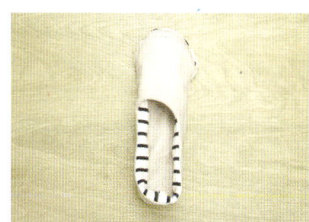

22 안감 쪽이 보이는 게 정상이니 당황하지 마세요. 만약 겉감이 겉으로 뒤집어지면 안감이 겉으로 보이도록 룸 슈즈를 뒤집어줍니다.

23 안감에 있는 창구멍의 시접을 안쪽으로 접어 넣은 뒤 공그르기로 막아줍니다. 그 후 겉감이 보이도록 뒤집어주세요.

24 발걸음이 가볍게 느껴지는, 예쁜 룸 슈즈가 완성되었습니다.

03 속지만 바꿔 쓰는,

레이스모티브 다이어리 커버

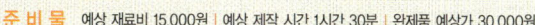

준 비 물 예상 재료비 15,000원 | 예상 제작 시간 1시간 30분 | 완제품 예상가 30,000원

원단 ☐ 단색 리넨 ½마 ☐ 큰 체크 ½마 ☐ 작은 체크 ½마 ☐ 플라워 ½마 ☐ 접착심지 ½마

부자재 ☐ 장식용 레이스모티브 1개 ☐ 장식용 라벨 1개 ☐ 스탬프 ☐ 패브릭용 잉크 ☐ 다이어리

봉제용품 ☐ 봉제사 ☐ 손바느질용 실 ☐ 갈색 실 ☐ 자수바늘 ☐ 시접자 ☐ 손바늘 ☐ 쪽가위
☐ 수성사인펜 초크 ☐ 송곳 ☐ 패브릭 본드풀 ☐ 시침핀

재 단 하 기 재단 사이즈는 모두 시접 1cm를 포함하고 있습니다.

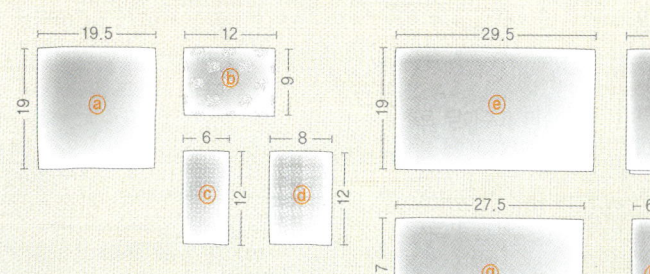

ⓐ 겉감 패치 19.5×19cm 1장
ⓑ 겉감 패치(플라워) 12×9cm 1장
ⓒ 겉감 패치(작은 체크) 6×12cm 1장
ⓓ 겉감 패치(큰 체크) 8×12cm 1장
ⓔ 안감 29.5×19cm 1장
ⓕ 꽂이감 14×19cm 2장
ⓖ 겉감용 심지 27.5×17cm 1장
ⓗ 꽂이감용 심지 6×17cm 2장

※ 이 작품에서의 다이어리 사이즈는 13×16×1.5cm입니다.

패치 연결하기

1 겉감 패치(c)와 겉감 패치(d)를 겉과 겉이 맞닿도록 겹쳐 시침핀으로 고정한 뒤 1cm 시접으로 봉제합니다.

2 봉제한 후 시접은 가름솔로 꼼꼼히 다려주세요.

3 연결된 겉감 패치와 겉감 패치(b)를 겉과 겉이 맞닿도록 가로 선을 겹친 후 1cm 시접으로 봉제해주세요.

4 봉제한 후 시접은 가름솔로 꼼꼼히 다려주세요.

5 연결된 패치 겉면과 겉감 패치(a)를 겉과 겉이 맞닿도록 세로선을 겹친 후 1cm 시접으로 봉제해주세요.

6 봉제한 후 시접을 가름솔로 꼼꼼히 다려주면 겉감이 완성됩니다.

심지 붙이고 장식하기

7 완성된 겉감의 시접이 보이는 안쪽 면에 겉감용 접착심지(g)의 접착 면을 마주 대어 다리미로 붙여줍니다.

8 겉감의 겉면 왼쪽 아래에 장식용 레이스모티브와 장식용 라벨을 달아줍니다. 레이스모티브와 비슷한 갈색 실을 사용하면 장식을 깔끔하게 달아줄 수 있습니다.

9 연결 후 레이스모티브는 겉감의 가장자리에 맞추어 잘라주세요.

Tip
장식용 단추나 라벨 등을 장식하고 싶다면 이 단계에서 해주시면 됩니다.

꽂이감 만들기

Tip
접착심지는 시접 부분이 원단보다 1cm씩 작고 꽂이감이 너무 두꺼워지지 않도록 접은 면 한쪽에만 붙여줍니다.

10 꽂이감(f)을 안쪽 면이 마주 닿게 반으로 접은 뒤 꽂이감용 심지(h)를 반으로 접은 꽂이감 사이에 끼워줍니다. 2장 모두 같은 작업을 한 뒤 다리미로 꾹꾹 눌러 심지를 붙여주세요.

11 스탬프에 패브릭용 잉크를 톡톡 두드려 묻혀주세요.

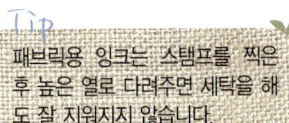

12 심지를 붙인 꽂이감 2장 중 한 장의 겉면에 스탬프를 올려놓고 꾹 눌러 찍어주세요.

13 이때 위치가 흔들리지 않도록 주의하는 것이 중요합니다.

Tip
패브릭용 잉크는 스탬프를 찍은 후 높은 열로 다려주면 세탁을 해도 잘 지워지지 않습니다.

14 다리미 온도를 높게 설정한 후 스탬프가 찍힌 곳을 꾹꾹 눌러 다려주세요.

172

15 겉감의 겉면이 보이도록 놓은 뒤 꽂이감 2장을 양 옆선에 맞추어 올려놓습니다. 이때 스탬프를 찍은 꽂이감은 스탬프가 찍힌 쪽이 겉감의 겉면과 마주 닿도록 올려놓아야 합니다. 꽂이감의 시접은 모두 바깥쪽을 향하게 올려놓아주세요.

16 올려놓은 꽂이감 위에 안감(e)의 겉면이 아래쪽을 향하도록 올려 덮은 뒤 시침핀으로 고정해줍니다.

17 안감의 아래쪽에 초크로 5~6cm 정도 창구멍을 표시해주세요.

18 표시한 창구멍을 제외한 사방을 모두 1cm 시접으로 봉제해주세요.

19 봉제한 시접은 창구멍의 시접만 제외하고 가위로 잘라냅니다.

20 아래쪽의 창구멍을 통해 겉감의 겉면이 보이도록 뒤집어주세요.

21 뒤집은 후 원단과 모서리를 다리미로 꼼꼼히 다려주세요

22 창구멍을 공그르기로 막아 마무리합니다.

23 꽂이감에 다이어리 속지를 끼워주면 완성입니다.

24 다이어리를 다 쓰면 속지만 갈아서 다시 사용할 수 있답니다.

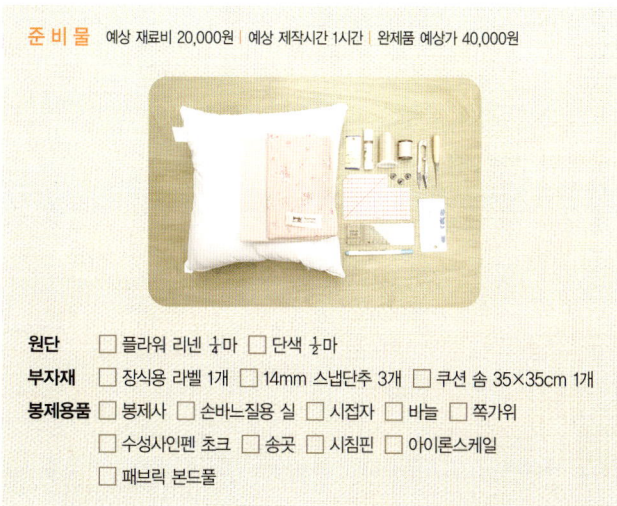

준비물 예상 재료비 20,000원 | 예상 제작시간 1시간 | 완제품 예상가 40,000원

원단 ☐ 플라워 리넨 ½마 ☐ 단색 ½마

부자재 ☐ 장식용 라벨 1개 ☐ 14mm 스냅단추 3개 ☐ 쿠션 솜 35×35cm 1개

봉제용품 ☐ 봉제사 ☐ 손바느질용 실 ☐ 시접자 ☐ 바늘 ☐ 쪽가위
☐ 수성사인펜 초크 ☐ 송곳 ☐ 시침핀 ☐ 아이론스케일
☐ 패브릭 본드풀

재단하기 재단 사이즈는 모두 시접 1cm를 포함하고 있습니다.

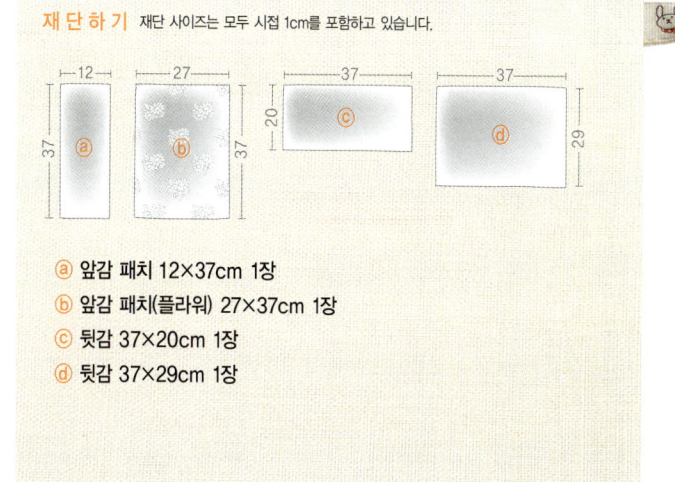

ⓐ 앞감 패치 12×37cm 1장
ⓑ 앞감 패치(플라워) 27×37cm 1장
ⓒ 뒷감 37×20cm 1장
ⓓ 뒷감 37×29cm 1장

패치 연결하고 장식하기

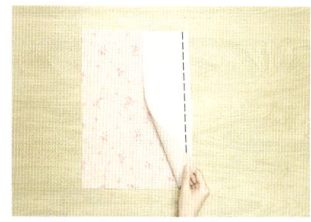

1 앞감 패치 (a)와 (b)를 겉면끼리 마주 대고 1cm 시접으로 옆선 한 쪽을 봉제해주세요.

2 봉제한 시접을 가름솔로 벌려 다려주면 앞감이 완성됩니다.

3 패브릭 본드풀로 앞감의 겉면 원하는 위치에 장식용 라벨을 붙여 줍니다.

4 라벨의 양옆을 봉제하여 앞감에 고정해주세요.

뒷감 만들기

5 뒷감 (c)와 (d)의 가로 시접을 오버로크해줍니다.

6 뒷감 (c)와 (d)의 오버로크 처리한 가로 시접을 아이론스케일을 사용해 안쪽 면으로 3cm 접어 다려주세요.

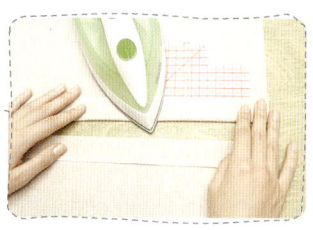

7 접어 다린 시접은 모두 시접 끝선에 가깝게 봉제하여 고정시킵니다.

패치 연결하기

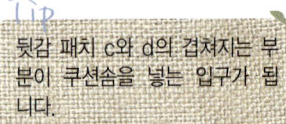
Tip 뒷감 패치 c와 d의 겹쳐지는 부분이 쿠션솜을 넣는 입구가 됩니다.

8 앞감의 겉면과 뒷감 패치 (c)의 겉면이 마주 닿도록 윗선을 맞춰 올려놓아주세요. 이때 접힌 시접은 중앙을 향하게 놓아줍니다.

9 앞감과 뒷감 패치 (c)가 겹쳐진 위에 뒷감 패치 (d)를 겉면이 밑으로 가도록 밑선에 맞춰 올려놓아주세요. 마찬가지로 접힌 시접이 중앙을 바라보게 놓아주세요.

10 시침핀으로 겹쳐진 3장의 원단을 모두 고정해주세요.

11 4면을 모두 1cm 시접으로 봉제하여 막아줍니다.

12 뒷감의 입구를 벌려 겉감이 보이도록 뒤집어주세요.

13 사방의 모서리를 송곳으로 빼내어 다듬어줍니다.

스냅단추 달기

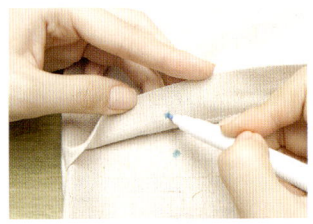

14 뒷감 패치(d)의 입구 중심을 초크로 표시하고 양옆으로 약 6~7cm 되는 지점에도 표시를 해줍니다.

15 뒷감 패치 (b)를 뒷감 패치 (d)의 위에 덮어 마주 닿는 부분을 초크로 표시하세요.

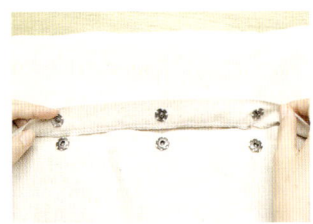

16 초크로 표시한 부분에 스냅단추를 달아줍니다.

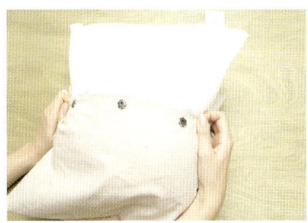

17 입구를 통해 쿠션솜을 넣어주세요.

18 쿠션솜을 넣고 스냅단추를 닫아줍니다.

19 집안 분위기를 내추럴하게 바꿔줄, 리넨 투 패치 쿠션이 완성되었습니다.

Application

쿠션 세트를 만들어보세요.

쿠션이 하나만 덩그러니 있는 것보다 옹기종기 늘어져 있는 것이 더욱 예쁘겠죠?
비슷한 모양의 패치로 원단의 모양만 바꾸어주면 비슷한 분위기의 쿠션 세트가 만들어진답니다. 거실 분위기를 내추럴하게 꾸며보세요.

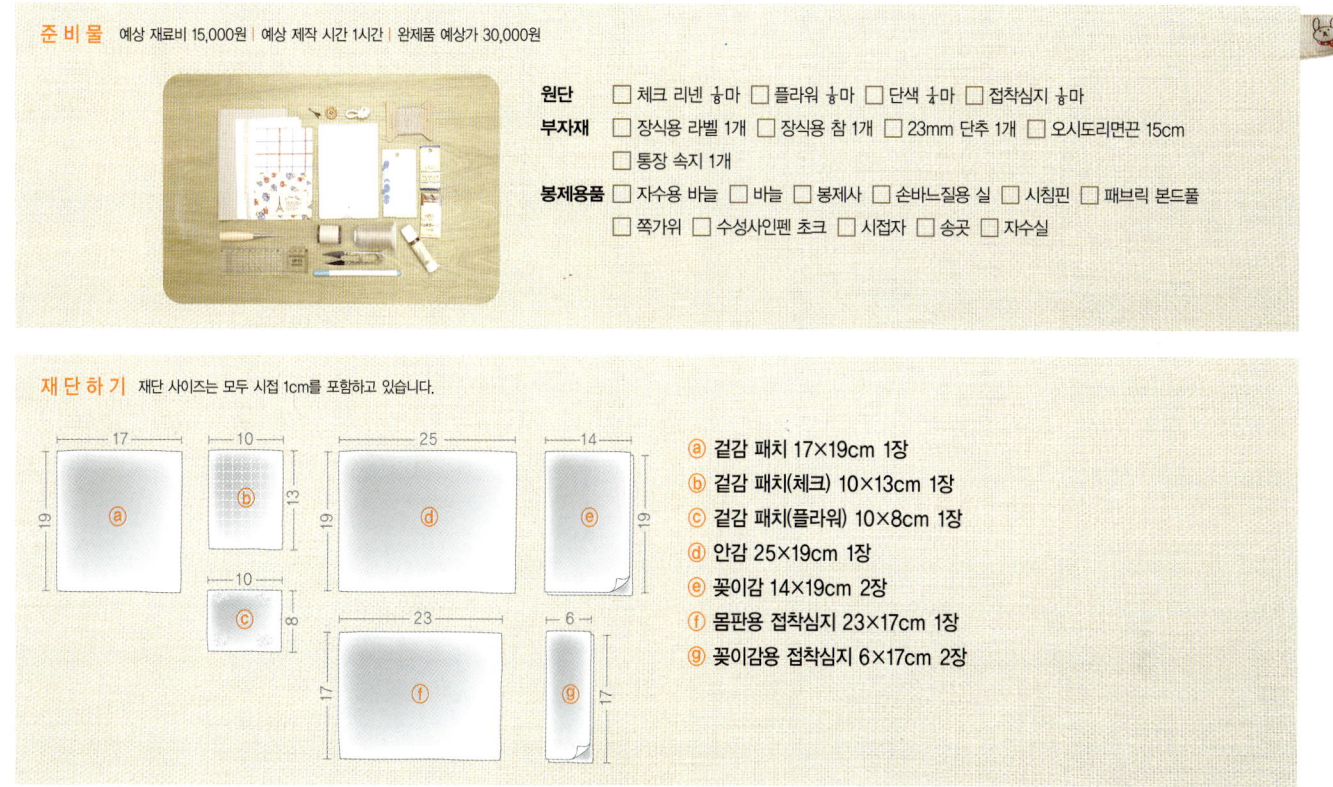

원단 ☐ 체크 리넨 ⅛마 ☐ 플라워 ⅛마 ☐ 단색 ⅛마 ☐ 접착심지 ⅛마

부자재 ☐ 장식용 라벨 1개 ☐ 장식용 참 1개 ☐ 23mm 단추 1개 ☐ 오시도리면끈 15cm
☐ 통장 속지 1개

봉제용품 ☐ 자수용 바늘 ☐ 바늘 ☐ 봉제사 ☐ 손바느질용 실 ☐ 시침핀 ☐ 패브릭 본드풀
☐ 쪽가위 ☐ 수성사인펜 초크 ☐ 시접자 ☐ 송곳 ☐ 자수실

재단하기 재단 사이즈는 모두 시접 1cm를 포함하고 있습니다.

ⓐ **겉감 패치** 17×19cm 1장

ⓑ **겉감 패치(체크)** 10×13cm 1장

ⓒ **겉감 패치(플라워)** 10×8cm 1장

ⓓ **안감** 25×19cm 1장

ⓔ **꽂이감** 14×19cm 2장

ⓕ **몸판용 접착심지** 23×17cm 1장

ⓖ **꽂이감용 접착심지** 6×17cm 2장

패치 연결하기

1 겉감 패치 (b)와 (c)를 준비해주세요.

2 겉감 패치 (b)와 (c)의 가로를 겉면끼리 마주 댄 뒤 시침핀으로 고정해주세요.

3 1cm 시접으로 아래쪽을 봉제해주세요.

4 봉제한 시접은 가름솔로 다려주세요.

5 겉감 패치(a)와 연결해준 겉감 패치의 세로 옆선을 맞춰 겉면끼리 마주 대어 겹쳐줍니다.

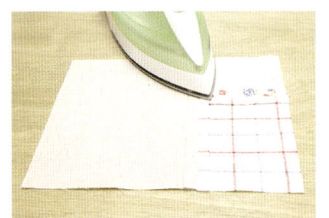

6 1cm 시접으로 옆선을 봉제해주
세요.

7 봉제한 시접을 가름솔로 다려주
면 겉감이 완성됩니다.

심지 붙이기

8 겉감의 안쪽 면에 몸판용 접착심
지의 접착면이 마주 닿게 올려놓
아주세요. 접착심지의 크기는 시접이
두꺼워지는 것을 막기 위해 사방이
1cm씩 작습니다.

9 다리미로 꾹꾹 눌러 접착시켜주
세요.

장식하기

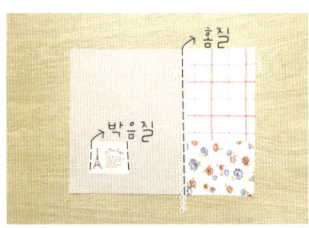

10 겉감 겉면의 패치 연결선에 장
식용 레이스를 패브릭 본드풀
로 임시고정해주세요.

11 겉감의 겉면 왼쪽 아래에도 장
식용 라벨을 임시고정해줍니다.

12 라벨은 박음질로, 레이스는 홈
질로 겉감에 봉제해줍니다.

13 봉제 후 레이스의 남는 부분들
은 겉감 끝에 맞추어 쪽가위로
잘라주세요.

14 자수실로 라벨의 모서리를 한
땀 스티치해주세요. 먼저 안쪽
에서 바깥으로 바늘을 꽂아줍니다.

15 라벨의 위로 바늘을 꽂아 겉감
과 함께 한 땀을 스티치합니다.

16 한 땀이 떠졌으면 겉감의 안쪽 면에서 매듭을 지어주세요.

17 같은 방법으로 모서리 3면을 한 땀씩 스티치합니다.

18 마지막 모서리에선 한 번 더 바깥쪽으로 바늘땀을 떠줍니다.

19 실에 참 장식을 걸어준 채 바늘을 라벨 위쪽으로 찔러 한 땀을 떠줍니다.

20 겉감의 뒤쪽에서 매듭을 지어 주세요.

21 라벨 장식이 마무리 된 모습입니다.

22 겉감의 왼쪽 세로를 반으로 접어 중심선을 초크로 표시해주세요.

23 단추를 여밀 끈을 달아주기 위해 오시도리면끈을 반으로 접어 초크 표시선에 올려놓습니다.

24 5mm 시접으로 오시도리면끈을 봉제해 고정해주세요.

25 겉감의 오른쪽 세로를 반으로 접어 중심선을 초크로 표시해주세요.

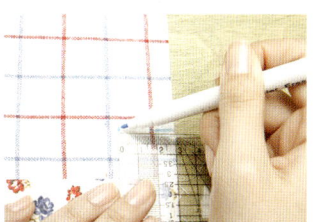

26 중심선에서 왼쪽으로 3cm 떨어진 지점을 초크로 표시합니다.

27 초크로 표시한 지점의 안쪽 면에서 바늘을 통과시켜 단추를 달아주세요.

Tip

카드 지갑은 안감까지 합봉한 뒤 단추를 달아주는데 이 작품은 여기서 단추를 달아주는 이유는, 카드 지갑과는 달리 납작한 모양의 단추이기 때문에 심지 단계에서 단추를 달아주어도 원단이 늘어나거나 망가질 확률이 적기 때문입니다.

28 실을 × 모양으로 단춧구멍에 통과시켜 단추를 달아주세요.

29 두 번 반복해서 단추를 단단하게 달아줍니다.

30 겉감의 뒤쪽에서 매듭을 지어 단추 달기를 마무리합니다.

31 겉감에 필요한 모든 장식이 끝났습니다.

꽃이감 만들기

32 꽃이감을 준비해주세요.

33 꽃이감의 세로를 안쪽 면끼리 마주 닿도록 반으로 접어 다려줍니다.

34 꽃이감용으로 잘라놓은 접착 심지를 꽃이감의 접힌 선에 맞춰 끼워줍니다. 다리미로 꾹꾹 다려 접착시켜주세요.

35 꽃이감 2장 모두 같은 방법으로 심지를 붙여주세요.

36 심지를 붙인 꽃이감은 다시 반으로 접어 꼼꼼히 다려줍니다.

37 겉감의 겉면 양 끝에 꽂이감을 올려주세요. 꽂이감의 시접 부분이 바깥쪽을 향하게 올려놓습니다.

38 겉감에 올려놓은 꽂이감 위로 안감을 올려 겹쳐줍니다. 안감의 겉면과 꽂이감이 마주 닿도록 올려주세요.

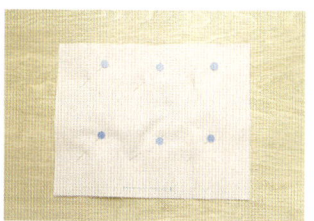

39 겹쳐진 겉감, 꽂이감, 안감을 모두 시침핀으로 고정해주세요.

40 안감 아래쪽에 창구멍을 6cm 표시해주세요.

41 창구멍을 제외한 사방을 1cm 시접으로 봉제합니다.

42 창구멍 시접의 양 끝에 가위집을 넣어주세요.

43 창구멍 시접을 안쪽으로 꺾어 접어주세요.

44 창구멍의 아래쪽 시접도 안쪽으로 꺾어 접어주세요.

45 창구멍의 시접만 남기고 봉제한 시접은 모두 잘라줍니다. 봉제선을 자르지 않도록하세요.

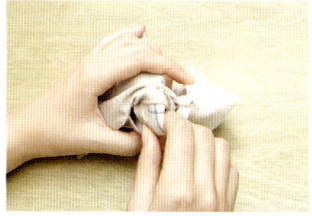

46 창구멍을 통해 겉감이 보이도록 뒤집어줍니다.

47 겉감을 빼낸 후 모서리를 송곳으로 꼼꼼히 빼내 다듬습니다.

48 겉면과 안쪽 면을 꼼꼼히 다려주세요.

49 창구멍은 공그르기로 막아 마무리합니다.

50 통장 속지를 꽂이감에 끼워줍니다.

51 살림꾼의 필수품, 파리풍 통장 지갑이 완성되었습니다.

피곤함이 절로 달아나요, 컴퓨터 용품 3종 세트

블루 도트 마우스 패드

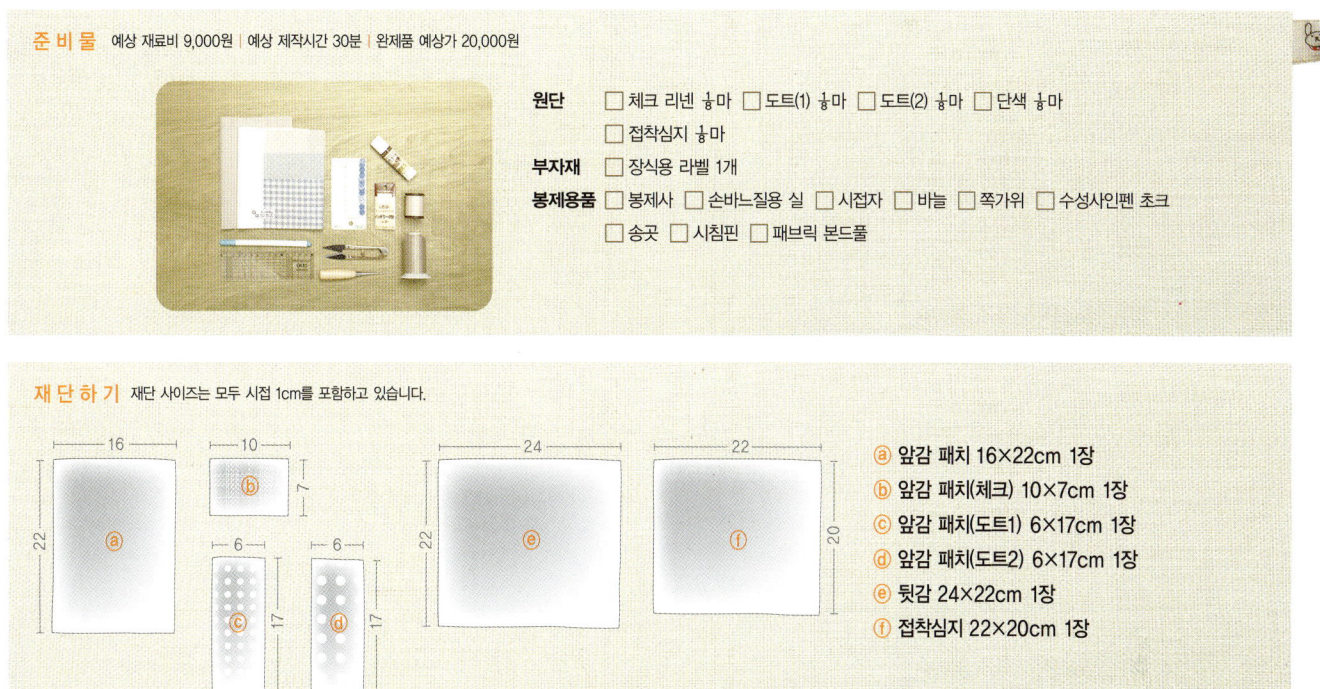

준비물 | 예상 재료비 9,000원 | 예상 제작시간 30분 | 완제품 예상가 20,000원

원단 □ 체크 리넨 ½마 □ 도트(1) ½마 □ 도트(2) ½마 □ 단색 ½마
　　　　□ 접착심지 ½마

부자재 □ 장식용 라벨 1개

봉제용품 □ 봉제사 □ 손바느질용 실 □ 시접자 □ 바늘 □ 쪽가위 □ 수성사인펜 초크
　　　　□ 송곳 □ 시침핀 □ 패브릭 본드풀

재단하기 재단 사이즈는 모두 시접 1cm를 포함하고 있습니다.

ⓐ 앞감 패치 16×22cm 1장
ⓑ 앞감 패치(체크) 10×7cm 1장
ⓒ 앞감 패치(도트1) 6×17cm 1장
ⓓ 앞감 패치(도트2) 6×17cm 1장
ⓔ 뒷감 24×22cm 1장
ⓕ 접착심지 22×20cm 1장

패치 연결하기

1 앞감 패치 (c)와 (d)를 준비해주세요.

2 겉면끼리 마주 대고 시침핀으로 고정합니다.

3 1cm 시접으로 왼쪽 옆선을 봉제해주세요.

4 봉제한 시접은 가름솔로 펴서 다려줍니다.

5 연결한 패치와 앞감 패치 (b)를 준비해주세요.

6 패치의 겉면끼리 마주 대고 시침핀으로 고정한 후 1cm 시접으로 봉제해 연결합니다.

7 봉제한 시접은 가름솔로 다려주세요.

8 연결한 패치와 앞감 패치(a)를 준비해주세요.

9 겉면끼리 마주 대고 1cm 시접으로 오른쪽 옆선을 봉제해주세요.

10 봉제한 시접을 가름솔로 다려주면 앞감이 완성됩니다.

심지 붙이고 장식하기

11 앞감의 안쪽 면에 접착심지의 접착면을 올려놓고 다리미로 눌러 접착시켜주세요.

12 앞감의 겉면 원하는 위치에 라벨을 붙여 봉제해줍니다.

합봉하기

13 앞감의 겉면과 뒷감의 겉면이 서로 만나도록 겹친 뒤 시침핀으로 고정해주세요.

14 한쪽 옆선에 창구멍을 10cm 정도 표시합니다.

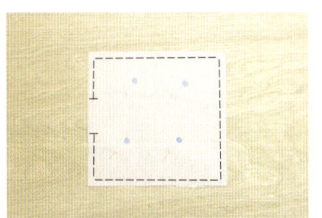

15 창구멍을 제외한 사방을 1cm 시접으로 모두 봉제해주세요.

16 봉제한 시접은 창구멍의 시접만 남기고 모두 봉제선에 가깝게 잘라냅니다.

뒤집기

17 창구멍을 통해 앞감을 빼내어 뒤집어주세요.

18 모서리는 송곳으로 빼내어 깔끔하게 각을 잡아줍니다.

19 창구멍을 공그르기로 막아 마무리해줍니다.

20 다리미로 한 번 더 꼼꼼히 다려줍니다.

21 블루 도트 마우스 패드가 완성되었습니다.

블루도트 손목 쿠션

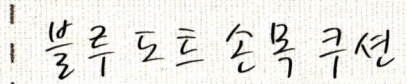

준 비 물 예상 재료비 10,000원 | 예상 제작시간 30분 | 완제품 예상가 20,000원

원단 ☐ 체크 리넨 ½마 ☐ 도트(1) ½마 ☐ 도트(2) ½마 ☐ 단색 ½마
☐ 접착심지 ½마

부자재 ☐ 방울솜

봉제용품 ☐ 봉제사 ☐ 손바느질용 실 ☐ 시접자 ☐ 바늘 ☐ 쪽가위 ☐ 수성사인펜 초크
☐ 송곳 ☐ 시침핀 ☐ 패브릭 본드풀

재 단 하 기 재단 사이즈는 모두 시접 1cm를 포함하고 있습니다.

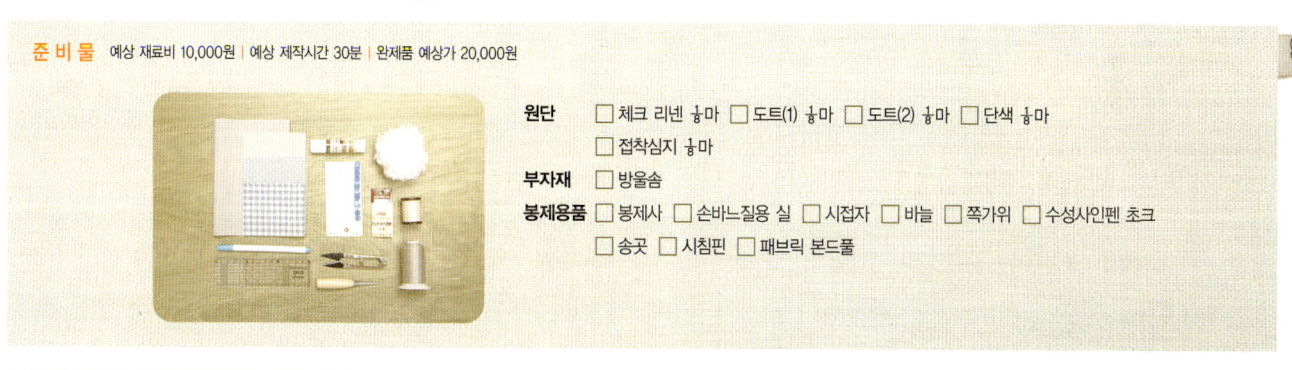

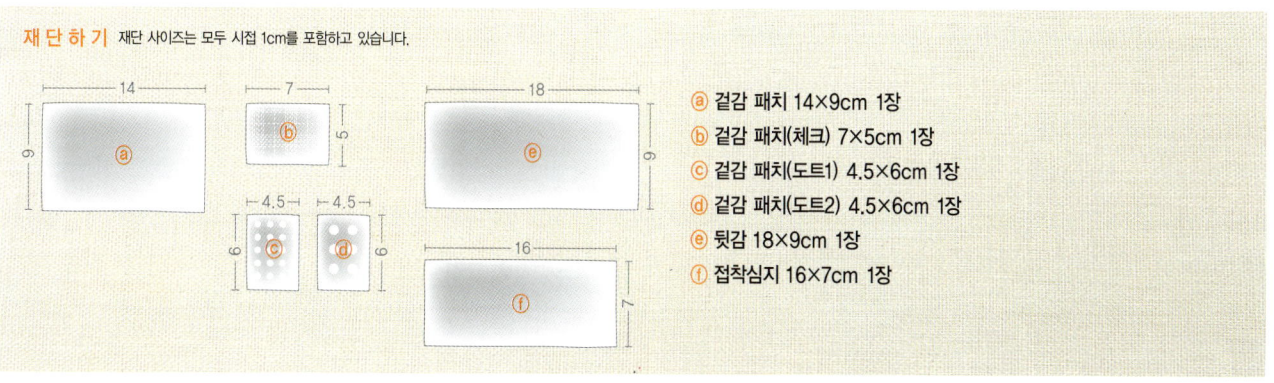

ⓐ 겉감 패치 14×9cm 1장
ⓑ 겉감 패치(체크) 7×5cm 1장
ⓒ 겉감 패치(도트1) 4.5×6cm 1장
ⓓ 겉감 패치(도트2) 4.5×6cm 1장
ⓔ 뒷감 18×9cm 1장
ⓕ 접착심지 16×7cm 1장

1 겉감 패치 (c)와 (d)를 준비해주세요.

2 겉면끼리 마주 대고 시침핀으로 고정해주세요.

3 1cm 시접으로 옆선 중 한쪽을 봉제해주세요.

4 봉제한 시접은 가름솔로 다려주세요.

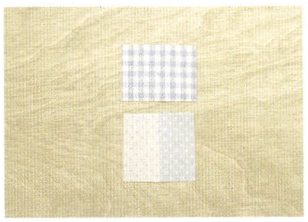

5 연결한 패치와 겉감 패치(b)를 준비해주세요.

6 패치를 겉면끼리 마주 대고 시침핀으로 고정한 뒤 1cm 시접으로 윗선을 봉제해주세요.

7 봉제한 시접은 가름솔로 벌려 다려줍니다.

8 연결한 패치와 겉감 패치(a)를 준비해주세요.

9 겉면끼리 마주 댄 뒤 1cm 시접으로 오른쪽 옆선을 봉제해주세요.

10 봉제한 시접을 가름솔로 다려주면 앞감이 완성입니다.

188

11 앞감의 안쪽 면에 접착심지(f)의 접착면을 올려놓고 다리미로 눌러 접착시켜주세요.

12 앞감의 겉면과 뒷감의 겉면을 서로 마주 대고 시침핀으로 고정해주세요.

13 옆선 한쪽에 창구멍을 4cm 정도 표시해주세요.

14 창구멍을 제외한 사방을 1cm 시접으로 모두 봉제해주세요.

15 봉제한 시접은 창구멍의 시접만 남기고 모두 봉제선에 가깝게 가위로 잘라줍니다.

뒤집고 솜 넣기

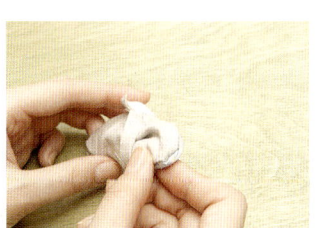

16 창구멍을 통해 겉감을 빼내어 뒤집어주세요.

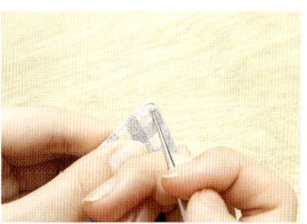

17 모서리는 송곳으로 빼내 깔끔하게 정리해줍니다.

18 창구멍으로 방울솜을 넣어주세요.

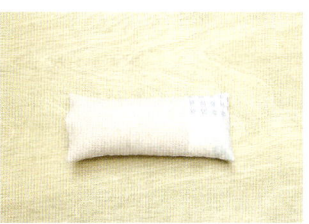

19 빵빵하게 느껴질 정도로 방울솜을 채워주세요.

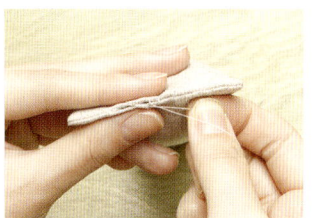

20 솜을 다 넣었으면 창구멍을 공그르기로 막아줍니다.

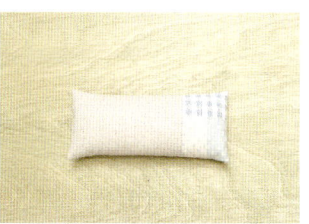

21 블루 도트 손목 쿠션이 완성되었습니다.

블루 도트 키보드 덮개

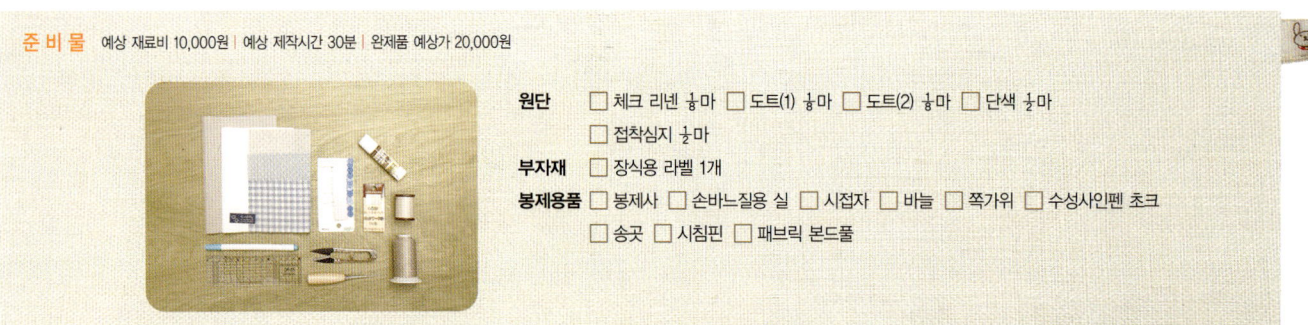

준비물 예상 재료비 10,000원 | 예상 제작시간 30분 | 완제품 예상가 20,000원

원단 ☐ 체크 리넨 ½마 ☐ 도트(1) ½마 ☐ 도트(2) ½마 ☐ 단색 ½마

☐ 접착심지 ½마

부자재 ☐ 장식용 라벨 1개

봉제용품 ☐ 봉제사 ☐ 손바느질용 실 ☐ 시접자 ☐ 바늘 ☐ 쪽가위 ☐ 수성사인펜 초크

☐ 송곳 ☐ 시침핀 ☐ 패브릭 본드풀

재단하기 재단 사이즈는 모두 시접 1cm를 포함하고 있습니다.

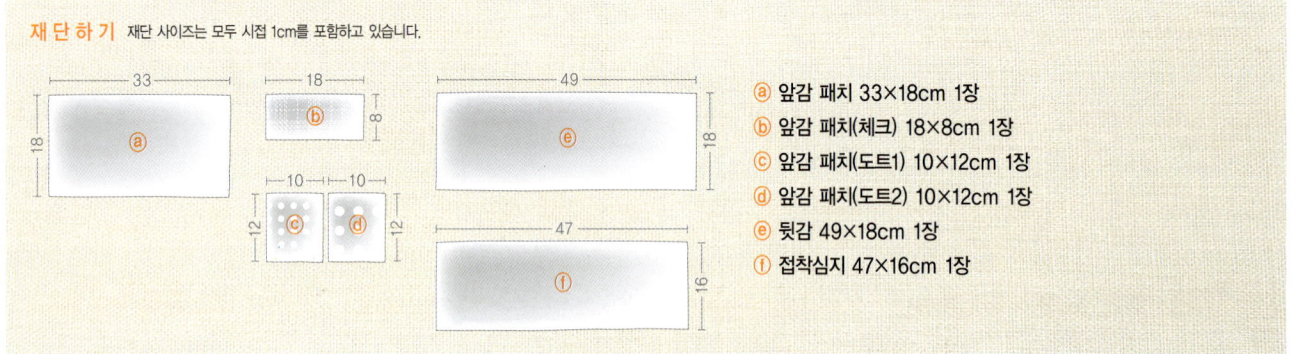

ⓐ 앞감 패치 33×18cm 1장

ⓑ 앞감 패치(체크) 18×8cm 1장

ⓒ 앞감 패치(도트1) 10×12cm 1장

ⓓ 앞감 패치(도트2) 10×12cm 1장

ⓔ 뒷감 49×18cm 1장

ⓕ 접착심지 47×16cm 1장

패치 연결하기

1 앞감 패치 (c)와 (d)를 겉면끼리 마주 대고 시침핀으로 고정해주세요.

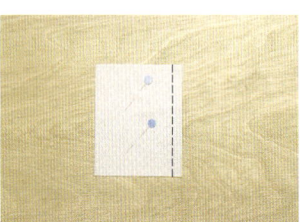

2 1cm 시접으로 옆선 중 한쪽을 봉제한 뒤 가름솔로 다려주세요.

3 연결한 패치와 앞감 패치(b)를 준비해주세요.

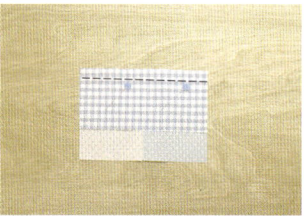

4 패치의 겉면끼리 마주 대고 시침핀으로 고정한 뒤 1cm 시접으로 윗선을 봉제해줍니다.

5 봉제한 시접은 가름솔로 다려주세요.

6 연결한 패치와 앞감 패치(a)를 준비해주세요.

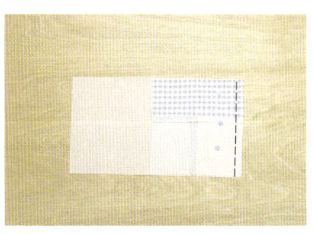

7 겉면끼리 마주 댄 뒤 1cm 시접으로 오른쪽을 봉제해주세요.

8 봉제한 시접을 가름솔로 다려주면 앞감이 완성됩니다.

심지 붙이고 장식하기

9 앞감의 안쪽 면에 접착심지의 접 착면을 올려놓고 다리미로 눌러 접착시켜주세요. 사방에 1cm의 시접 을 두고 붙여야 합니다.

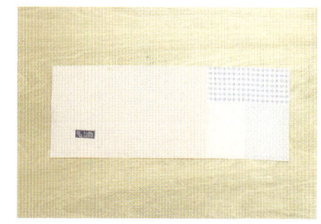

10 앞감의 겉면 원하는 위치에 패 브릭 본드풀로 라벨을 임시고 정한 뒤 양옆을 박아 붙여줍니다.

합봉하고 뒤집기

11 앞감의 겉면과 뒷감의 겉면이 마주 닿게 겹친 뒤 시침핀으로 고정해주세요.

12 옆선 한쪽에 창구멍을 10cm정 도 표시해주세요.

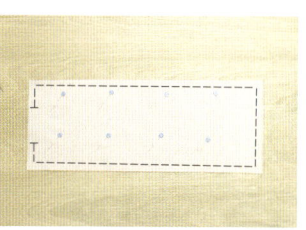

13 창구멍을 제외한 사방을 1cm 시접으로 모두 봉제해주세요.

14 봉제한 시접은 창구멍의 시접 만 남기고 모두 봉제선에 가깝 게 가위로 잘라줍니다.

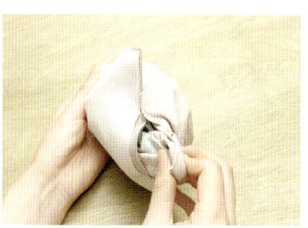

15 창구멍을 통해 앞감을 빼내어 뒤집어주세요.

16 모서리는 송곳으로 깔끔하게 정리해줍니다.

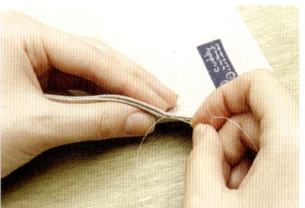

17 창구멍은 공그르기로 막아 마 무리해주세요.

18 다리미로 한 번 더 꼼꼼히 각 을 잡아 다려줍니다.

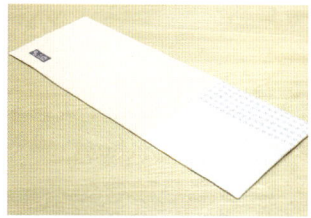

19 블루 도트 키보드 덮개가 완성 되었습니다.

Part 06

리넨, 식탁 위의

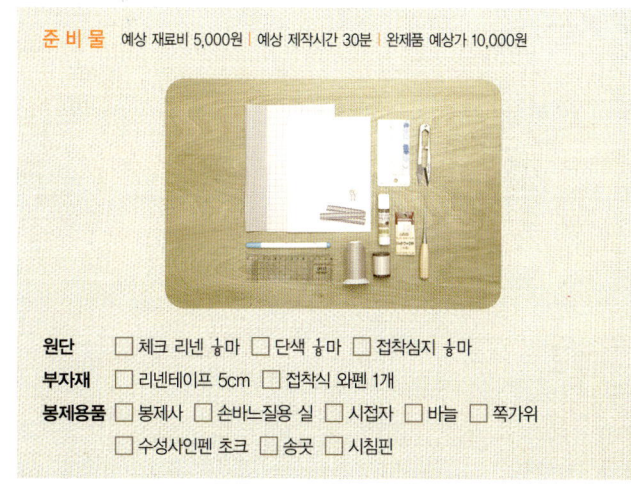

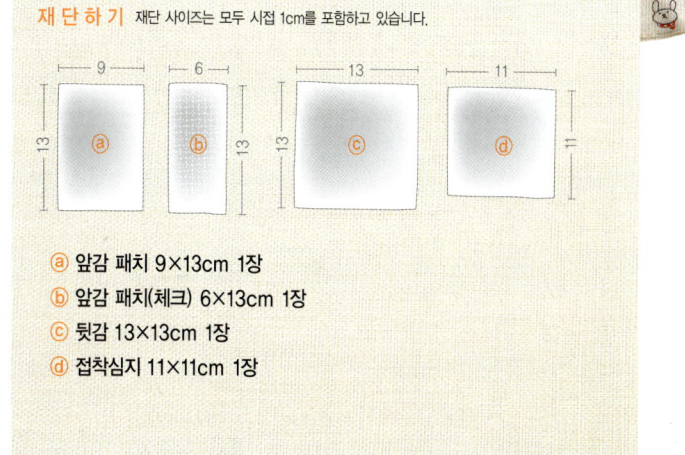

재단하기 재단 사이즈는 모두 시접 1cm를 포함하고 있습니다.

ⓐ **앞감 패치** 9×13cm 1장
ⓑ **앞감 패치(체크)** 6×13cm 1장
ⓒ **뒷감** 13×13cm 1장
ⓓ **접착심지** 11×11cm 1장

패치 연결하기

1 앞감 패치 (a)와 (b)를 준비해주세요.

2 앞감 패치 (a)와 (b)를 겉면끼리 마주 닿게 겹친 뒤 1cm 시접으로 세로 옆선 한쪽을 봉제해주세요.

3 봉제한 시접을 가름솔로 다려주면 앞감이 완성됩니다.

심지 붙이고 장식하기

4 앞감의 안쪽 면에 접착심지(d)의 접착면을 마주 대고 다리미로 붙여주세요.

5 앞감의 겉면 원하는 위치에 접착식 와펜을 올려놓습니다.

6 다리미로 와펜 위를 꾹꾹 눌러 겉감에 접착시켜주세요. 와펜을 붙이는 다리미의 온도는 면직을 다리는 정도가 적당합니다.

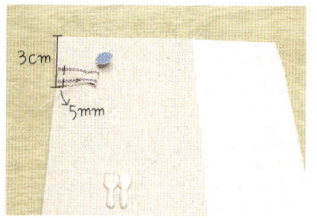

7 리넨테이프를 반으로 접어 앞감 겉면의 위에서 3cm 지점에 고정한 뒤 5mm 시접으로 봉제해주세요.

합봉하기

8 앞감의 겉면과 뒷감의 겉면이 서로 마주 닿게 올려놓고 시침핀으로 고정해주세요.

9 안감의 옆선에 창구멍을 5cm 정도 표시한 뒤 창구멍을 제외한 사방을 모두 1cm 시접으로 봉제해주세요.

10 창구멍 시접만 남기고 봉제한 시접은 모두 가위로 잘라줍니다.

뒤집기

11 창구멍을 통해 겉면이 보이도록 뒤집어주세요.

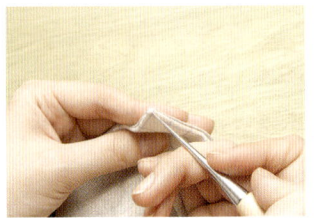

12 사방 모서리는 송곳을 사용해 빼내어 정리합니다.

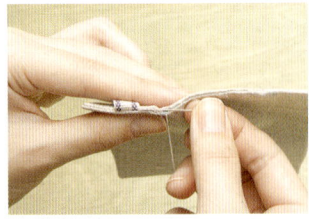

13 창구멍은 공그르기로 마무리해 주세요.

14 완성된 티 매트를 다리미로 꼼꼼히 다려주세요.

15 향기로운 티 타임, 리넨 티 매트가 완성되었습니다.

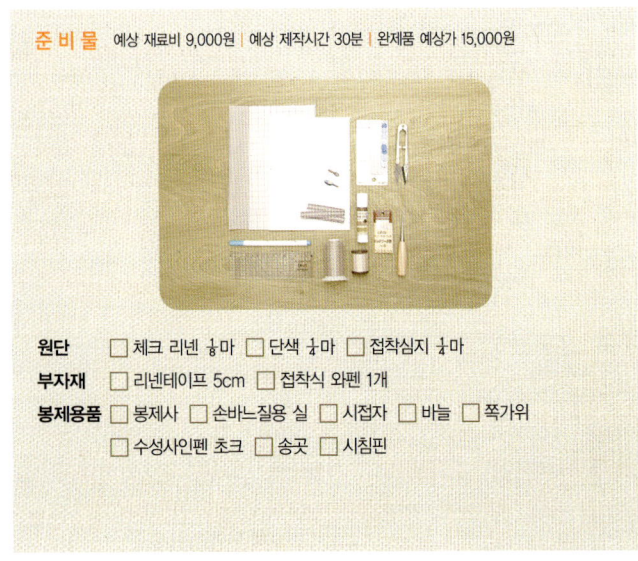

준 비 물 예상 재료비 9,000원 | 예상 제작시간 30분 | 완제품 예상가 15,000원

원단	☐ 체크 리넨 ½마 ☐ 단색 ½마 ☐ 접착심지 ½마
부자재	☐ 리넨테이프 5cm ☐ 접착식 와펜 1개
봉제용품	☐ 봉제사 ☐ 손바느질용 실 ☐ 시접자 ☐ 바늘 ☐ 쪽가위
	☐ 수성사인펜 초크 ☐ 송곳 ☐ 시침핀

재 단 하 기 재단 사이즈는 모두 시접 1cm를 포함하고 있습니다.

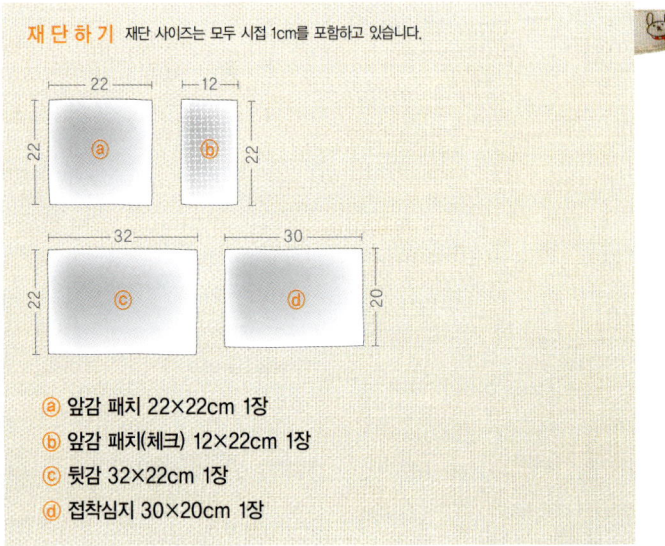

ⓐ 앞감 패치 22×22cm 1장
ⓑ 앞감 패치(체크) 12×22cm 1장
ⓒ 뒷감 32×22cm 1장
ⓓ 접착심지 30×20cm 1장

패치 연결하고 심지 붙이기

1 앞감 패치 (a)와 (b)의 겉면끼리 마주 댄 뒤 시침핀으로 고정하고 세로를 1cm 시접으로 봉제합니다.

2 봉제한 시접을 가름솔로 벌려 다려주세요.

3 앞감의 안쪽 면에 접착심지(d)의 접착면을 마주 대고 다리미로 붙여줍니다.

장식하기

4 앞감의 겉면 원하는 위치에 접착식 와펜을 올려놓아주세요.

5 다리미로 와펜 위를 꾹꾹 눌러 겉감에 접착시켜주세요.

6 리넨테이프를 반으로 접어 가장자리 윗면 3cm 떨어진 지점에 고정한 뒤 5mm 시접으로 봉제합니다.

합봉하기

7 앞감의 겉면과 뒷감(c)의 겉면이 서로 마주 닿게 올려놓은 뒤 시침 핀으로 고정해주세요.

8 안감의 옆선 한쪽에 창구멍을 10cm 정도 표시해주세요.

9 창구멍을 제외한 사방을 1cm 시접으로 봉제해주세요.

10 봉제한 시접은 창구멍의 시접만 남기고 가위로 잘라냅니다.

뒤집기

11 창구멍을 통해 겉면이 보이도록 뒤집어주세요.

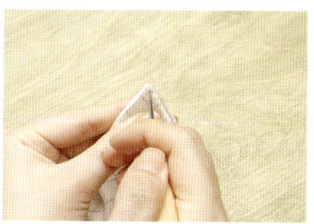

12 사방 모서리는 송곳을 사용해 빼내고 정리해주세요.

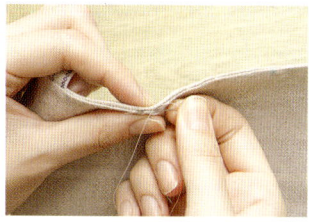

13 창구멍은 공그르기로 막아 마무리해주세요.

14 완성된 테이블 매트를 다리미로 꼼꼼히 다려주세요.

15 향기로운 식사 시간, 리넨 테이블 매트가 완성되었습니다.

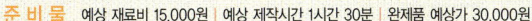

준비물 예상 재료비 15,000원 | 예상 제작시간 1시간 30분 | 완제품 예상가 30,000원

원단 ☐ 체크 리넨 ½마 ☐ 단색 ½마 ☐ 4온스 접착솜 ½마

부자재 ☐ 리넨테이프 5cm

봉제용품 ☐ 봉제사 ☐ 손바느질용 실 ☐ 시접자 ☐ 바늘 ☐ 쪽가위 ☐ 수성사인펜 초크
☐ 송곳 ☐ 시침핀

재단하기

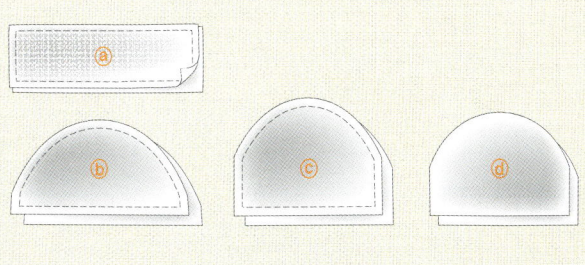

ⓐ **겉감 패치(체크)** : 실물패턴을 사용해서 재단 2장

ⓑ **겉감 패치** : 실물패턴을 사용해서 재단 2장

ⓒ **안감** : 실물패턴을 사용해서 재단 2장

ⓓ **4온스 접착솜** : 실물패턴을 사용해서 재단 2장

※ 실물패턴에는 시접선이 포함되어 있지 않으므로 패턴의 본을 뜬 후 1cm의 시
접선을 더 그려주고 재단해야 합니다.

※ 접착솜은 시접선이 없으므로 패턴 그대로 그려 재단해주세요.

패치 연결하기

1 겉감 패치 (a)와 (b)를 준비해주세
요.

2 겉감 패치 (a)의 아래쪽과 (b)의 위
쪽 선이 겹치도록 겉면끼리 마주
닿게 놓아줍니다. 시침핀으로 고정한 뒤
1cm 시접으로 가로를 봉제해주세요.

3 봉제한 시접은 가름솔로 다려줍
니다.

솜 붙이고 장식하기

4 패치 겉감의 안쪽 면에 4온스 접
착솜(d)의 접착면을 마주 대고 붙
여주세요.

5 솜이 다리미에 닿으면 녹으므로
꼭 원단 쪽에서 다리미로 다려주
세요.

6 겉감의 겉면 위쪽 중심에 리넨테
이프를 반으로 접어 고정한 뒤
5mm 시접으로 봉제합니다.

겉감, 안감 만들기

7 1~6과 같은 방법으로 겉감 패치를 한 장 더 만든 뒤 겉면끼리 마주 닿게 겹쳐주세요.

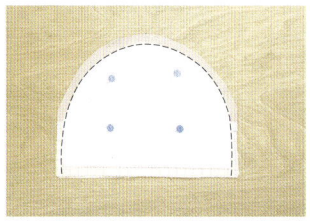

8 밑면을 제외한 나머지 둥근 부분을 1cm 시접으로 봉제합니다.

9 안감(c)도 마찬가지로 안감의 겉면끼리 마주 댄 뒤 시침핀으로 고정하세요.

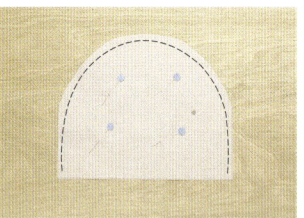

10 밑면을 제외한 나머지 둥근 부분을 1cm 시접으로 봉제합니다.

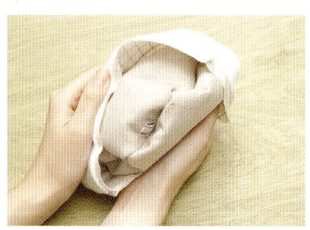

11 겉감과 안감 모두 봉제한 시접은 봉제선에 가깝게 가위로 잘라주세요.

합봉하기

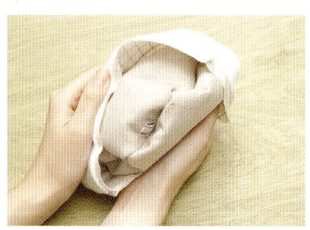

12 겉감을 겉면이 보이도록 뒤집어주세요.

13 안감의 밑면에 창구멍을 6cm 정도 표시해주세요.

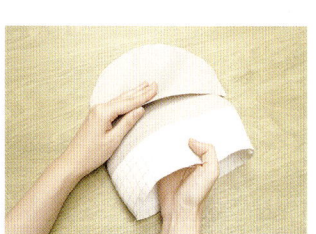

14 겉감의 겉면과 안감의 겉면이 서로 마주 닿도록 겉감을 안감 안으로 집어넣습니다.

15 입구의 재봉선을 맞춰 시침핀으로 고정한 뒤 창구멍을 제외한 입구 둘레를 모두 1cm 시접으로 봉제하세요.

16 봉제한 시접은 창구멍의 시접만 남기고 모두 가위로 잘라냅니다.

뒤집기

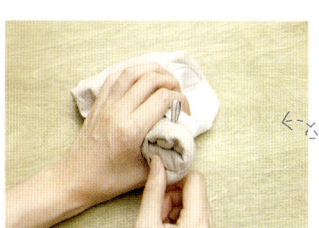

17 창구멍을 통해 겉감을 빼내어 뒤집습니다.

18 안감을 겉감 안으로 집어넣어 주세요.

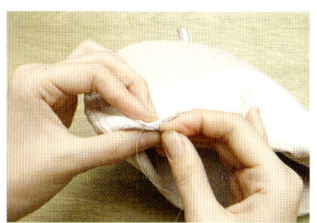

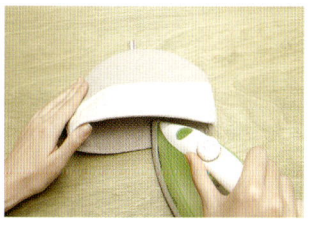

19 창구멍은 공그르기로 마무리합니다.

20 입구를 다리미로 꼼꼼히 다려 각을 잡아주세요.

21 차의 따스함을 지켜줄, 리넨 티코지가 완성되었습니다.

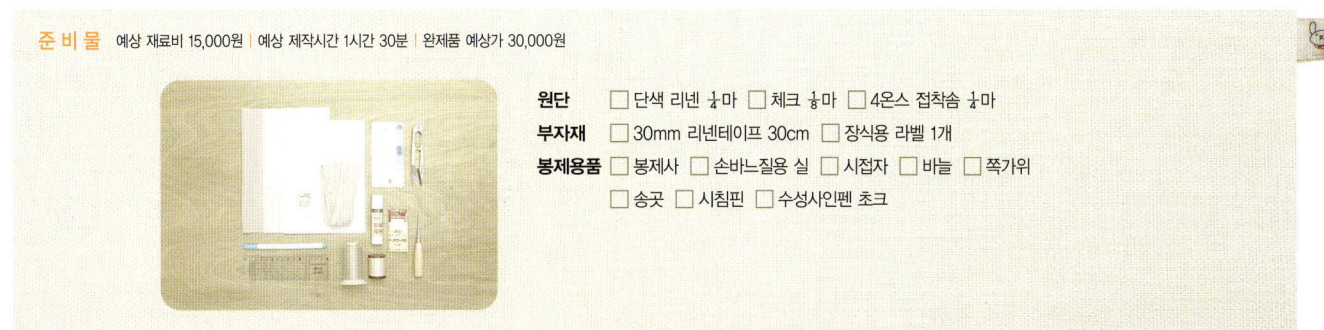

준비물 예상 재료비 15,000원 | 예상 제작시간 1시간 30분 | 완제품 예상가 30,000원

원단 ☐ 단색 리넨 ½마 ☐ 체크 ⅛마 ☐ 4온스 접착솜 ½마
부자재 ☐ 30mm 리넨테이프 30cm ☐ 장식용 라벨 1개
봉제용품 ☐ 봉제사 ☐ 손바느질용 실 ☐ 시접자 ☐ 바늘 ☐ 쪽가위
☐ 송곳 ☐ 시침핀 ☐ 수성사인펜 초크

재단하기

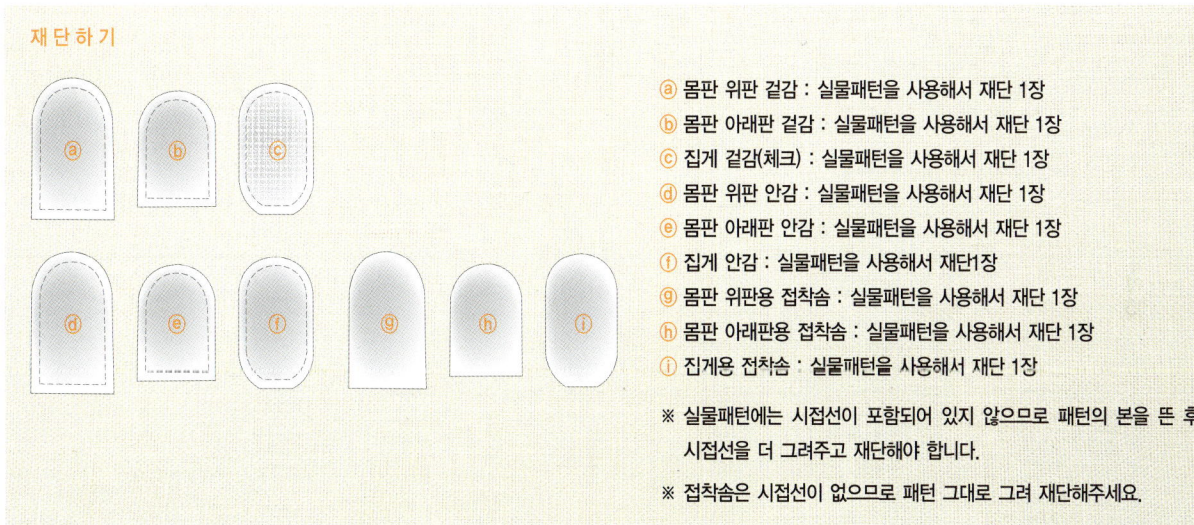

ⓐ **몸판 위판 겉감** : 실물패턴을 사용해서 재단 1장
ⓑ **몸판 아래판 겉감** : 실물패턴을 사용해서 재단 1장
ⓒ **집게 겉감(체크)** : 실물패턴을 사용해서 재단 1장
ⓓ **몸판 위판 안감** : 실물패턴을 사용해서 재단 1장
ⓔ **몸판 아래판 안감** : 실물패턴을 사용해서 재단 1장
ⓕ **집게 안감** : 실물패턴을 사용해서 재단1장
ⓖ **몸판 위판용 접착솜** : 실물패턴을 사용해서 재단 1장
ⓗ **몸판 아래판용 접착솜** : 실물패턴을 사용해서 재단 1장
ⓘ **집게용 접착솜** : 실물패턴을 사용해서 재단 1장

※ 실물패턴에는 시접선이 포함되어 있지 않으므로 패턴의 본을 뜬 후 1cm의
시접선을 더 그려주고 재단해야 합니다.

※ 접착솜은 시접선이 없으므로 패턴 그대로 그려 재단해주세요.

솜 붙이고 장식하기

1 겉감 (a), (b), (c)의 안쪽 면에 4온스 접착솜 (g), (h), (i)의 접착면을 마주 대고 접착시켜주세요. 솜은 시접이 두꺼워지는 것을 막기 위해 사방이 1cm씩 작습니다.

2 몸판 겉감 (a)와 (b)의 겉면 아래쪽에서 10cm 위의 지점을 초크로 표시해주세요.

3 몸판 안감 (d)와 (e)의 겉면에도 아래에서 10cm 지점을 초크로 표시해주세요.

4 몸판 겉감(a)의 겉면 원하는 위치에 라벨을 임시고정해주세요.

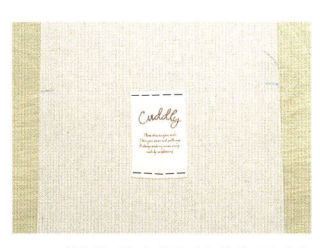

5 라벨의 위아래를 봉제해 겉감에 붙여줍니다.

겉감, 안감 만들기

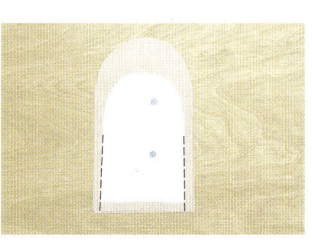

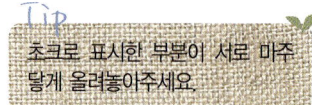

Tip
초크로 표시한 부분이 서로 마주 닿게 올려놓아주세요.

6 몸판 겉감(a)와 몸판 겉감(b)를 겉면끼리 마주 대고 시침핀으로 고정합니다.

7 초크로 표시된 곳까지만 1cm 시접으로 봉제해주세요.

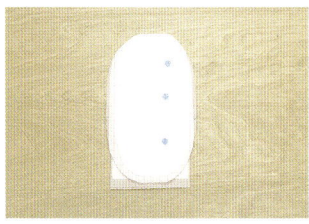

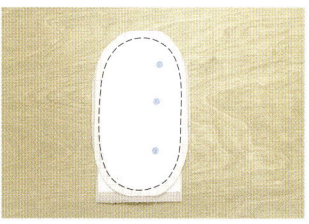

8 몸판 겉감(b)의 둥근 부분을 겉면이 보이도록 젖혀주세요.

9 몸판 겉감(b)를 젖혀 생긴 둥근 부분에 집게 겉감(c)의 겉면이 마주 닿게 올려주세요.

10 움직이지 않도록 시침핀으로 고정합니다.

11 1cm 시접으로 집게 겉감의 둘레를 모두 봉제합니다.

12 봉제할 때 몸판감의 입구 쪽이 함께 봉제되지 않도록 주의해서 박아주세요.

13 봉제한 시접은 봉제한 선에 가깝게 모두 가위로 잘라주세요.

14 겉감이 완성되었습니다. 안감도 같은 방법으로 만들어주세요.

합봉하기

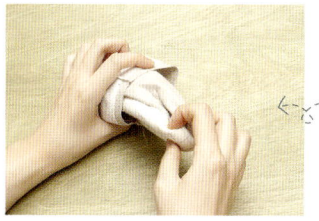
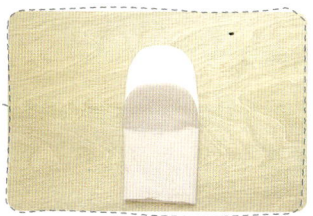

15 겉면이 보이도록 겉감을 뒤집어주세요.

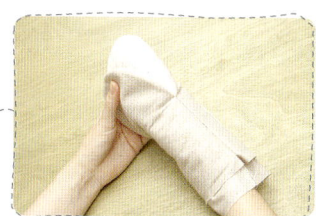

16 겉감의 안쪽 면과 안감의 안쪽 면이 서로 마주 닿도록 안감을 겉감 안으로 집어넣어주세요.

17 입구를 도톰하게 만들기 위해 겉감과 안감의 입구 시접을 함께 잡아 바깥쪽으로 접어줍니다.

입구 마무리하기

18 리넨테이프를 반으로 접어 입구 둘레를 감싸주세요.

19 테이프의 끝부분은 5mm 정도 안쪽으로 한 번 접어 마무리합니다.

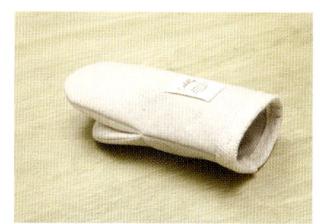

20 테이프의 가장자리를 박아 안쪽으로 접혀 들어간 테이프도 한꺼번에 봉제해줍니다.

21 이제 뜨거운 음식도 안심할, 체크 포인트 주방 장갑이 완성되었습니다.

05 얼룩에서 지켜줄, 사각 리넨 에이프런

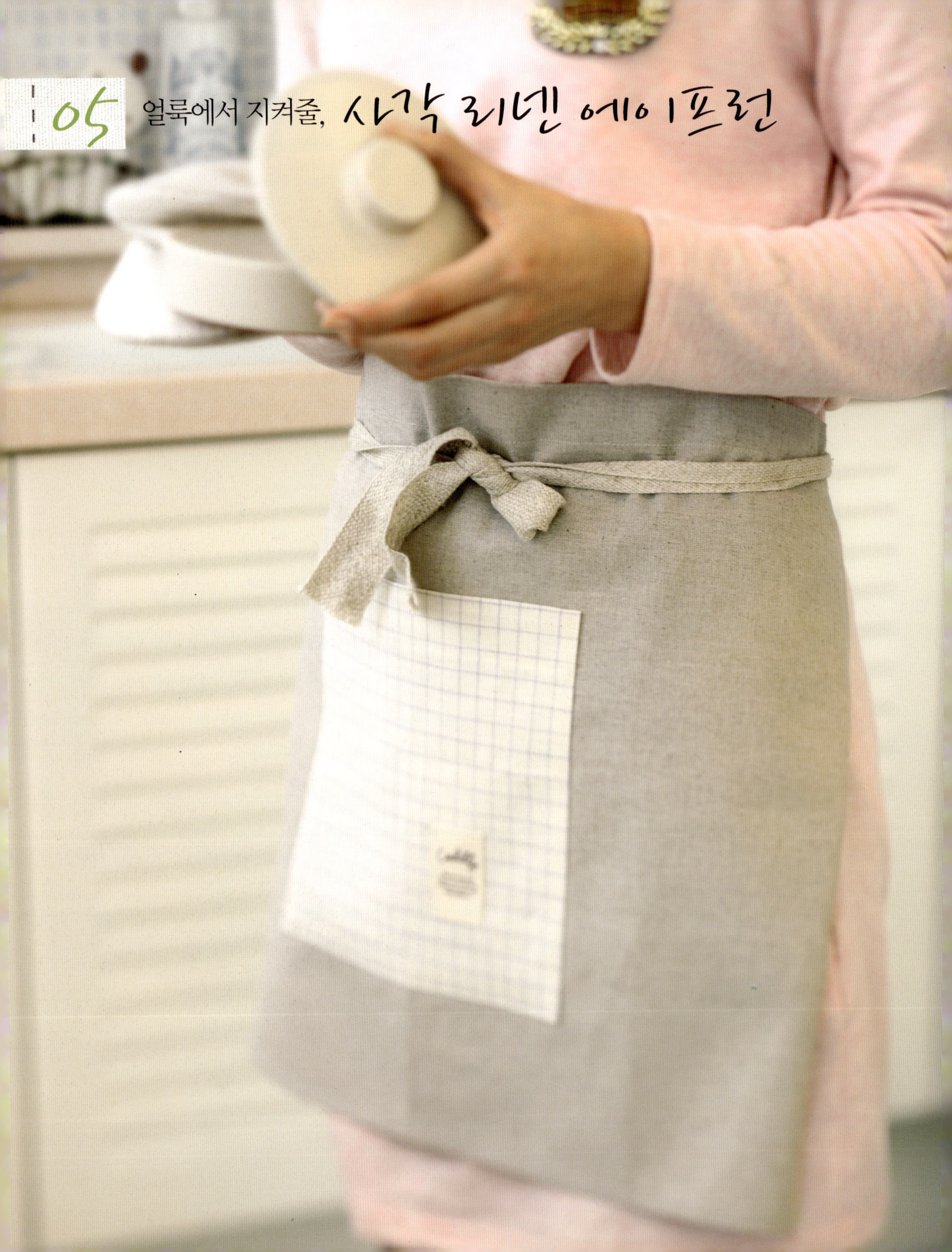

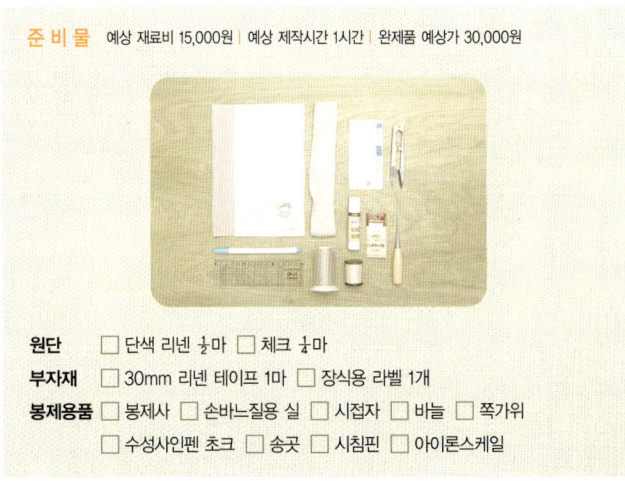

준 비 물 예상 재료비 15,000원 | 예상 제작시간 1시간 | 완제품 예상가 30,000원

원단 ☐ 단색 리넨 ½마 ☐ 체크 ½마
부자재 ☐ 30mm 리넨 테이프 1마 ☐ 장식용 라벨 1개
봉제용품 ☐ 봉제사 ☐ 손바느질용 실 ☐ 시접자 ☐ 바늘 ☐ 쪽가위
☐ 수성사인펜 초크 ☐ 송곳 ☐ 시침핀 ☐ 아이론스케일

재 단 하 기 재단 사이즈는 모두 시접 1cm를 포함하고 있습니다.

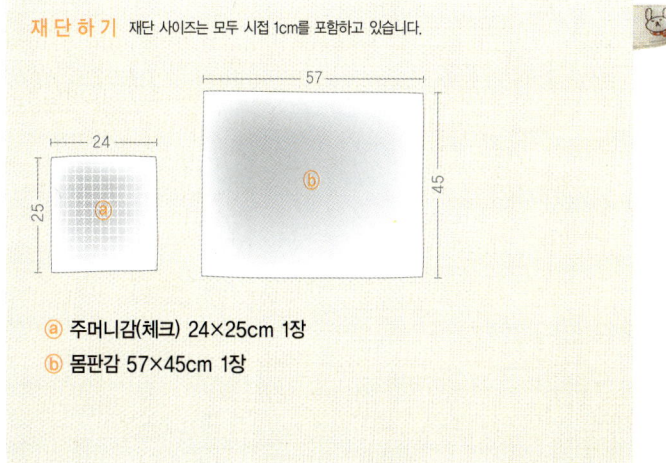

ⓐ **주머니감(체크)** 24×25cm 1장
ⓑ **몸판감** 57×45cm 1장

오버로크한 후 주머니 만들기

1 몸판감(b)과 주머니감(a) 모두 사방을 오버로크 처리해주세요. 말아박기 또는 감침질도 괜찮습니다.

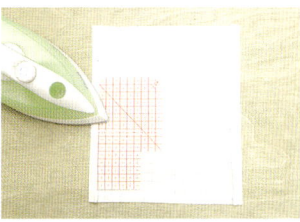

2 아이론스케일을 사용하여 주머니감(a)의 윗면을 제외한 3면을 1cm씩 안쪽으로 접어 다려주세요.

3 입구가 될 주머니감의 윗면은 3cm를 접어 다려줍니다.

4 입구 시접의 접어 다린 시접의 끝부분을 봉제하여 시접이 움직이지 않도록 고정해줍니다.

5 주머니감 겉면의 원하는 위치에 장식용 라벨을 패브릭 본드풀로 임시고정한 뒤 봉제합니다.

6 몸판(b)의 윗면 중앙에서 10cm 아래 지점에 주머니감을 올려놓고 입구를 제외한 3면을 가장자리에 가깝게 봉제합니다.

몸판 만들기

7 몸판의 아래쪽 시접을 아이론스케일로 1cm 안쪽으로 접어 다려주세요.

8 접어 다린 시접을 끝선에 가깝게 봉제해주세요.

9 몸판의 양 옆선도 아이론스케일로 1cm씩 안쪽으로 접어 다린 뒤 시접 끝에 가깝게 봉제합니다.

끈 달기

10 몸판의 윗면에서 3cm 아래 지점을 초크로 표시해주세요.

11 리넨테이프를 40cm 길이로 잘라 표시한 선에 대고 시침핀으로 고정해주세요.

12 몸판의 위쪽 양쪽에 테이프를 고정한 뒤 시접선에 가깝게 봉제해줍니다.

13 아이론스케일로 몸판의 윗면을 3cm 안쪽으로 접어 다려주세요.

14 테이프를 감싸도록 삐뚤어지지 않게 몸판 윗면을 접어 다려줍니다.

15 접어 다려준 시접은 시접 끝선에 가깝게 봉제해주세요.

16 얼룩에서 지켜줄, 사각 리넨 에이프런이 완성되었습니다.

Application

주방의 분위기 메이커 에이프런

에이프런을 허리에 두르는 순간 평범하던 주방의 분위기도, 자신의 마음가짐도 달라지는 걸 느낄 수 있어요.

분위기 좋은 레스토랑이나 달콤한 케이크가 향기로운 카페가 부러우세요? 그럼 원하는 디자인으로 에이프런을 만들어보세요. 지루한 일상의 한구석을 멋진 에이프런 한 장이 마법처럼 바꿔준답니다.

남은 원단으로
만들 수 있는 것,
둘

작품을 만들다 보면 어디에도 쓸 수 없을 것 같은
자투리 원단이 많이 생긴답니다.
버리기엔 아깝고, 쓰자니 어디에 써야 될지 고민되는
작은 원단들을 멋지게 활용해보세요.

옷에 리넨을 아플리케 해주는 것만
으로도 밋밋한 티셔츠가 멋지게 리
폼된답니다.

작품을 만들고 남은 레이스나 단추,
리넨 등을 재활용하여 옷에 달아주
면 값비싼 코사지가 부럽지 않아요.

Part 07

리넨, 아기에게

꼭 부드러운 천으로 만들어주세요,

다이마루 리넨 턱받이

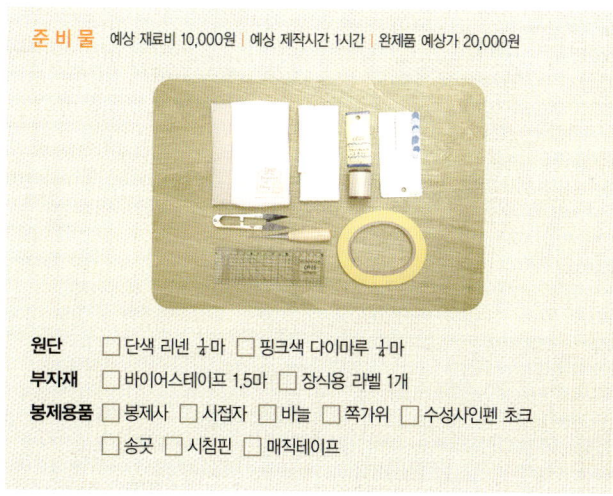

준 비 물 예상 재료비 10,000원 | 예상 제작시간 1시간 | 완제품 예상가 20,000원

원단 ☐ 단색 리넨 ⅓마 ☐ 핑크색 다이마루 ⅓마
부자재 ☐ 바이어스테이프 1.5마 ☐ 장식용 라벨 1개
봉제용품 ☐ 봉제사 ☐ 시접자 ☐ 바늘 ☐ 쪽가위 ☐ 수성사인펜 초크
　　　　　☐ 송곳 ☐ 시침핀 ☐ 매직테이프

재 단 하 기

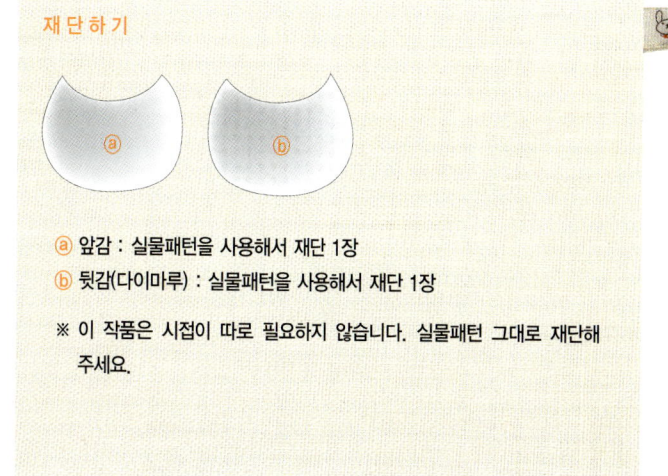

ⓐ **앞감** : 실물패턴을 사용해서 재단 1장

ⓑ **뒷감(다이마루)** : 실물패턴을 사용해서 재단 1장

※ 이 작품은 시접이 따로 필요하지 않습니다. 실물패턴 그대로 재단해
　주세요.

라벨 달기

1 앞감(a)의 겉면 중심에 장식용 라
벨을 올려놓은 뒤 라벨의 양 옆선
을 봉제해주세요.

2 앞감(a)의 안쪽 면과 뒷감(b)의
안쪽 면을 마주 대어 겹쳐줍니다.

바이어스 달기

3 바이어스테이프를 준비하세요.

4 윗면의 앞감과 뒷감을 한꺼번에
감싸주세요.

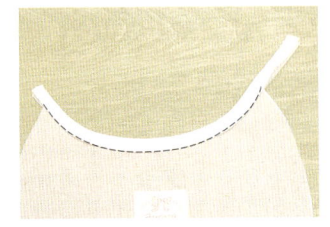

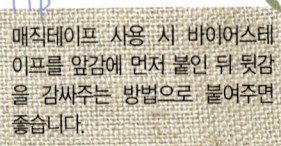

Tip

매직테이프 사용 시 바이어스테이프를 앞면에 먼저 붙인 뒤 뒷감을 감싸주는 방법으로 붙여주면 좋습니다.

5 바이어스테이프에 매직테이프를 붙여가며 작업하면 훨씬 편하게 작업할 수 있습니다.

6 윗면을 모두 감싼 뒤 바이어스의 가장자리에 가깝게 봉제해주세요.

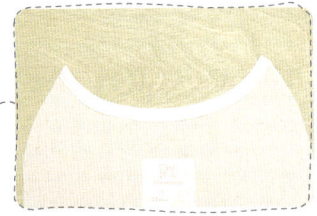

7 봉제하고 남은 바이어스테이프는 끝선에 맞춰 잘라냅니다.

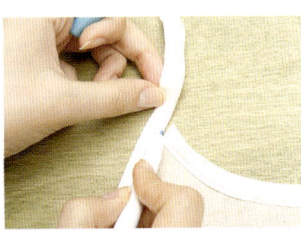

8 바이어스테이프를 밑단에 대어본 뒤 필요한 길이만큼 잘라 준비합니다. 턱받이 몸판의 위쪽으로는 아기 목에 걸어 묶어줄 끈이 되는 부분이므로 각각 25cm 정도가 적당합니다.

9 윗면의 바이어스와 마주 닿는 부분은 초크로 표시해두세요.

10 매직테이프를 먼저 붙인 뒤 바이어스테이프를 턱받이 밑단 둘레에 감싸줍니다.

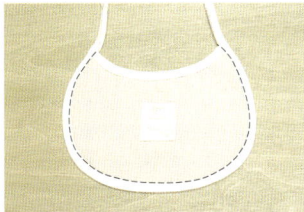

11 표시선대로 바이어스의 가장자리를 봉제합니다.

12 바이어스테이프의 끝부분은 부드러운 처리를 위해 가로로 한 번 접어주세요.

13 다시 세로로 반을 접은 뒤 바이어스테이프의 가장자리를 봉제해주면 깔끔하게 마무리됩니다.

14 남은 바이어스테이프도 깔끔하게 가장자리를 봉제해주세요.

15 부드러워서 아이에게 좋은, 다이마루 리넨 턱받이가 완성되었습니다.

Application

아이에겐 좋은 것만 해주세요.

아기의 몸에 닿는 부분은 항균, 항진 처리된 다이마루 원단을 이용하고, 오염되기 쉬운 부분은 세탁이 쉽고 구겨져도 상관 없는 리넨 원단을 이용하여 베이비 턱받이를 만들어보세요.

성별에 따라 다이마루 원단의 색상이나 장식용 라벨의 색을 바꾸어서 만들면 더욱 좋답니다.

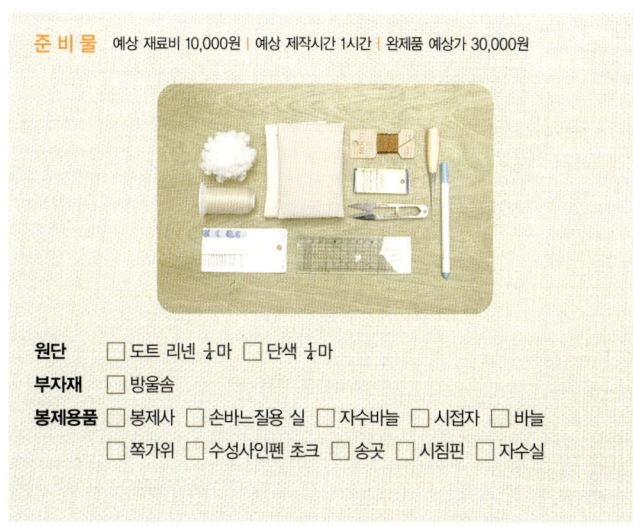

준비물 예상 재료비 10,000원 | 예상 제작시간 1시간 | 완제품 예상가 30,000원

원단 ☐도트 리넨 ½마 ☐단색 ½마

부자재 ☐방울솜

봉제용품 ☐봉제사 ☐손바느질용 실 ☐자수바늘 ☐시접자 ☐바늘
☐쪽가위 ☐수성사인펜 초크 ☐송곳 ☐시침핀 ☐자수실

재단하기

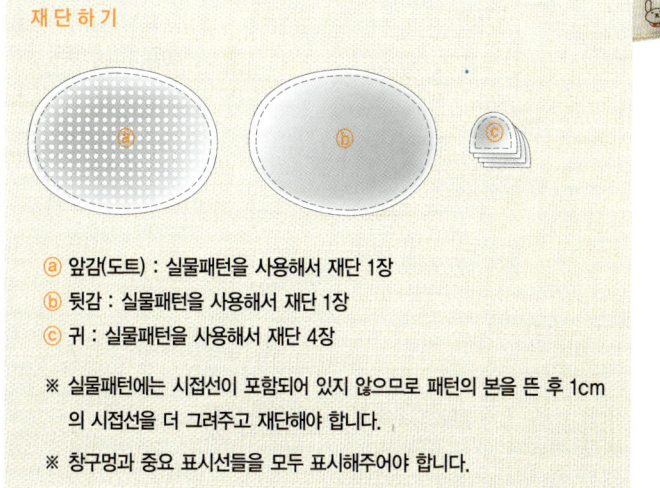

ⓐ 앞감(도트) : 실물패턴을 사용해서 재단 1장

ⓑ 뒷감 : 실물패턴을 사용해서 재단 1장

ⓒ 귀 : 실물패턴을 사용해서 재단 4장

※ 실물패턴에는 시접선이 포함되어 있지 않으므로 패턴의 본을 뜬 후 1cm
의 시접선을 더 그려주고 재단해야 합니다.

※ 창구멍과 중요 표시선들을 모두 표시해주어야 합니다.

돼지 얼굴 스티치하기

1 앞감(ⓐ)의 겉면에 귀의 위치와 얼굴 스티치선을 모두 초크로 표시해줍니다.

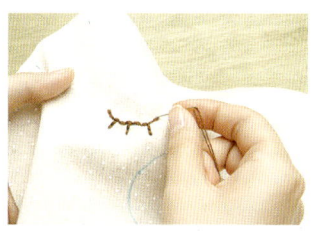

2 앞감(ⓐ)의 겉면에 그려놓은 얼굴 스티치선을 따라 자수실로 스티치를 해줍니다.

3 일단 눈과 콧구멍을 먼저 스티치하고 코는 남겨둡니다.

귀 만들기

4 귀(ⓒ) 2장을 겉면끼리 마주 댄 뒤 표시선대로 곡선 부분만 봉제하여 붙여주세요.

5 둥근 시접은 봉제선에 가깝게 모두 잘라내줍니다.

6 같은 방법으로 귀를 2개 만들어줍니다.

7 봉제하지 않은 아래쪽을 통하여 겉면이 보이도록 뒤집으세요.

8 둥근 모양이 나오도록 귀 끝을 다듬어주세요.

9 앞감(a)에 그려놓은 귀 위치에 완성된 귀를 둥근 부분이 아래쪽으로 가도록 올린 뒤 시침핀으로 고정합니다.

10 5mm 정도로 가장자리에 가깝게 초크로 귀 끝을 표시해주세요.

11 초크로 표시한 선을 따라 봉제합니다.

12 양쪽 귀 모두 같은 방법으로 앞감에 붙여주세요.

연결하기

13 앞감(a)의 겉면과 뒷감(b)의 겉면을 마주 대어 겹쳐주세요.

14 패턴에 표시되어 있는 창구멍만 남기고 둘레를 모두 1cm 시접으로 봉제합니다.

15 창구멍을 통해 겉면이 보이도록 뒤집어주세요.

솜 넣기

 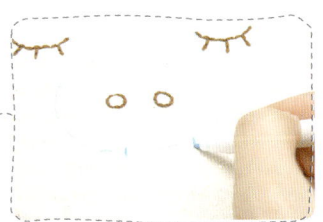 

16 돼지 코의 아래 부분에 4cm 정도의 창구멍을 표시해주세요.

17 창구멍으로 바늘을 넣어 안쪽에서부터 코 모양 스티치를 시작합니다. 앞감과 뒷감을 한꺼번에 스티치합니다.

18 창구멍만 남기고 표시선대로 홈질하여 앞감과 뒷감을 연결 해주세요.

19 뒷감의 모습입니다.

20 창구멍을 통해 방울솜을 넣어 주세요.

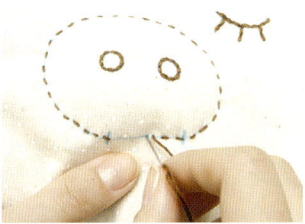

21 콧구멍의 창구멍을 통해 코가 볼록해지도록 약간의 솜을 넣 은 뒤 창구멍도 홈질로 마저 스티치해 막아줍니다.

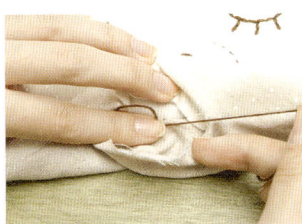

22 자수실은 안쪽에서 매듭지어 마무리합니다.

23 코 부분만 볼록해진 짱구베개 의 모습입니다.

24 창구멍을 통해 얼굴 부분에도 방울솜을 넣어줍니다.

25 얼굴이 동그랗게 통통해지도 록 솜을 모두 채워줍니다.

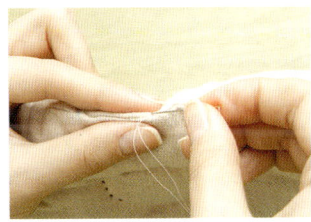

26 솜을 다 넣은 후 아래쪽의 창 구멍을 공그르기해주세요.

27 아기의 머리를 폭신하게 받쳐 주는 돼지 짱구베개가 완성되 었습니다.

03

귀여움이 한층 돋보이는,

다이마루 리넨 파일럿 모자

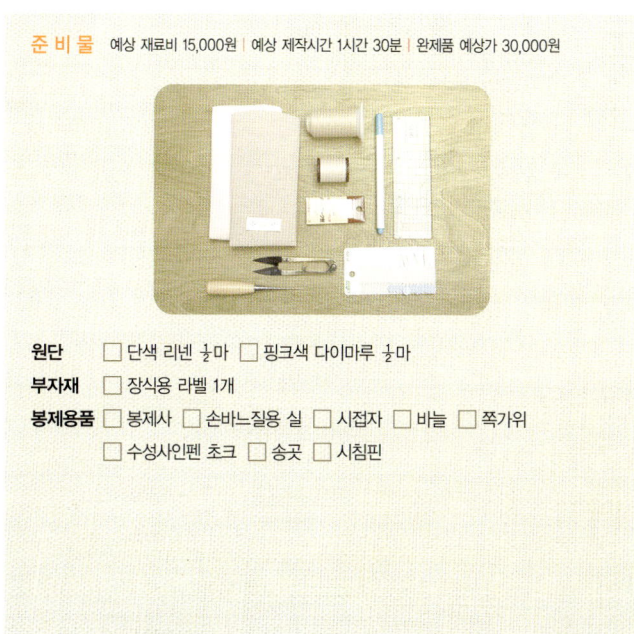

준비물 예상 재료비 15,000원 | 예상 제작시간 1시간 30분 | 완제품 예상가 30,000원

원단 ☐ 단색 리넨 ½마 ☐ 핑크색 다이마루 ½마
부자재 ☐ 장식용 라벨 1개
봉제용품 ☐ 봉제사 ☐ 손바느질용 실 ☐ 시접자 ☐ 바늘 ☐ 쪽가위
☐ 수성사인펜 초크 ☐ 송곳 ☐ 시침핀

재 단 하 기

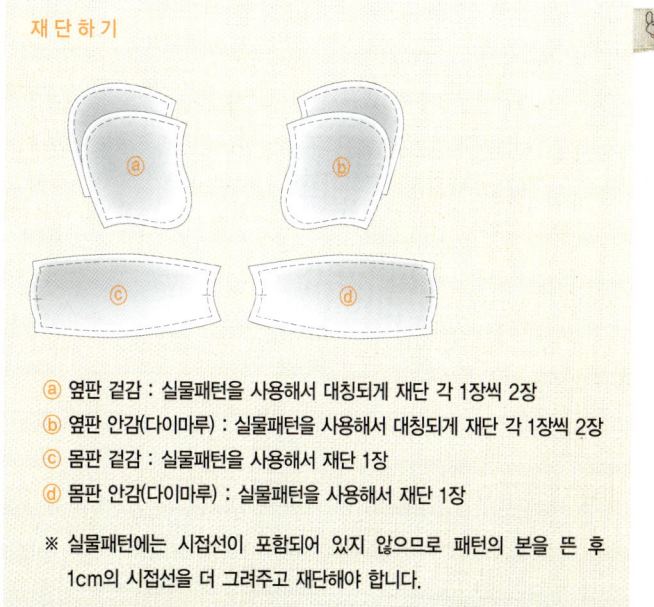

ⓐ **옆판 겉감** : 실물패턴을 사용해서 대칭되게 재단 각 1장씩 2장
ⓑ **옆판 안감(다이마루)** : 실물패턴을 사용해서 대칭되게 재단 각 1장씩 2장
ⓒ **몸판 겉감** : 실물패턴을 사용해서 재단 1장
ⓓ **몸판 안감(다이마루)** : 실물패턴을 사용해서 재단 1장

※ 실물패턴에는 시접선이 포함되어 있지 않으므로 패턴의 본을 뜬 후
1cm의 시접선을 더 그려주고 재단해야 합니다.

라벨 달고 옆판, 몸판 연결하기

1 옆판 겉감(a)의 겉면 원하는 위치에 라벨을 올려놓아주세요.

2 라벨의 양옆을 봉제해 고정해주세요.

3 몸판 겉감(b)과 옆판 겉감(a)을 준비해 표시 지점끼리 연결해주세요.

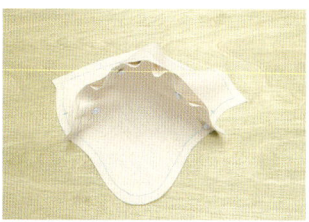

4 겉면끼리 마주 대어 1cm 시접으로 봉제합니다.

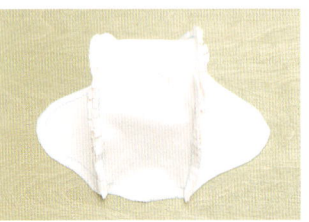

5 봉제한 시접에는 1cm 간격으로 가위집을 넣어주세요.

6 반대쪽 옆판 겉감도 같은 방법으로 몸판 겉감에 연결해주세요.

7 안감도 겉감과 같은 방법으로 만들어줍니다.

합봉하기

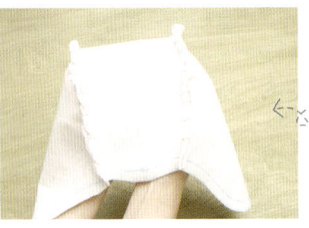

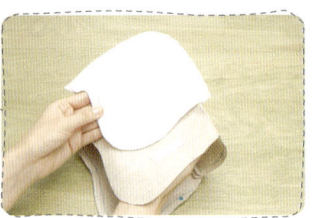

8 겉감을 겉면이 보이도록 뒤집어주세요.

9 안감의 겉면과 겉감의 겉면이 서로 마주 닿게 겹쳐주세요.

10 연결한 부분이 틀어지지 않게 위치를 잘 맞추어줍니다.

11 모자의 뒤쪽 목 부분의 창구멍을 제외한 둘레 모두를 1cm 시접으로 봉제합니다.

12 봉제한 시접은 1cm 간격으로 가위집을 넣어주세요

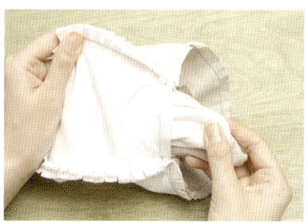 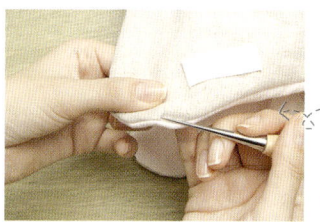 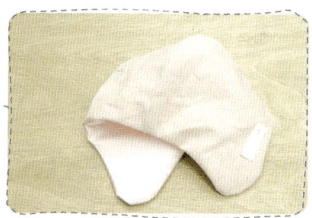

13 봉제하지 않은 목 부분의 창구
멍을 통해 겉감을 빼내 뒤집어
주세요.

14 송곳을 사용해서 모서리 부분
을 빼내어 다듬어줍니다.

 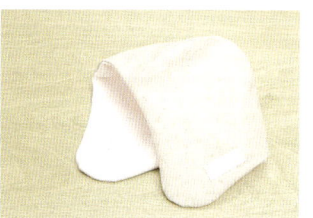

15 뒤쪽 목 부분의 시접은 시접끼
리 마주 닿게 접어 공그르기합
니다.

16 귀여움이 한층 더 돋보이는, 파
일럿 모자가 완성되었습니다.

Application

파일럿 모자, 개성 넘치는 아이로 키우는 엄마들만의 센스

스트라이프 원단으로 겉감을 만든
뒤 모자 양옆으로 털방울을 달아주
세요. 약간의 응용만으로도 더욱 멋
지고 개성 넘치는 파일럿 모자가 만
들어집니다.
정성들여 만든 멋진 파일럿 모자로
내 아이의 매력을 맘껏 뽐내보세요.

04

엄마가 직접 만들어주어 더욱 안전한,

볼링핀 인형 & 공 세트

인형 만들기

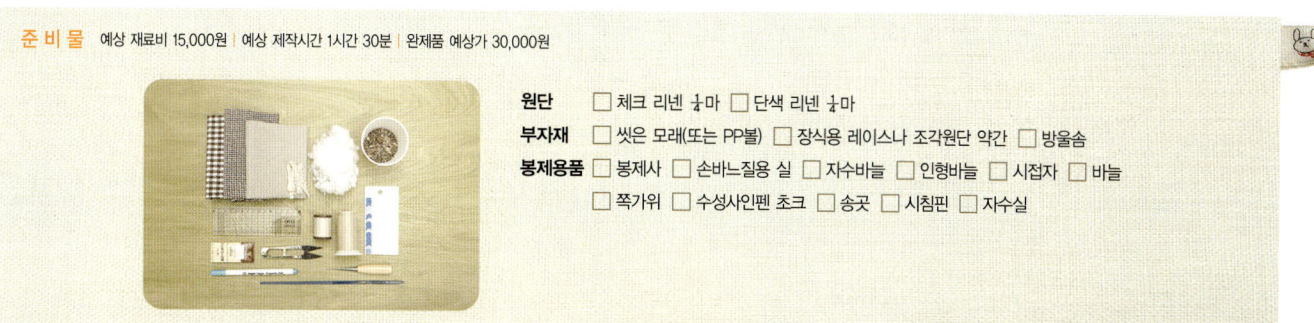

준비물 | 예상 재료비 15,000원 | 예상 제작시간 1시간 30분 | 완제품 예상가 30,000원

원단 ☐ 체크 리넨 ½마 ☐ 단색 리넨 ½마

부자재 ☐ 씻은 모래(또는 PP볼) ☐ 장식용 레이스나 조각원단 약간 ☐ 방울솜

봉제용품 ☐ 봉제사 ☐ 손바느질용 실 ☐ 자수바늘 ☐ 인형바늘 ☐ 시접자 ☐ 바늘
☐ 쪽가위 ☐ 수성사인펜 초크 ☐ 송곳 ☐ 시침핀 ☐ 자수실

재단하기

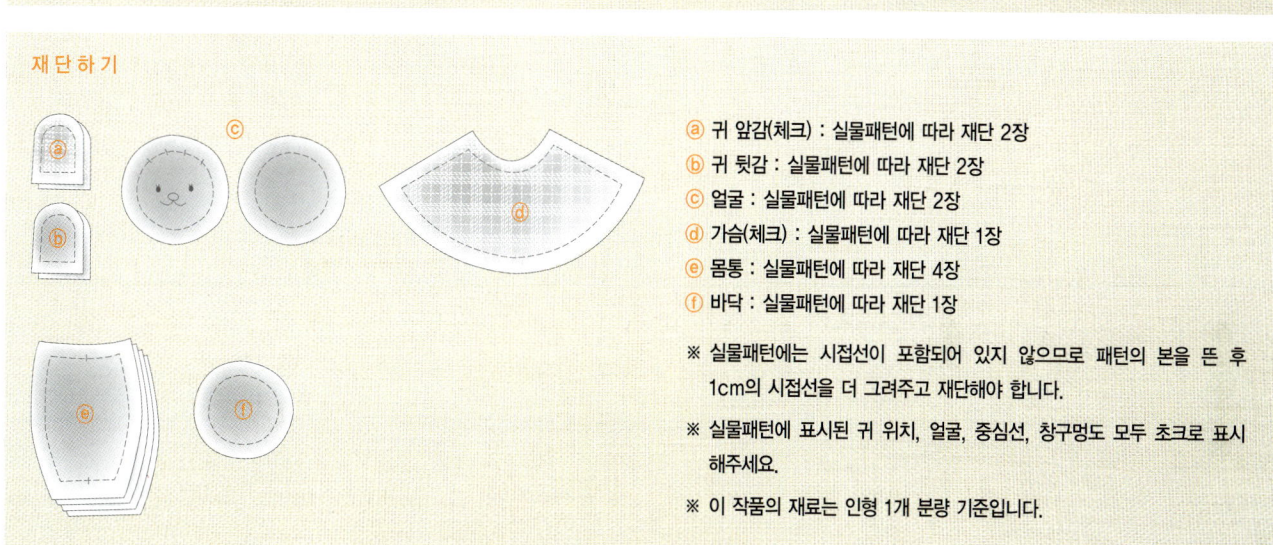

ⓐ 귀 앞감(체크) : 실물패턴에 따라 재단 2장

ⓑ 귀 뒷감 : 실물패턴에 따라 재단 2장

ⓒ 얼굴 : 실물패턴에 따라 재단 2장

ⓓ 가슴(체크) : 실물패턴에 따라 재단 1장

ⓔ 몸통 : 실물패턴에 따라 재단 4장

ⓕ 바닥 : 실물패턴에 따라 재단 1장

※ 실물패턴에는 시접선이 포함되어 있지 않으므로 패턴의 본을 뜬 후 1cm의 시접선을 더 그려주고 재단해야 합니다.

※ 실물패턴에 표시된 귀 위치, 얼굴, 중심선, 창구멍도 모두 초크로 표시 해주세요.

※ 이 작품의 재료는 인형 1개 분량 기준입니다.

얼굴 만들기

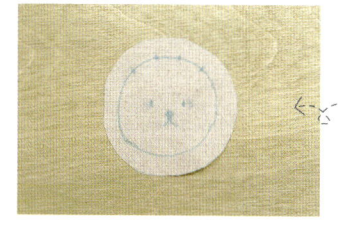

1 얼굴(c)의 겉면에 눈, 코, 입을 초 크로 그려줍니다. 자수실로 얼굴 표정을 스티치해주세요.

2 귀의 앞감(a)과 뒷감(b)을 겉면끼 리 마주 대어 겹쳐주세요.

3 표시선대로 1cm 시접으로 봉제 해주세요.

4 봉제한 시접은 봉제선에 가깝게 가위로 잘라냅니다.

5 2개의 귀를 같은 방법으로 만들 어줍니다.

6 봉제하지 않은 곳을 통해 겉면이 보이도록 귀를 뒤집은 뒤 송곳으로 빼내어 모양을 다듬어주세요.

7 귀 아래쪽 양옆의 끝이 마주 닿게 접어주세요.

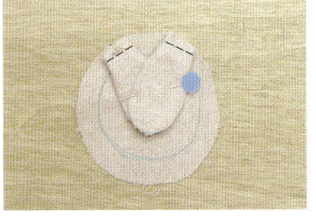 

8 5mm 시접으로 봉제해 고정해주세요.

9 스티치된 얼굴 겉면의 귀 위치에 귀의 앞쪽이 마주 닿도록 올려놓고 시침핀으로 고정합니다. 5mm 시접으로 귀를 봉제해 고정합니다.

10 얼굴 뒷감의 겉면이 아래로 가도록 귀 위에 덮어주세요.

11 창구멍을 남기고 1cm 시접으로 봉제합니다.

12 봉제한 시접은 봉제선에 가깝게 모두 잘라주세요.

13 창구멍을 통해 겉면이 보이도록 뒤집어줍니다.

14 창구멍으로 방울솜을 집어넣어주세요.

15 방울솜을 넣은 후 창구멍을 홈질로 봉제하고 잡아당겨 마무리해주세요.

몸판 만들기

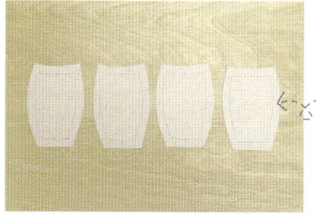

16 몸판을 겉면끼리 마주 댄 뒤 옆선을 1cm 시접으로 봉제해 이어주세요.

17 표시선처럼 끝에서 끝까지 모두 봉제합니다.

18 봉제한 시접은 봉제선에 가깝게 가위로 잘라주세요.

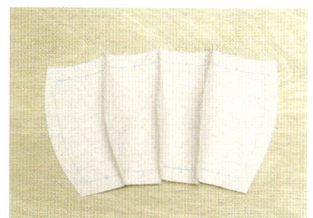

19 4장을 모두 같은 방법으로 연결해주세요.

20 봉제한 시접은 봉제한 시접이 다치지 않도록 주의하며 봉제선에 가깝게 모두 잘라냅니다.

가슴 연결하기

21 가슴의 아래쪽과 몸판의 위쪽을 서로 겉면끼리 마주 대어 시침핀으로 고정합니다.

22 1cm 시접으로 봉제해주세요.

23 봉제한 시접은 봉제선에 가깝게 가위로 잘라줍니다.

24 가슴과 몸판이 연결된 패치를 겉면끼리 마주 닿게 반으로 접 어주세요.

25 마주 댄 옆선을 1cm 시접으로 봉제합니다.

26 봉제한 시접은 봉제선에 가깝 게 잘라주세요.

바닥 연결하기

27 몸판의 아래쪽 모서리 네 지점 과 바닥감의 중심선을 겉면끼 리 만나도록 마주 대어주세요.

28 손바느질로 둥근 바닥감과 몸 판을 하나로 봉제해주세요.

솜 채우기

29 겉쪽이 보이도록 입구를 통해 몸을 뒤집어주세요.

30 입구 안으로 씻은 모래나 pp 볼을 넣어줍니다.

31 인형이 설 수 있도록 무게 중심 을 잡아주기 위해서 모래나 pp 볼은 몸통의 아랫부분에 채워줍니다.

32 나머지 빈 공간엔 방울솜을 집 어넣어 채워줍니다.

33 방울솜을 빵빵하게 채운 뒤 입 구 둘레를 홈질로 봉제하여 잡 아당기면 입구가 오므라듭니다.

34 인형바늘을 사용해서 얼굴과 몸통을 연결해주세요

35 인형바늘을 앞뒤, 양옆으로 왔 다 갔다 하면서 얼굴과 몸통을 연결합니다.

본 작품은 japan momo zaka의 작품을 참조한 것입니다.

36 얼굴을 단단히 고정시킨 후 실 을 잡아당겨 매듭짓고 잘라줍 니다.

37 레이스나 조각 원단을 목에 감 아 목도리를 매어주면 볼링핀 인형이 완성됩니다.

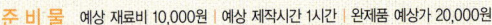

공 만들기

준비물 예상 재료비 10,000원 | 예상 제작시간 1시간 | 완제품 예상가 20,000원

원단	☐ 몸판용 패치 6종류 ¼마씩
부자재	☐ 방울솜
봉제용품	☐ 봉제사 ☐ 손바느질용 실 ☐ 시접자 ☐ 손바늘 ☐ 쪽가위 ☐ 수성사인펜 초크
	☐ 시침핀 ☐ 겸자

재단하기 재단 사이즈는 모두 시접 1cm를 포함하고 있습니다.

 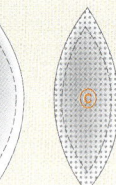   

ⓐ~ⓕ **몸판 패치 : 실물패턴을 사용하여 재단 6장**

※ 실물패턴에는 시접선이 포함되어 있지 않으므로 패턴의 본을 뜬 후 1cm의 시접선을 더 그려준 뒤 재단해야 합니다.

패치 연결하기

1 몸판 2장을 겉면끼리 마주 댄 뒤 옆선 한쪽을 1cm 시접으로 봉제 해주세요.

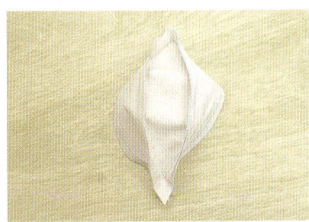

2 같은 방법으로 남은 패치들도 계속해서 연결해주세요.

3 마지막 한 장의 옆선에 창구멍을 5cm 정도 초크로 표시합니다.

4 표시한 창구멍만 남기고 모두 봉제하여 연결합니다.

5 봉제한 시접은 창구멍의 시접만 남기고 모두 1cm 간격으로 가위 집을 넣어줍니다.

솜 넣고 뒤집기

6 창구멍을 통해 겉면이 보이도록 뒤집어주세요.

7 창구멍을 통해 방울솜을 넣어주세요.

8 솜을 채운 후 창구멍을 공그르기 합니다.

9 폭신폭신한 볼링공이 완성되었습니다.

TIP
바느질이 서툴러서 꼭지 부분이 예쁘게 봉제되지 않았다면 작은 나무단추를 달아 미운 부분을 가려주세요.

Application

안전한 천연 소재로 장난감을 만들어주세요.

놀이를 하면서 볼링판 토끼 인형의 다양한 표정도 알려주고, 균형감각도 길러주세요. 폭신한 장난감이라 위험하지 않고 정서 발달과 신체 발달에도 무척 좋답니다. 합성섬유가 아니라서 아이가 입에 넣어도 안심할 수 있어요. 귀여운 토끼인형은 장식용으로도 무척 좋습니다.

05 사슴 단추와 너무 잘 어울리는,

땡땡이 베이비 크로스백

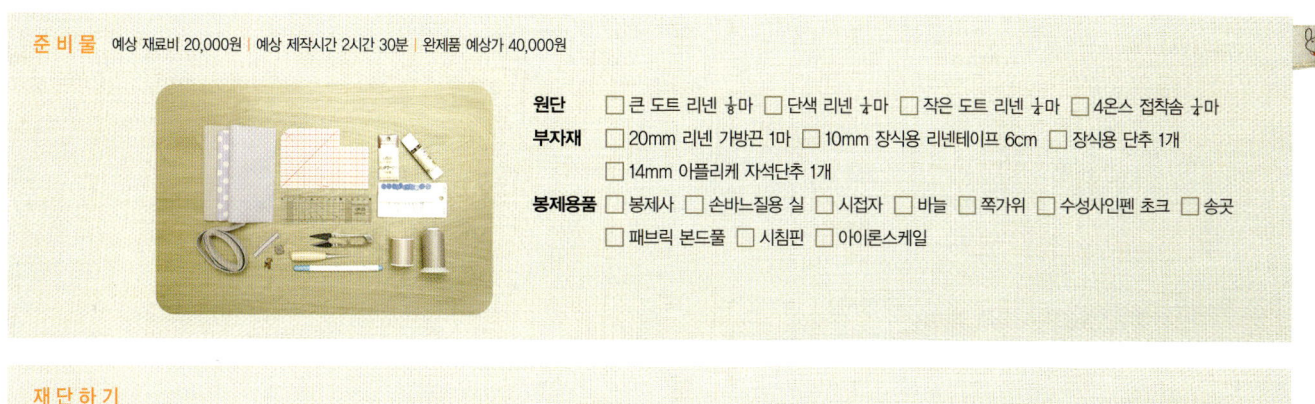

준비물
예상 재료비 20,000원 | 예상 제작시간 2시간 30분 | 완제품 예상가 40,000원

원단	☐ 큰 도트 린넨 ⅓마 ☐ 단색 린넨 ⅓마 ☐ 작은 도트 린넨 ⅓마 ☐ 4온스 접착솜 ⅓마
부자재	☐ 20mm 린넨 가방끈 1마 ☐ 10mm 장식용 린넨테이프 6cm ☐ 장식용 단추 1개
	☐ 14mm 아플리케 자석단추 1개
봉제용품	☐ 봉제사 ☐ 손바느질용 실 ☐ 시접자 ☐ 바늘 ☐ 쪽가위 ☐ 수성사인펜 초크 ☐ 송곳
	☐ 패브릭 본드풀 ☐ 시침핀 ☐ 아이론스케일

재단하기

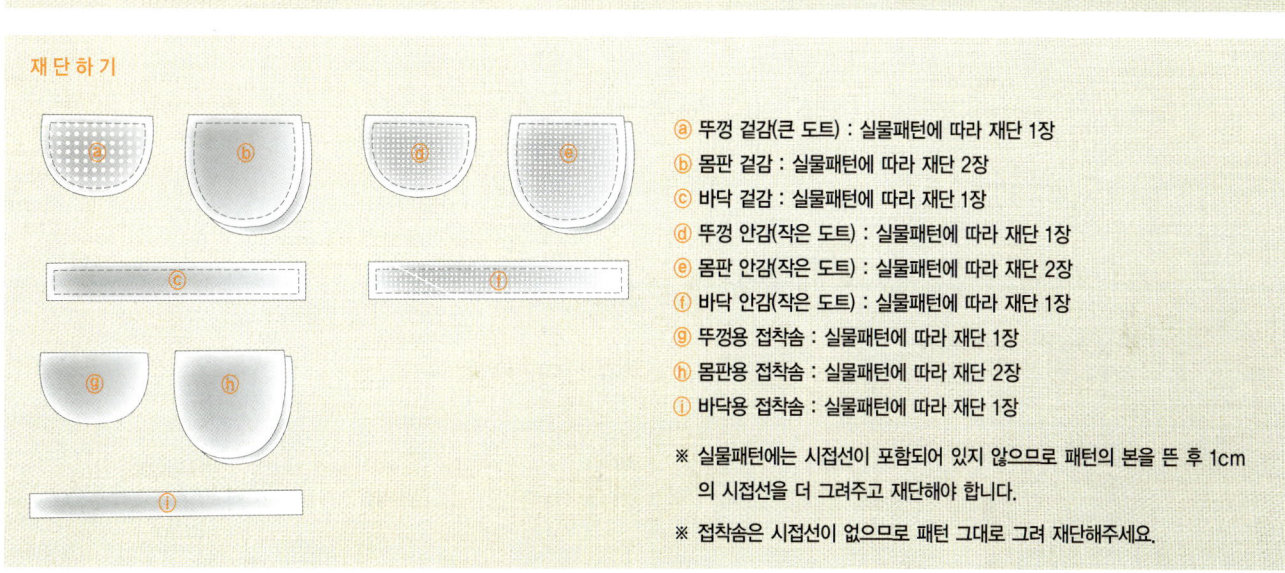

ⓐ 뚜껑 겉감(큰 도트) : 실물패턴에 따라 재단 1장

ⓑ 몸판 겉감 : 실물패턴에 따라 재단 2장

ⓒ 바닥 겉감 : 실물패턴에 따라 재단 1장

ⓓ 뚜껑 안감(작은 도트) : 실물패턴에 따라 재단 1장

ⓔ 몸판 안감(작은 도트) : 실물패턴에 따라 재단 2장

ⓕ 바닥 안감(작은 도트) : 실물패턴에 따라 재단 1장

ⓖ 뚜껑용 접착솜 : 실물패턴에 따라 재단 1장

ⓗ 몸판용 접착솜 : 실물패턴에 따라 재단 2장

ⓘ 바닥용 접착솜 : 실물패턴에 따라 재단 1장

※ 실물패턴에는 시접선이 포함되어 있지 않으므로 패턴의 본을 뜬 후 1cm
의 시접선을 더 그려주고 재단해야 합니다.

※ 접착솜은 시접선이 없으므로 패턴 그대로 그려 재단해주세요.

솜 붙이기

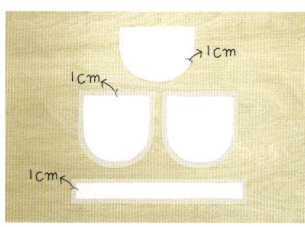  

1 겉감의 안쪽 면에 접착솜의 접착
면을 마주 대고 다리미로 접착시
켜주세요.

2 솜을 붙일 때는 꼭 원단 쪽에서
다려 붙여주세요.

장식하기

3 몸판 겉감(b) 2장 중 앞판이 될 한 장의 겉면에 장식단추를 달아주세요.

4 뚜껑 겉감(a)을 반으로 접어 둥근 부분의 중심을 초크로 표시해 주세요.

5 장식용 리넨테이프를 반으로 접어 초크로 표시한 선에 올려 시침핀으로 고정합니다.

6 5mm 시접으로 리넨테이프를 뚜껑 겉감에 고정해주세요.

뚜껑 만들기

7 뚜껑 겉감(a)과 뚜껑 안감(d)을 겉면끼리 마주 댄 뒤 시침핀으로 고정해주세요.

8 표시선대로 곡선 부분만 1cm 시접으로 봉제해주세요.

9 봉제한 시접은 봉제선에 가깝게 잘라줍니다.

10 봉제하지 않은 쪽을 통해 뚜껑을 뒤집어주세요.

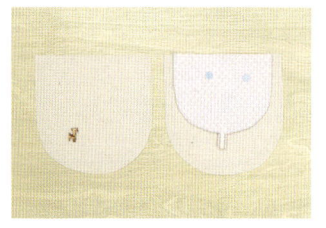
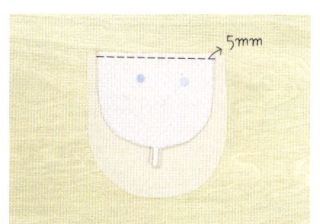

11 다리미로 꼼꼼히 다려주면 뚜껑이 완성됩니다.

12 몸판 겉감(b)의 2장 중 장식단추를 달지 않은 쪽의 겉면에 뚜껑의 겉면이 마주 닿도록 올려놓은 뒤 시침핀으로 고정합니다.

13 표시선대로 5mm 시접으로 뚜껑과 겉감을 함께 봉제합니다.

바닥 연결하기

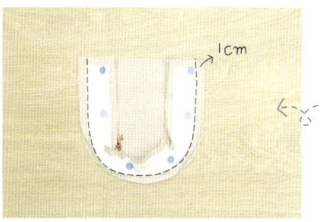

14 장식단추를 달아준 몸판 겉감(b)의 겉면과 바닥 겉감(c)의 겉면이 마주 닿도록 놓은 뒤 바닥 둘레를 시침핀으로 고정해주세요

15 바닥 둘레를 1cm 시접으로 봉제합니다.

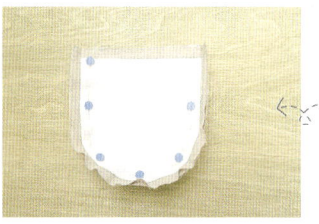

16 봉제한 후 둥근 곡선쪽의 시접은 1cm 간격으로 가위집을 넣어주세요.

17 같은 방법으로 뚜껑을 달아준 몸판 겉감(b)도 바닥 겉감(c)의 반대쪽에 연결하여 봉제해주세요.

18 봉제한 후 시접은 둥근 부분에만 1cm 간격으로 가위집을 넣어주세요.

19 입구를 통해 겉감의 겉면이 보이도록 뒤집어주세요.

20 몸판 안감(e)과 바닥 안감(f)도 같은 방법으로 바닥을 연결해 줍니다.

21 봉제한 시접은 겉감과 마찬가 지로 둥근 부분에만 1cm 간격 으로 가위집을 넣어주세요.

22 안감의 입구 쪽에 창구멍을 8cm 표시해줍니다.

가방끈 달기

23 겉감의 양옆에 리넨 가방끈을 시침핀으로 고정합니다. 꼬이 지 않도록 주의하세요.

24 5mm 시접으로 봉제하여 가방 끈을 바닥 겉감에 고정시켜줍 니다.

합봉하기

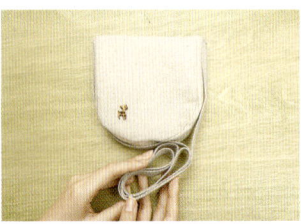

25 가방끈을 접어 잘 정돈한 뒤 겉감을 안감 안으로 집어넣어 겉감과 안감의 겉면이 서로 마주 닿게 해주세요.

26 겉감과 안감의 입구를 잘 맞춘 뒤 시침핀으로 고정해주세요.

27 안감에 표시된 창구멍을 제외 한 입구를 모두 1cm 시접으로 봉제해주세요.

28 창구멍의 시접만 남기고 봉제 한 시접은 모두 봉제선에 가깝 게 가위로 잘라주세요.

29 안감에 있는 창구멍을 통해 겉 감을 빼내어 뒤집어줍니다.

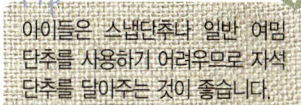

30 가방끈도 모두 밖으로 빼주세 요.

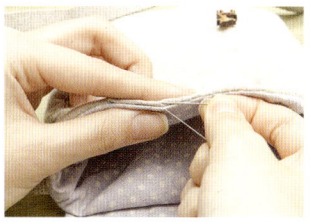

31 안감을 겉감 안으로 집어넣어 줍니다.

32 창구멍을 공그르기해줍니다.

33 입구를 다리미로 꼼꼼히 다려 가방과 입구의 형태를 잡아줍 니다.

단추 달기

34 뚜껑의 안쪽 면과 마주 닿는 몸판 겉면에 단추 달 위치를 초크로 표시해주세요.

35 초크로 표시한 위치에 아플리 케 자석단추를 달아주세요.

Tip
아이들은 스냅단추나 일반 여밈 단추를 사용하기 어려우므로 자석 단추를 달아주는 것이 좋습니다.

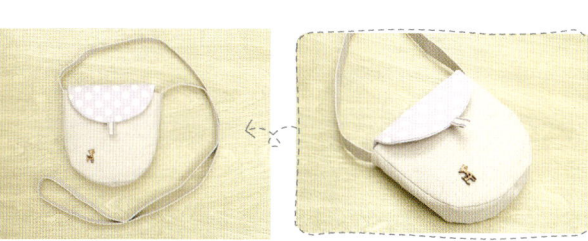

36 사슴단추와 너무 잘 어울리는, 땡땡이 베이비 크로스백이 완 성되었습니다.

꼬물거리는 작은 발을 감싸주세요,

다이마루 리넨 아기 덧신

mama's
brand

원단 ☐ 단색 리넨 ½마 ☐ 핑크색 다이마루 ½마

부자재 ☐ 장식용 라벨 2개 ☐ 8mm 스냅단추 2개

봉제용품 ☐ 봉제사 ☐ 손바느질용 실 ☐ 시접자 ☐ 바늘 ☐ 쪽가위 ☐ 수성사인펜 초크 ☐ 송곳 ☐ 시침핀

재 단 하 기

ⓐ **몸판 겉감** : 실물패턴을 사용해서 재단 2장

ⓑ **바닥 겉감** : 실물패턴을 사용해서 재단 2장

ⓒ **끈 겉감** : 실물패턴을 사용해서 재단 2장

ⓓ **몸판 안감** : 실물패턴을 사용해서 재단 2장

ⓔ **바닥 안감** : 실물패턴을 사용해서 재단 2장

ⓕ **끈 안감** : 실물패턴을 사용해서 재단 2장

※ 실물패턴에는 시접선이 포함되어 있지 않으므로 패턴의 본을 뜬 후 1cm의 시접선을 더 그려주고 재단해야 합니다.

※ 실물패턴에 표시된 중심선과 끈 다는 위치도 꼭 표시해주세요.

장식하기

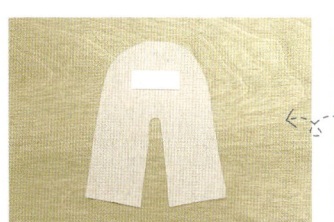

1 몸판 겉감(a)의 겉면에 라벨을 달 아줍니다.

2 몸판 겉감(a)과 몸판 안감(d)의 뒤꿈치 부분을 각각 겉면끼리 마 주 대어줍니다.

3 마주 댄 끝을 1cm 시접으로 봉제 해주세요.

4 봉제한 시접은 가름솔로 다려주 세요.

5 몸판 겉감과 몸판 안감 모두 가 름솔로 다려줍니다.

바닥 달기

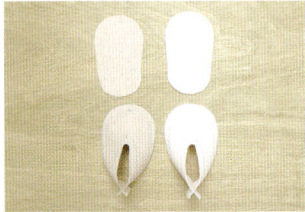

6 몸판 겉감(a)과 바닥 겉감(b), 몸판 안감(d)과 바닥 안감(e)을 준비해주세요.

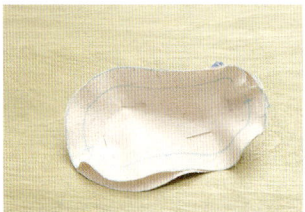

7 몸판 겉감과 바닥 겉감의 겉면끼리 마주 댄 뒤 시침핀으로 고정합니다.

8 표시해놓은 중심선을 잘 맞추어 준 뒤 1cm 시접으로 바닥 둘레를 봉제합니다.

9 안감도 마찬가지로 중심선을 맞추어 몸판과 바닥을 겉면끼리 마주 대주세요.

10 1cm 시접으로 바닥 둘레를 봉제해줍니다.

11 겉감과 안감 모두 봉제한 시접은 봉제한 선에 가깝게 잘라냅니다.

끈 만들기

12 끈 겉감(c)의 겉면과 끈 안감(f)의 겉면을 마주 대어 겹쳐주세요.

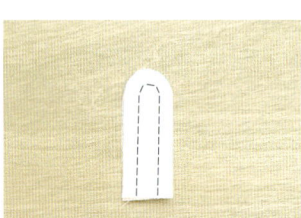

13 패턴에서 표시한 선대로 1cm 시접으로 봉제합니다.

14 봉제한 시접은 봉제선에 가깝게 가위로 잘라주세요.

15 봉제하지 않은 쪽을 통해 겉면이 보이도록 뒤집어주세요.

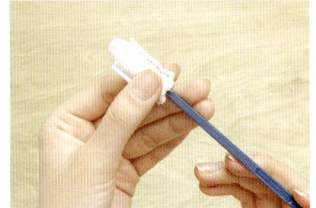

16 이렇게 긴 부분은 겉쪽에서 긴 막대 등으로 밀어내어 빼내면 편리합니다.

17 겉감을 겉면이 보이도록 뒤집어주세요.

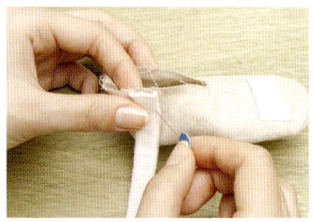

18 겉감에 표시된 끈 다는 위치에 끈의 겉면을 마주 대고 시침핀으로 고정합니다.

19 가장자리에 가깝게 끈을 겉감에 봉제합니다.

합봉하기

 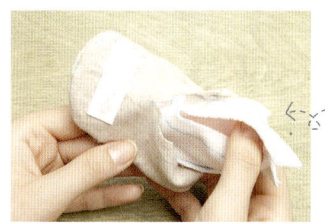 

20 겉감과 안감에 표시된 입구 중심선에 가위집을 넣어줍니다.

21 겉감의 안쪽 면과 안감의 안쪽 면이 마주 닿도록 안감을 겉감 안으로 넣어주세요.

TIP 아기 덧신의 둘레는 곡선이지만 크기가 작으므로 성인용 덧신과는 달리 가위집을 한 군데에만 가볍게 넣어주셔도 됩니다.

22 겉감의 입구 시접을 원단 안쪽으로 접어주세요.

23 안감의 입구 시접도 원단 안쪽으로 접어주세요.

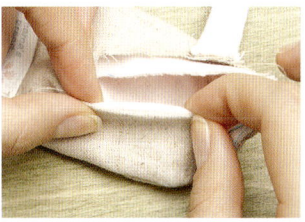 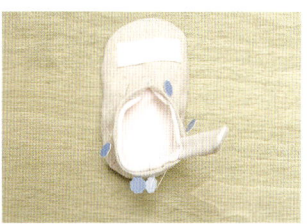 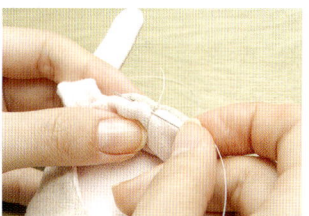

24 겉감과 안감의 접힌 시접을 마주 대어줍니다.

25 입구 둘레의 시접을 모두 마주 댄 뒤 시침핀으로 고정하세요.

26 입구 둘레를 모두 공그리기해주세요.

단추 달기

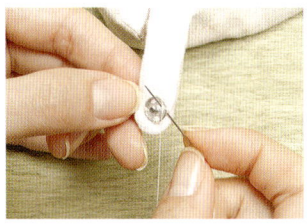   

27 끈의 안쪽 면 끝에 스냅단추를 달아주세요.

28 끈을 여닫아 몸판에 달 스냅단추 위치를 정합니다.

29 겉감에 스냅단추의 나머지 한 쪽을 달아주세요.

30 꼬물거리는 아이의 작은 발을 감싸줄, 아기 덧신이 완성되었습니다.

Part 08

리넨, 외출하며

뒤집어도 쓸 수 있는, 스트라이프 양면 모자

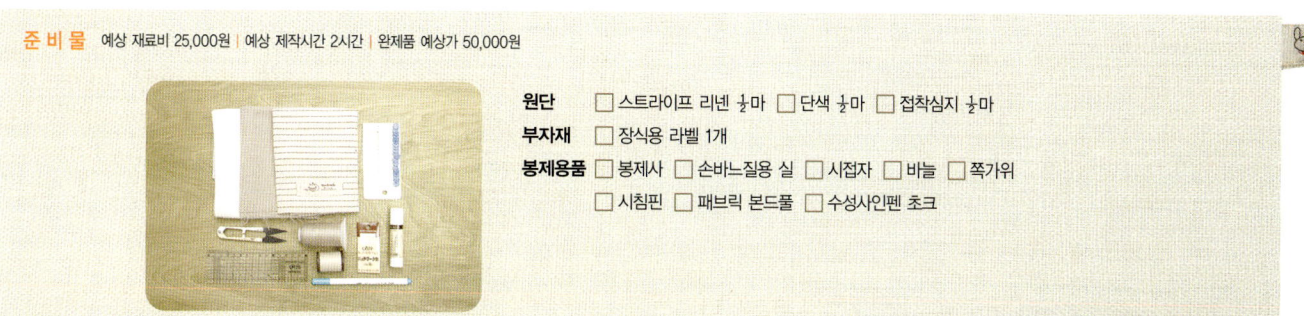

준비물 | 예상 재료비 25,000원 | 예상 제작시간 2시간 | 완제품 예상가 50,000원

원단 ☐ 스트라이프 리넨 ½마 ☐ 단색 ½마 ☐ 접착심지 ½마

부자재 ☐ 장식용 라벨 1개

봉제용품 ☐ 봉제사 ☐ 손바느질용 실 ☐ 시접자 ☐ 바늘 ☐ 쪽가위
☐ 시침핀 ☐ 패브릭 본드풀 ☐ 수성사인펜 초크

재단하기

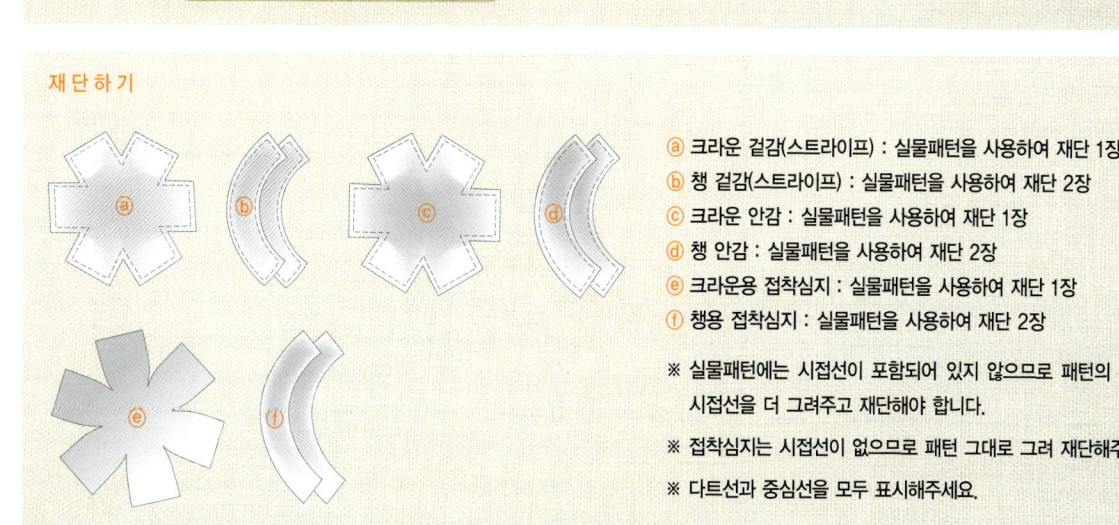

ⓐ **크라운 겉감(스트라이프)** : 실물패턴을 사용하여 재단 1장

ⓑ **챙 겉감(스트라이프)** : 실물패턴을 사용하여 재단 2장

ⓒ **크라운 안감** : 실물패턴을 사용하여 재단 1장

ⓓ **챙 안감** : 실물패턴을 사용하여 재단 2장

ⓔ **크라운용 접착심지** : 실물패턴을 사용하여 재단 1장

ⓕ **챙용 접착심지** : 실물패턴을 사용하여 재단 2장

※ 실물패턴에는 시접선이 포함되어 있지 않으므로 패턴의 본을 뜬 후 1cm의
시접선을 더 그려주고 재단해야 합니다.

※ 접착심지는 시접선이 없으므로 패턴 그대로 그려 재단해주세요.

※ 다트선과 중심선을 모두 표시해주세요.

심지 붙이고 크라운 만들기

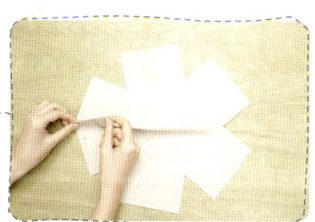

1 겉감 (a), (b)의 안쪽 면에 접착심지 (e), (f)의 접착면을 마주 댄 뒤 다리미로 접착시켜주세요.

2 크라운의 겉감(a)과 안감(c) 모두 실물패턴에 표시된 다트선대로 겉면끼리 마주 댑니다.

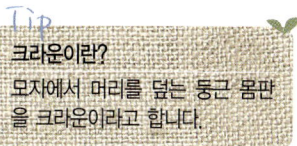

3 다트를 시침핀으로 고정한 후 1cm 시접으로 봉제해주세요.

4 같은 방법으로 다트선을 모두 봉제해주세요.

크라운이란?
모자에서 머리를 덮는 둥근 몸판을 크라운이라고 합니다.

5 겉감과 안감의 다트를 모두 잡아 봉제해주면 크라운이 완성됩니다.

6 봉제한 시접은 봉제선에 가깝게 모두 가위로 잘라주세요.

장식하고 챙 만들기

 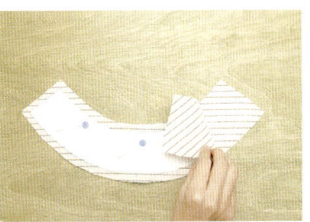 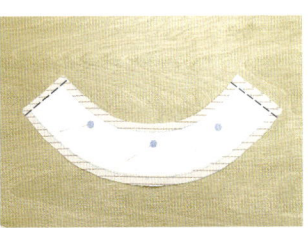

7 챙 안감(d)의 겉면에 장식용 라벨을 패브릭 본드풀로 임시고정한 뒤 봉제해 장식합니다. 원하는 다른 위치에 장식하셔도 됩니다.

8 챙 겉감(b) 2장을 겉면끼리 마주 대고 시침핀으로 고정합니다.

9 표시선대로 양 옆선만 1cm 시접으로 봉제해주세요.

 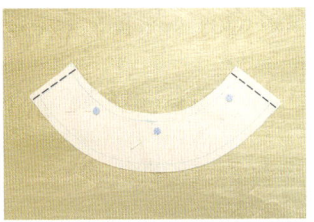 

10 챙 안감(d) 2장을 겉면끼리 마주 대고 시침핀으로 고정합니다.

11 표시선대로 양 옆선만 1cm 시접으로 봉제하세요.

12 챙 겉감과 챙 안감 모두 봉제한 시접을 가름솔로 다려줍니다.

연결하기

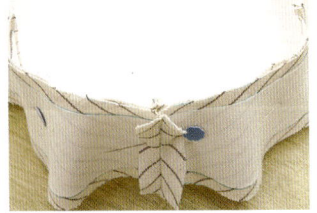 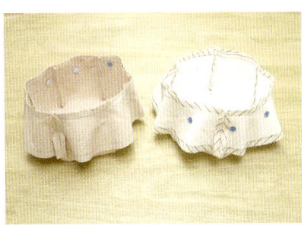 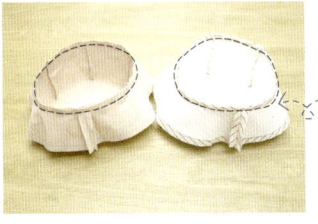 

13 겉감용 크라운과 겉감용 챙을 겉면끼리 서로 마주 대고 시침 핀을 둘레에 꽂아 고정해줍니다.

14 겉감과 안감 모두 크라운과 챙을 연결해 시침핀으로 고정해 주세요.

15 표시선대로 크라운과 챙을 1cm 시접으로 봉제해 연결합니다.

16 겉감의 겉면과 안감의 겉면이 서로 마주 닿도록 안감을 겉감 안으로 집어넣어주세요.

17 마주 닿는 겉감과 안감의 봉제 선이 만나도록 위치를 잘 맞추어준 뒤 시침핀으로 고정합니다.

18 챙 둘레를 시침핀으로 모두 고정한 후 안감 쪽에 창구멍을 8cm 표시해주세요.

19 표시선대로 창구멍을 제외한 챙 둘레를 모두 1cm 시접으로 봉제해주세요.

뒤집고 마무리하기

20 창구멍을 통해 겉감을 빼내어 뒤집어주세요.

21 창구멍의 시접을 겉감과 안감 사이로 접어 넣은 뒤 패브릭 본드풀로 임시고정해주세요.

22 안감을 겉감 안쪽으로 잘 집어 넣어주세요.

23 챙의 밑단 끝부분을 다리미로 꼼꼼히 다려 형태를 잡아주세요.

24 챙의 밑단 끝부분을 가장자리 가깝게 봉제해주면 창구멍도 함께 봉제됩니다.

25 뒤집으면 다른 분위기로 쓸 수 있는 양면 모자가 완성되었습니다.

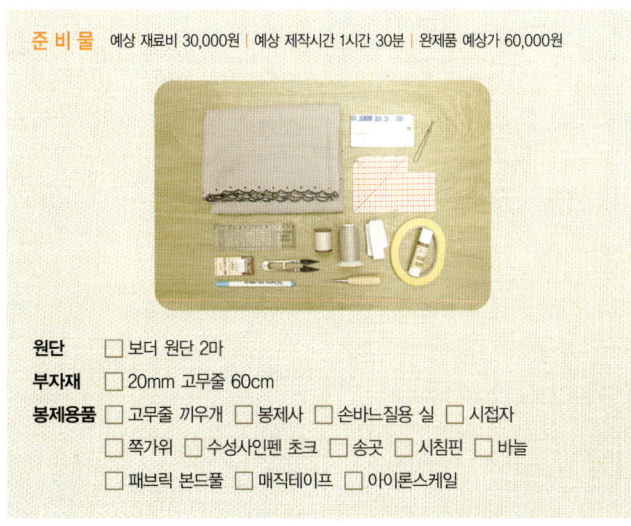

준비물 예상 재료비 30,000원 | 예상 제작시간 1시간 30분 | 완제품 예상가 60,000원

원단 ☐ 보더 원단 2마
부자재 ☐ 20mm 고무줄 60cm
봉제용품 ☐ 고무줄 끼우개 ☐ 봉제사 ☐ 손바느질용 실 ☐ 시접자
☐ 쪽가위 ☐ 수성사인펜 초크 ☐ 송곳 ☐ 시침핀 ☐ 바늘
☐ 패브릭 본드풀 ☐ 매직테이프 ☐ 아이론스케일

재단하기 재단 사이즈는 모두 시접 1cm를 포함하고 있습니다.

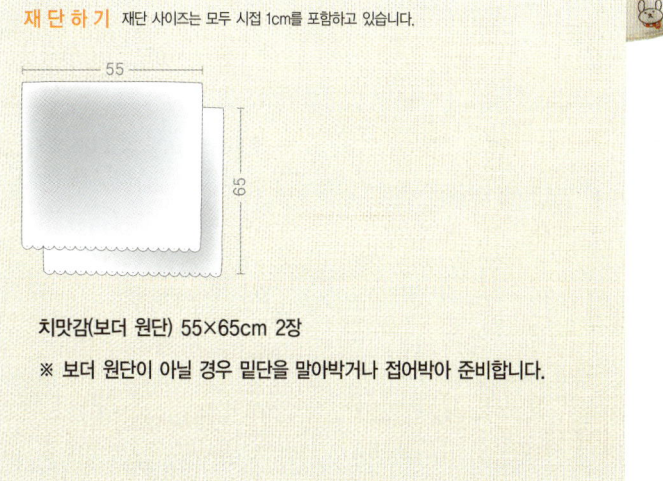

치맛감(보더 원단) 55×65cm 2장

※ 보더 원단이 아닐 경우 밑단을 말아박거나 접어박아 준비합니다.

오버로크하기

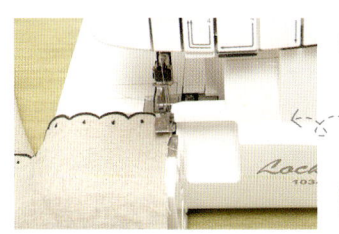

1 치맛감의 밑단을 제외한 3면을 모두 오버로크해주세요. 말아박기 또는 감침질도 괜찮습니다.

TIP
오버로크를 꼭 하고 싶다면?
오버로크 재봉틀도 없고 말아박기나 감침질도 힘들 땐 가까운 세탁소에 가셔서 오버로크를 부탁하시면 됩니다.

패치 연결하기

2 몸판의 겉면끼리 서로 마주 대고 양 옆선을 1cm 시접으로 봉제해주세요.

3 봉제한 시접을 모두 가름솔로 다려주면 몸통이 완성됩니다.

고무줄 입구
만들기

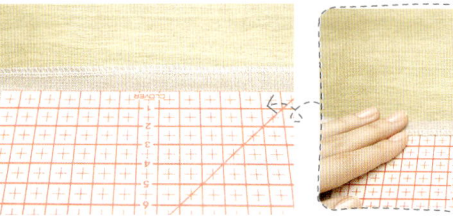

4 아이론스케일로 몸판의 윗면을 안쪽 면으로 1cm 접어 다려주세요.

5 접어 다린 시접을 패브릭 본드풀로 임시고정해주세요.

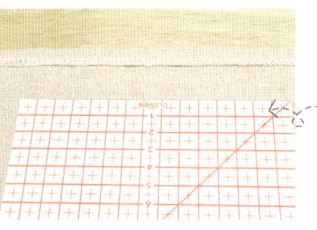
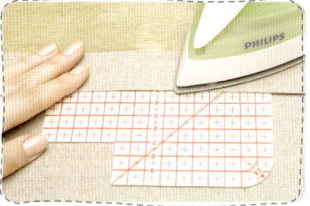

6 아이론스케일을 이용해 접어 다린 시접을 다시 한 번 3cm 안쪽 면으로 접어 다려주세요.

7 1cm 접어 다린 시접 부분에만 패브릭 본드풀을 묻혀 임시고정해줍니다.

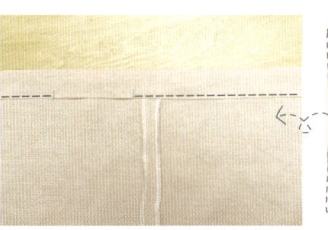

8 초크로 창구멍을 10cm 표시해주세요.

9 창구멍을 제외한 몸통 입구 둘레를 가장자리에 가깝게 둘러 박아주세요.

고무줄 끼우기

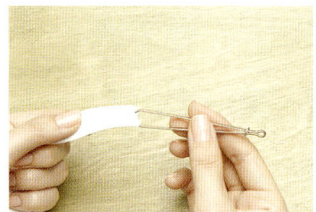

10 고무줄 끼우개에 고무줄을 끼워주세요.

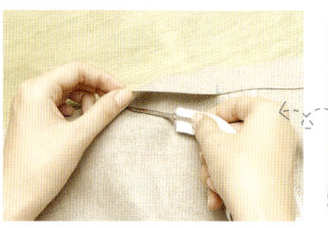

11 창구멍을 통해 고무줄을 집어넣어주세요.

12 고무줄을 끼울 때 고무줄의 다른 쪽 끝도 천 안으로 말려들어가지 않게끔 시침핀으로 고정해둡니다.

13 반대쪽으로 고무줄을 모두 빼내고 원하는 허리둘레만큼 고무줄을 당겨주세요. 고무줄의 끝과 끝을 서로 마주 대어 시침핀으로 고정합니다.

14 표시선처럼 고무줄을 봉제해 고정해주세요. 이때 고무줄이 서로 꼬이지 않도록 주의해서 연결해야 합니다.

15 창구멍을 공그르기한 후 뒤집어줍니다.

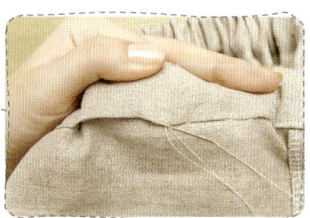

16 너무 쉽게 만들 수 있는, 고무줄 플레어 스커트가 완성되었습니다.

여름에 가장 사랑받는 아이템, **내추럴 스트링 팬츠**

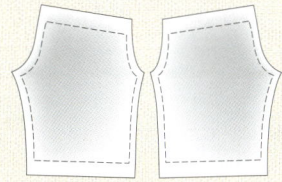

준비물 | 예상 재료비 35,000원 | 예상 제작시간 2시간 | 완제품 예상가 60,000원

원단 ☐ 단색 리넨 2½마

부자재 ☐ 면스트링 끈 1마 ☐ 20mm 고무줄 50cm

봉제용품 ☐ 봉제사 ☐ 손바느질용 실 ☐ 시접자 ☐ 바늘 ☐ 쪽가위
☐ 수성사인펜 초크 ☐ 시침핀 ☐ 패브릭 본드풀 ☐ 매직테이프
☐ 고무줄 끼우개 ☐ 아이론스케일

재단하기

바짓감 : 실물패턴을 사용하여 대칭되게 재단 각 1장씩 2장

※ 실물패턴에는 시접선이 포함되어 있지 않으므로 패턴의 본을 뜬 후
윗단과 아랫단에는 4cm, 나머지 부분에는 1cm의 시접선을 더 그려
주고 재단해야 합니다.

※ 실물패턴에 표시된 끈 끼우는 선과 중심선 모두 초크로 정확히 표시
해주세요.

오버로크하고 끈 끼우는 구멍 만들기

1 바짓감 2장의 사방을 모두 오버로
크해주세요. 말아박기나 감침질도
괜찮습니다.

2 실물패턴에 표시된 끈 끼우는 선
위치에 쪽가위로 구멍을 만들어
줍니다. 재봉틀이 있으신 분은 단춧
구멍 스티치를 해준 뒤 스티치 사이를
쪽가위로 잘라 구멍 내주는 것이 더
튼튼합니다.

옆선 박기

3 겉면끼리 서로 마주 닿도록 세로
로 접어주세요.

4 표시선대로 옆선만 1cm 시접으
로 봉제해주세요.

5 봉제한 시접은 가름솔로 다려주
세요.

6 2장 모두 같은 작업으로 봉제합
니다.

7 바지통 2장을 겉면끼리 마주 댄 뒤 끝선과 중심 위치를 잘 맞추어 1cm 시접으로 봉제합니다.

8 봉제한 시접은 가름솔로 다려줍니다.

고무줄 끼우기

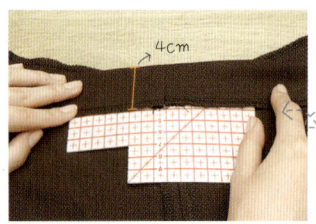  

9 위쪽 초크로 표시해두었던 고무줄 끼우는 선을 4cm 안쪽으로 접어 다려주세요.

10 패브릭 본드풀로 시접 부분만 임시고정해주세요.

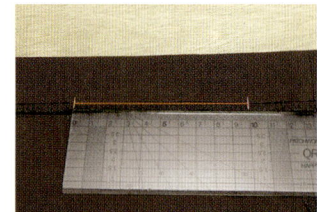 

11 10cm 창구멍을 초크로 표시한 후 창구멍만 남기고 표시선대로 가장자리에 가깝게 봉제해주세요.

12 고무줄 끼우개에 고무줄을 끼우고 창구멍을 통해 고무줄을 넣어줍니다.

13 고무줄의 한쪽은 시침핀으로 임시고정하고, 끼우개에 끼운 고무줄은 구멍을 모두 통과시켜 반대쪽으로 빼내줍니다.

TIP
고무줄을 시침핀으로 고정하는 이유는 고무줄이 구멍으로 모두 말려들어가는 것을 막기 위해서입니다.

14 반대편 구멍으로 나온 고무줄을 서로 마주 댄 뒤 표시선대로 꼼꼼히 고정해주세요. 이때 고무줄이 꼬이지 않도록 주의해주세요.

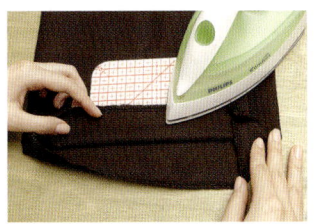

15 창구멍을 홈질로 막아 마무리합니다.

밑단 만들기

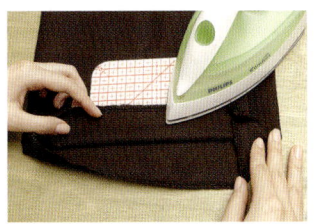

16 아이론스케일과 다리미로 밑단은 4cm 안쪽으로 접어 다려주세요. 더 짧은 기장의 바지를 원한다면 밑단을 안쪽으로 좀 더 많이 접어 다려줍니다.

17 양쪽 바짓단의 밑단을 모두 안쪽으로 접어 다린 뒤 표시선처럼 가장자리를 봉제합니다.

18 아랫단을 가장자리 가깝게 한 번 더 봉제해주시는 것도 좋습니다. 봉제한 시접은 다리미로 다려주세요.

끈 끼우기

19 겉면이 보이도록 바지를 뒤집어주세요.

20 고무줄 끼우개에 면스트링 끈을 끼우고 끈 끼우는 구멍 사이로 넣어주세요.

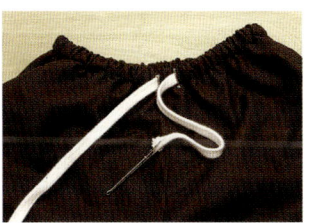

21 반대쪽으로 빼내어 원하는 길이만큼 잘라주세요.

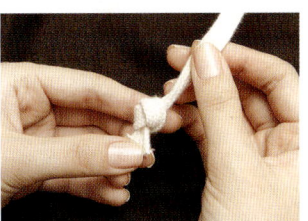

22 면스트링 끈의 끝을 매듭지어줍니다.

23 여름에 가장 사랑받는, 7부 내추럴 스트링 바지가 완성되었습니다.

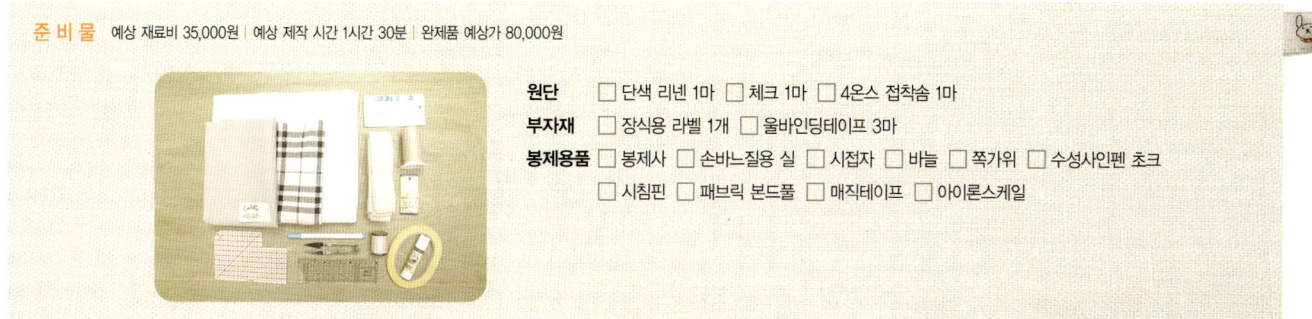

준 비 물 예상 재료비 35,000원 | 예상 제작 시간 1시간 30분 | 완제품 예상가 80,000원

원단　☐ 단색 리넨 1마　☐ 체크 1마　☐ 4온스 접착솜 1마

부자재　☐ 장식용 라벨 1개　☐ 올바인딩테이프 3마

봉제용품　☐ 봉제사　☐ 손바느질용 실　☐ 시접자　☐ 바늘　☐ 쪽가위　☐ 수성사인펜 초크
　　　　　☐ 시침핀　☐ 패브릭 본드풀　☐ 매직테이프　☐ 아이론스케일

재단하기

ⓐ 　ⓑ 　ⓒ

ⓓ 　ⓔ 　ⓕ 　ⓖ

ⓐ **앞판 겉감** : 실물패턴을 사용해서 대칭으로 재단 각 1장씩 2장

ⓑ **뒤판 겉감** : 실물패턴을 사용해서 재단 1장

ⓒ **주머니감(체크)** : 실물패턴을 사용해서 주머니감을 2장

ⓓ **앞판 안감(체크)** : 실물패턴을 사용해서 대칭으로 재단 각 1장씩 2장

ⓔ **뒤판 안감(체크)** : 실물패턴을 사용해서 재단 1장

ⓕ **앞판용 접착솜** : 실물패턴을 사용해서 대칭으로 재단 각 1장씩 2장

ⓖ **뒤판용 접착솜** : 실물패턴을 사용해서 재단 1장

※ 실물패턴에는 시접선이 포함되어 있지 않으므로 패턴의 본을 뜬 후 어깨선과
　 옆선, 주머니감에만 1cm의 시접선을 더 그려주고 재단해야 합니다.

※ 접착솜은 시접선이 없으므로 패턴 그대로 그려 재단해주세요.

솜 붙이기

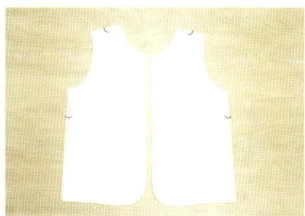

1 앞판 겉감(a)의 안쪽 면과 앞판용
접착솜(f)의 안쪽 면을 마주 대고
붙여주세요. 어깨선과 양쪽 옆선에만
시접이 있으니 주의해서 붙여주세요.

2 뒤판 겉감(b)의 안쪽면과 뒤판용
접착솜(g)의 안쪽 면을 마주 대고
붙여주세요. 마찬가지로 어깨선과 양
쪽 옆선에만 시접이 있으니 주의해서
붙여줍니다.

3 솜을 붙일 때는 꼭 원단 쪽에서
다려 붙여주세요.

4 뒤판 겉감의 목 뒤에 장식용 라벨을 달아주세요.

5 주머니감(c)의 사방을 오버로크해 주세요. 감침질이나 말아박기도 괜찮습니다.

6 주머니감의 둥근 곡선 부분은 2~3cm 간격으로 가위집을 넣어 주세요.

7 패브릭 본드풀로 시접 부분을 붙여가며 안쪽으로 1cm씩 접어 붙이고 다려주세요.

8 주머니감 입구를 아이론스케일을 사용해서 안쪽으로 2cm 접어 다려주세요.

9 떨어지지 않게 패브릭 본드풀로 임시고정해주세요.

10 임시고정한 시접은 시접선에 가깝게 봉제해주세요. 나머지 주머니감도 같은 방법으로 만들어주세요.

11 앞판 겉감의 겉면 주머니 다는 위치에 주머니감을 시침핀으로 고정해주세요.

12 주머니 입구를 제외한 나머지 둘레 모두 가장자리 가깝게 봉제해주세요.

겉감, 안감 만들기

13 뒤판 겉감(b)의 겉면과 앞판 겉감(a)의 겉면이 마주 닿도록 올려놓고 어깨선과 양 옆선을 1cm 시접으로 봉제해주세요.

14 뒤판 안감(e)의 겉면과 앞판 안감(d)의 겉면이 마주 닿도록 올려놓고 어깨선과 양 옆선을 1cm 시접으로 봉제해주세요.

15 봉제한 시접은 모두 가름솔로 다려주세요.

16 겉감의 안쪽엔 솜이 붙어 있으므로 원단 쪽에서 꼼꼼히 다려주세요.

연결하기

17 겉감의 안쪽 면과 안감의 안쪽 면이 서로 마주 닿도록 겹쳐주세요.

18 목선과 암홀 둘레 모두를 가장자리에 가깝게 봉제합니다.

19 울바인딩테이프를 반으로 접어 조끼의 가장자리 둘레를 감싸주세요. 이때 패브릭 본드풀이나 매직 테이프를 사용해서 고정하면 작업이 수월합니다.

20 조끼의 둘레를 감싼 울바인딩 테이프의 가장자리를 모두 박아 봉제해주세요. 편안함에 매력까지 더해줄, 체크 포인트 조끼가 완성되었습니다.

> **Tip**
> **암홀(armhole)이란?**
> 진동둘레라고도 하며 어깨와 팔을 이어주는 경계선의 둘레를 암홀이라고 합니다.

05 청순한 그녀에게 선물하세요, 꽃무늬 리넨 원피스

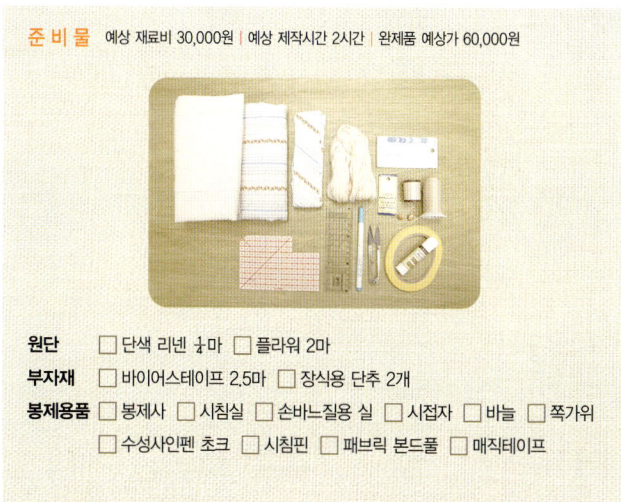

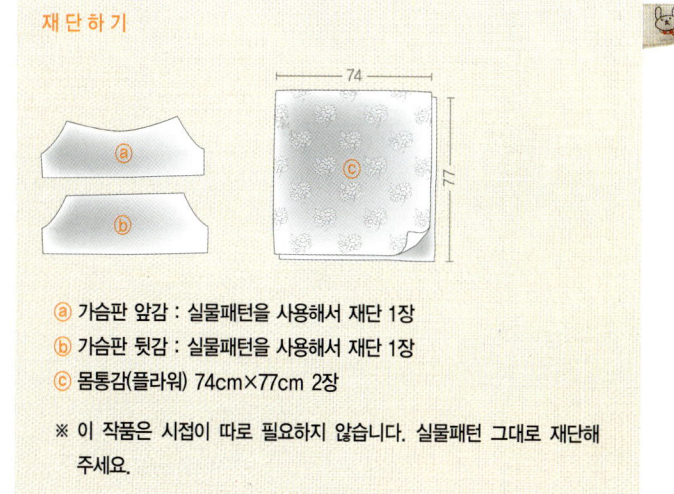

준비물 예상 재료비 30,000원 | 예상 제작시간 2시간 | 완제품 예상가 60,000원

원단 ☐ 단색 리넨 ½마 ☐ 플라워 2마
부자재 ☐ 바이어스테이프 2.5마 ☐ 장식용 단추 2개
봉제용품 ☐ 봉제사 ☐ 시침실 ☐ 손바느질용 실 ☐ 시접자 ☐ 바늘 ☐ 쪽가위
☐ 수성사인펜 초크 ☐ 시침핀 ☐ 패브릭 본드풀 ☐ 매직테이프

재단하기

ⓐ **가슴판 앞감** : 실물패턴을 사용해서 재단 1장
ⓑ **가슴판 뒷감** : 실물패턴을 사용해서 재단 1장
ⓒ **몸통감(플라워)** 74cm×77cm 2장

※ 이 작품은 시접이 따로 필요하지 않습니다. 실물패턴 그대로 재단해
주세요.

오버로크하고 주름 만들기

1 가슴 앞판감과 뒤판감, 몸통감 2장
의 사방을 모두 오버로크해주세요.
감침질 또는 말아박기도 괜찮습니다.

2 몸통감의 윗면을 시침실로 듬성
듬성 홈질해주세요.

3 시침실을 잡아당겨 생긴 주름을
가슴 앞판감의 가로 길이에 맞추
어 길이를 조정하고 매듭지어주세요.
주름이 풀리지 않도록 봉제해서 주름
을 고정해주세요.

4 주름을 고정한 후 시침실은 잘라
빼내주세요.

연결하기

5 가슴 앞판감의 겉면과 몸통감의
겉면을 서로 마주 대고 1cm 시접
으로 가로를 봉제해주세요.

6 봉제한 시접은 몸통감 쪽으로 꺾
어 다려줍니다.

7 뒤판도 같은 방법으로 봉제한 후
앞판과 뒤판을 겉면끼리 마주 대고
양 옆선을 1cm 시접으로 봉제해주세요.

8 봉제한 양 옆선의 시접은 가름솔
로 다려주세요.

밑단 만들기

9 몸통의 밑단을 안쪽 면으로 4cm 접어 다려주세요. 더 짧은 기장의 원피스를 원한다면 더 많이 접어 다려 주셔도 됩니다.

10 접어 다린 시접선은 끝선에 가 깝게 봉제해주세요.

바이어스 달기

11 바이어스감을 준비해주세요(48 쪽 바이어스테이프 만들기 기본 기법을 참고하세요).

12 바이어스감의 안쪽 면의 한쪽 에만 매직테이프를 붙여주세요.

13 매직테이프의 필름을 떼어낸 뒤 테이프 두께만큼 접어 붙여 주세요.

14 이렇게 한쪽 면만 접어 붙여주 세요.

15 가슴 앞판감의 겉면과 바이어 스의 접어 붙이지 않은 쪽의 겉 면을 마주 대어주세요.

16 표시선대로 1cm 시접으로 바 이어스테이프를 봉제해주세요.

17 봉제한 후 다리미로 겉면이 보 이도록 꺾어 다려주세요.

18 바이어스테이프를 뒤쪽으로 넘 겨 감싸주세요.

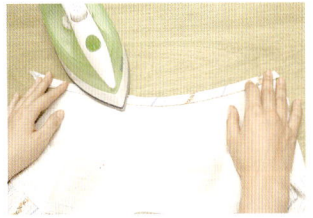

19 뒤쪽으로 넘긴 바이어스테이프 의 가장자리를 재봉틀로 박아 주거나 공그르기하여 가슴판에 붙여준 다음 다리미로 꾹꾹 눌러 다려주세요.

20 가슴판을 싸고 남은 바이어스 테이프는 잘라줍니다. 가슴 뒤 판에도 같은 방법으로 바이어스 처리 를 해주세요.

끈 달고 장식하기

21 가슴판에 달아준 것과 같은 방법으로 바이어스테이프를 암홀 둘레에 달아줍니다. 암홀 바이어스는 뒷판 쪽에서 시작해야 완성되어 입었을 때 보기 좋습니다.

22 어깨끈을 여러 번 시침하여 원하는 길이로 조정합니다.

23 나머지 바이어스테이프는 잘라 주세요.

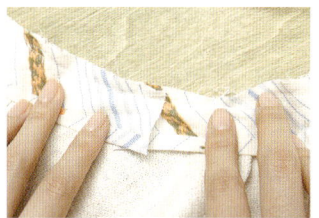

24 처음과 끝은 2cm 정도 겹쳐서 봉제해주세요.

25 바이어스테이프를 뒤쪽으로 넘겨 감싸준 뒤 가슴판처럼 재봉틀로 박거나 공그르기하여 바이어스 처리해줍니다.

26 양쪽 암홀을 같은 방법으로 작업해주세요.

27 가슴판 앞감 쪽에 장식용 단추를 2개 달아주세요.

28 꽃무늬 리넨 원피스가 완성되었습니다.

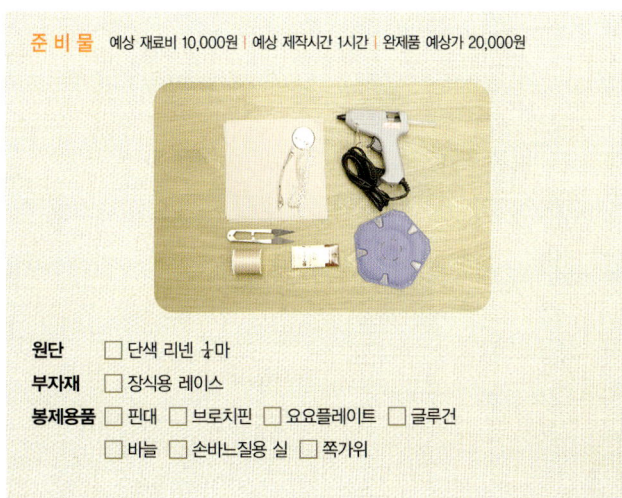

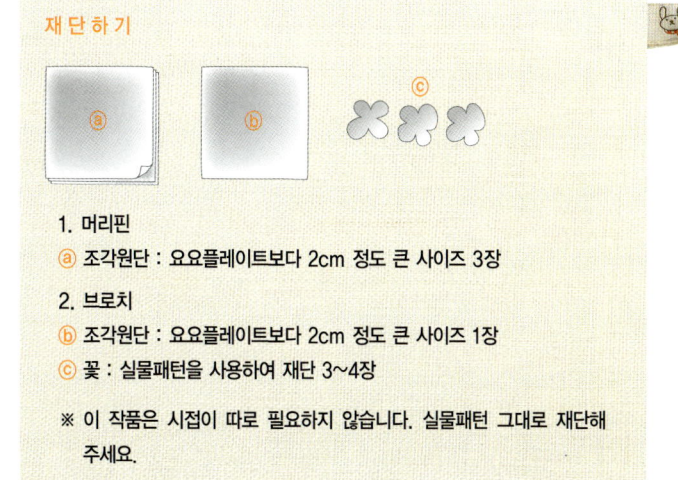

준비물 예상 재료비 10,000원 | 예상 제작시간 1시간 | 완제품 예상가 20,000원

원단 ☐ 단색 리넨 늘마

부자재 ☐ 장식용 레이스

봉제용품 ☐ 판대 ☐ 브로치핀 ☐ 요요플레이트 ☐ 글루건
☐ 바늘 ☐ 손바느질용 실 ☐ 쪽가위

재단하기

1. 머리핀

ⓐ 조각원단 : 요요플레이트보다 2cm 정도 큰 사이즈 3장

2. 브로치

ⓑ 조각원단 : 요요플레이트보다 2cm 정도 큰 사이즈 1장

ⓒ 꽃 : 실물패턴을 사용하여 재단 3~4장

※ 이 작품은 시접이 따로 필요하지 않습니다. 실물패턴 그대로 재단해
주세요.

요요 만들기

1 요요플레이트를 분리합니다.

2 아래 판에 원단의 겉면이 마주 닿
도록 올려놓아주세요.

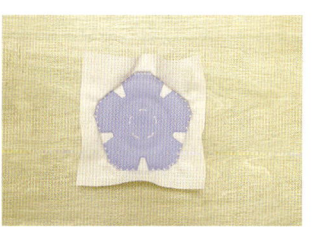

3 요요플레이트 윗판을 원단 위에
눌러 딸깍 소리가 나도록 잘 끼
워주세요.

4 플레이트 모양대로 원단을 1cm
정도 남기고 잘라냅니다.

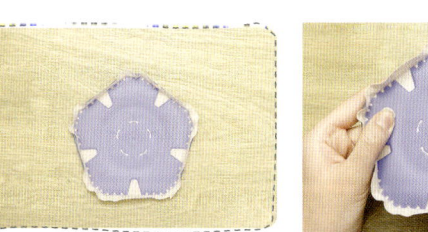

5 안쪽의 홈 다섯 군데를 먼저 봉
제하기 위해 구멍의 한쪽 끝에
바늘을 꽂아 앞쪽으로 빼냅니다.

6 같은 홈의 반대편 끝으로 바늘을
넣어 뒤로 빼내주세요.

7 다음 홈의 구멍 끝으로 바늘을 빼
주세요.

8 바늘을 빼준 홈의 다른 쪽 끝으
로 바늘을 꽂아줍니다.

9 같은 방법으로 5개의 홈을 모두 바느질해주세요.

10 실은 매듭짓지 않고 길게 빼내어 잘라줍니다.

11 뒤쪽에서 봤을 때 바느질선이 사진처럼 보여야 합니다. 길게 빼낸 실은 끝에서 매듭지어주세요.

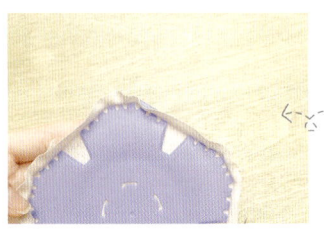 

12 1cm남기고 잘라냈던 시접을 플레이트 안쪽으로 꺾어주세요. 시접을 접어가면서 바느질해줍니다.

13 플레이트를 뒤쪽이 보이도록 뒤집은 뒤 사진처럼 첫 번째 구멍 끝에서 바늘을 빼낸 뒤 같은 구멍의 다른 쪽 끝으로 바늘을 다시 꽂아줍니다.

14 옆의 구멍 끝으로 바늘을 빼낸 뒤 처음의 구멍을 바느질한 것과 같은 방법으로 봉제합니다. 같은 방법으로 플레이트 가장자리에 뚫려 있는 구멍을 모두 봉제해주세요.

  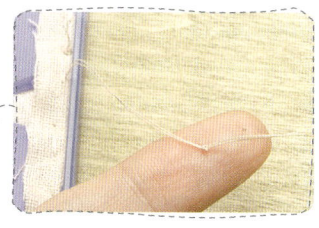

15 시접을 접어가면서 바늘을 모두 봉제해주면 처음 바늘을 통과했던 끝점에 도착하게 됩니다.

16 플레이트 앞부분에서 바느질을 끝내고 매듭은 길게 지어주세요.

17 플레이트 뒤쪽의 구멍을 밀어 플레이트를 분리해주세요

18 앞쪽 플레이트도 빼내어주세요.

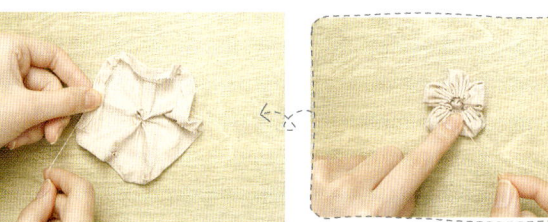

19 안쪽의 실을 잡아당겨 매듭지으면 동그란 꽃술이 만들어집니다.

20 바깥쪽의 실을 잡아당겨 매듭지으면 꽃 모양이 만들어집니다. 너무 세게 잡아당기면 실이 끊어질 수 있으니 주의하세요.

21 요요플레이트로 만든 꽃이 완성되었어요.

핀 만들기

22 요요플레이트로 꽃 요요를 3
개 만들주세요.

23 꽃 요요의 뒷면에 글루건을 묻
혀 핀대에 붙여주세요.

24 나머지 요요도 핀대에 붙여주
세요.

브로치 만들기

25 실물패턴을 사용해서 꽃잎을
3~4장 재단해주세요.

26 꽃잎을 모두 겹친 뒤 중앙을
살짝 홈질하여 고정해주세요.

27 장식용 레이스도 함께 홈질해
달아줍니다.

28 레이스를 홈질한 실은 매듭짓
지 않고 꽃 요소까지 함께 이
어서 홈질합니다.

29 꽃 요요까지 잘 홈질되어 붙었
으면 뒷면에서 매듭을 지어줍
니다.

30 꽃잎 뒷면에 글루건을 묻혀주
세요.

31 브로치 핀대에 꽃을 붙여주면
요요 머리핀 & 브로치가 완성
됩니다.

32 크기나 원단을 달리해서 여러
가지 다양한 핀과 브로치를 만
들어보세요.

07 햇빛에서 지켜줘, **수제 리넨 양산**

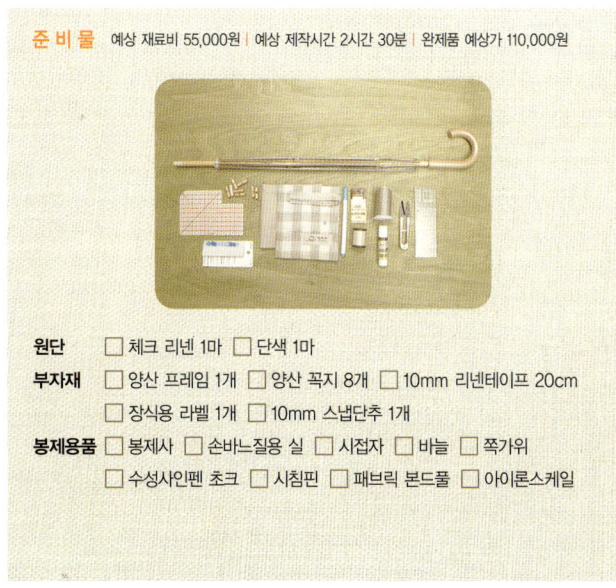

준비물　예상 재료비 55,000원 ｜ 예상 제작시간 2시간 30분 ｜ 완제품 예상가 110,000원

원단　☐ 체크 리넨 1마　☐ 단색 1마

부자재　☐ 양산 프레임 1개　☐ 양산 꼭지 8개　☐ 10mm 리넨테이프 20cm
　　　　☐ 장식용 라벨 1개　☐ 10mm 스냅단추 1개

봉제용품　☐ 봉제사　☐ 손바느질용 실　☐ 시접자　☐ 바늘　☐ 쪽가위
　　　　☐ 수성사인펜 초크　☐ 시침핀　☐ 패브릭 본드풀　☐ 아이론스케일

재단하기

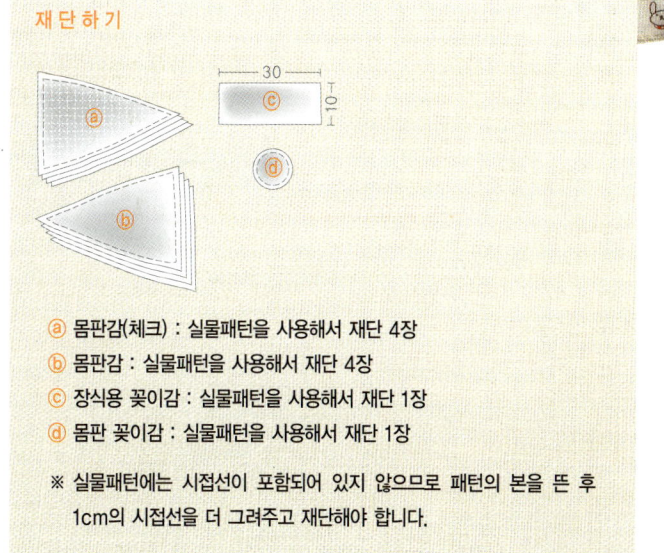

ⓐ **몸판감(체크)** : 실물패턴을 사용해서 재단 4장

ⓑ **몸판감** : 실물패턴을 사용해서 재단 4장

ⓒ **장식용 꽃이감** : 실물패턴을 사용해서 재단 1장

ⓓ **몸판 꽃이감** : 실물패턴을 사용해서 재단 1장

※ 실물패턴에는 시접선이 포함되어 있지 않으므로 패턴의 본을 뜬 후
　1cm의 시접선을 더 그려주고 재단해야 합니다.

오버로크하기

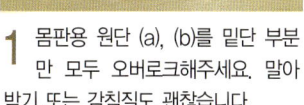

1 몸판용 원단 (a), (b)를 밑단 부분
만 모두 오버로크해주세요. 말아
박기 또는 감침질도 괜찮습니다.

장식하기

2 몸판감(b)의 겉면에 장식용 라벨
을 패브릭 본드풀로 임시고정한
뒤 양옆을 박아 고정합니다.

3 몸판감[체크] (a)의 겉면에 리넨테
이프를 시침핀으로 고정한 뒤 리
넨테이프 끝을 ㅁ 모양으로 박아 몸판
에 고정해주세요.

4 몸판용 체크 원단의 밑단을 아이론스케일과 다리미를 사용해서 2cm씩 안쪽 면으로 접어 다려주세요.

5 몸판감 8장에 모두 같은 작업을 해줍니다.

6 몸판용 체크 원단의 겉면과 몸판용 단색 원단의 겉면을 서로 마주 대고 시침핀으로 고정해주세요.

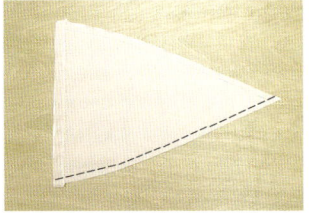

7 1cm 시접으로 옆선 한쪽을 봉제해주세요.

8 봉제하고 생긴 시접은 오버로크를 해줍니다. 감칠질 또는 말아박기도 괜찮습니다.

9 이와 같은 방법으로 8장의 몸판감을 모두 연결해주세요.

10 겉면이 보이도록 연결한 몸판을 뒤집은 뒤 정리해주세요.

11 장식용 꽂이감(c)과 몸판 꽂이감(d)의 사방을 오버로크해주세요.

12 몸판 꽂이감의 시접 부분에 2~3cm 간격으로 가위집을 넣어줍니다.

13 패브릭 본드풀을 사용해서 시접을 안쪽으로 접어 붙여주세요.

274

14 다리미로 잘 눌러 다려줍니다.

15 가장자리에 가깝게 원 둘레를 홈질해줍니다.

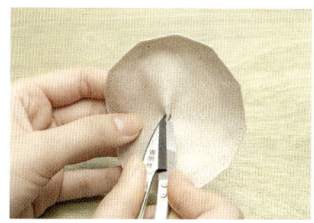

16 패턴에 표시된 중앙의 원 안쪽을 쪽가위로 구멍 냅니다.

17 양산 꼭지가 들어갈 구멍을 잘라 만들어주세요.

18 장식용 꽃이감의 위와 아래를 아이론스케일을 이용해 1cm씩 안쪽으로 접어 다려주세요.

19 겉면끼리 마주 닿도록 반으로 접어 시침핀으로 고정합니다.

20 옆선을 1cm 시접으로 봉제해주세요.

21 1cm 접어 다린 시접 부분에 홈질은 1cm 간격으로 해줍니다.

22 시접 둘레를 모두 홈질한 다음 실을 잡아당겨 주름을 만듭니다.

23 손가락 하나가 들어갈 만큼의 구멍이 만들어졌으면 매듭을 지어주세요. 반대쪽도 같은 작업으로 마무리해주세요.

24 양산 프레임의 꼭지에 몸판 꽂이감의 겉쪽을 아래로 향하도록 끼워주세요.

25 그 위로 몸판감을 안쪽 면이 아래로 가게 꼭지에 끼워 겹쳐주세요.

26 마지막으로 장식용 꽂이감을 꼭지에 끼워 몸판 위로 가게 합니다.

27 장식용 꽂이감과 몸판감이 떨어지지 않도록 홈질로 연결해 주세요.

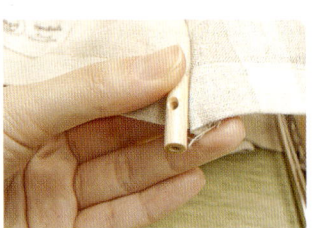

28 양산 꼭지의 구멍 쪽이 아래를 향하도록 몸판 (a)와 (b)의 봉제선 밑단 끝 부분에 올려놓습니다.

29 몸판의 안쪽에서 바느질을 시작해 양산 꼭지의 구멍을 통과해 바늘을 빼냅니다.

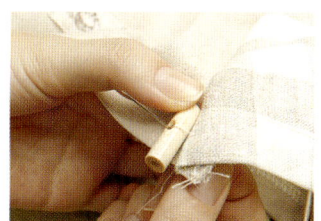

30 구멍에서 빼낸 바늘을 양산 꼭지의 옆에 찔러 넣어줍니다. 안쪽으로 들어간 바늘을 다시 양산 꼭지의 구멍으로 빼낸 뒤 이번엔 반대편 옆으로 바늘을 찔러 넣어줍니다.

31 양산 꼭지가 단단히 고정되도록 여러 번 반복한 후 몸통 안쪽에서 매듭을 지어주세요.

32 8개의 봉제선 끝 지점 모두에 꼭지를 달아주세요.

33 꼭지를 안쪽으로 꺾어 꼭지 구멍에 프레임을 끼워줍니다.

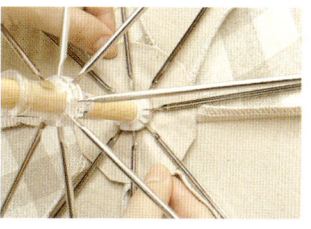

34 양산을 펼쳐서 몸판용 꽂이감을 접힌 곳이 없게 펴주세요.

35 몸판의 시접을 모두 한쪽 방향으로 꺾어 정리해주세요.

36 양산 프레임의 접히는 부분에 뚫려 있는 구멍과 마주 닿는 몸판의 시접을 바느질해 한 번 더 고정해줍니다.

단추 달기

37 양산을 접어 리넨테이프의 길이를 적당하게 잘라준 뒤 양 끝에 스냅단추를 달아주세요.

38 수제 리넨 양산이 완성되었습니다.

08 거센 바람에도 끄떡없는, 거즈 머플러

준비물 예상 재료비 20,000원 | 예상 제작시간 3시간 | 완제품 예상가 60,000원

원단 ☐ 더블거즈 늘마

부자재 ☐ 장식용 레이스모티브 1~2개 ☐ 장식용 자개단추 2~3개
☐ 장식용 라벨 1개

봉제용품 ☐ 봉제사 ☐ 손바느질용 실 ☐ 바늘 ☐ 쪽가위 ☐ 송곳
☐ 패브릭 본드풀

재단하기

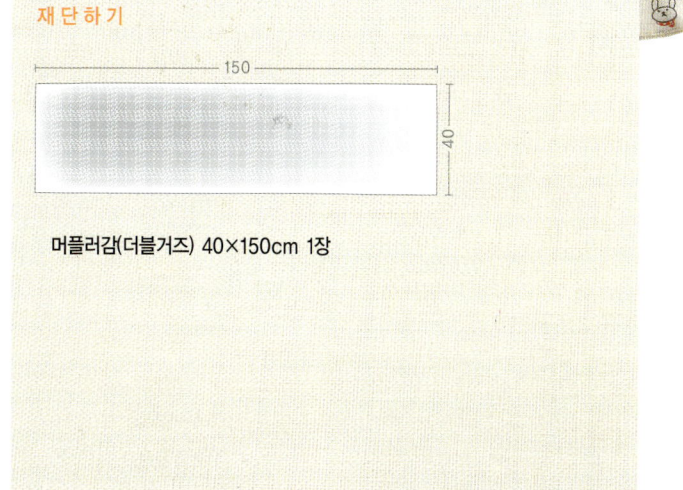

머플러감(더블거즈) 40×150cm 1장

오버로크하고 장식하기

1 천의 긴 쪽 면만 오버로크해주세요. 말아박기 또는 감침질도 괜찮습니다.

2 아래쪽에 장식용 레이스모티브를 올려놓아주세요. 원하는 다른 위치에 장식해도 좋습니다.

3 라벨과 자개단추도 레이스 위에 함께 올려 장식할 위치를 정해줍니다.

4 손바느질로 장식을 달아주세요. 이때 실 색상은 원단이나 레이스 색상에 맞춰서 봉제해주세요.

밑단 만들기

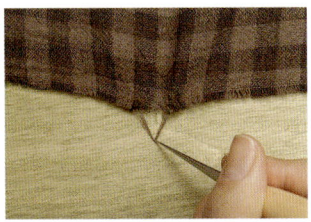

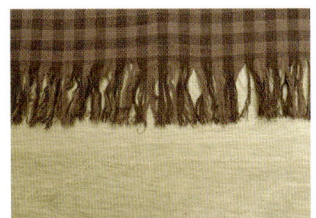

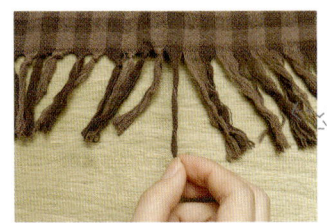

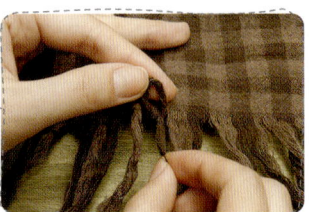

5 오버로크하지 않은 짧은 쪽 면의 올을 송곳으로 하나씩 풀어주세요.

6 올의 길이가 5cm 정도 될 때까지 풀어줍니다. 원하는 길이만큼 더 풀어주셔도 좋습니다.

7 한 가닥씩 잡아서 매듭지어주세요.

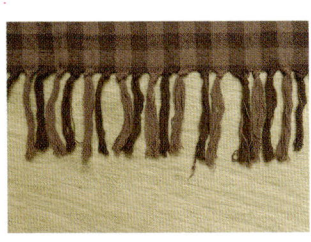

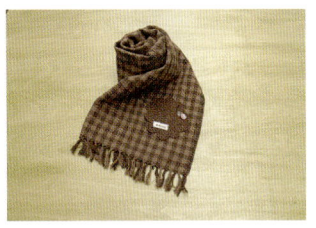

8 위아래 모두 같은 작업을 해주면 완성입니다.

9 양면 거즈 머플러가 완성되었습니다.

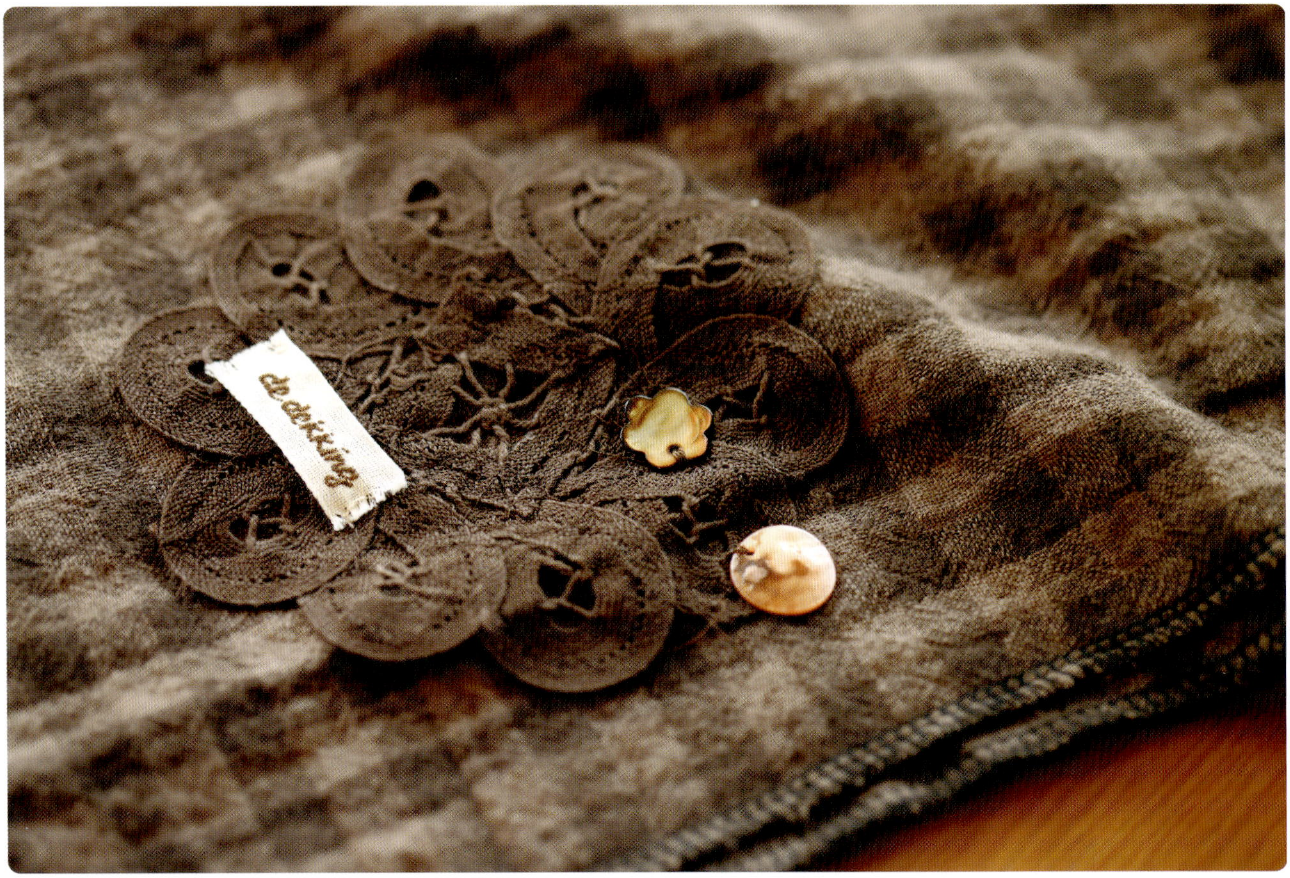

리넨소잉,
쉽게 만나는…

핸드메이드 키트, 리넨 소품 만드는 곳

핸드메이드 곤지
http://www.handmade-goneg.kr/

핸드메이드 의류와 소품을 만드는 곳

오하요
http://www.o-hayo.co.kr/

리넨 키트와 원부재료 쇼핑몰

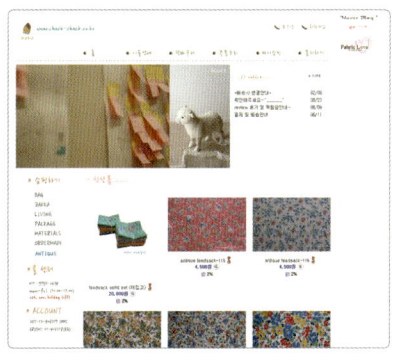

체크체크
http://www.check-check.co.kr/

리넨 코튼 원부재료 쇼핑몰

더시에스타
http://the-siesta.com/

리넨 코튼 원부재료, 키트, 재봉틀, 원단 쇼핑몰

심플소잉
http://simplesewing.co.kr/

퀼트, 리넨 원부재료, 키트 쇼핑몰

엔조이퀼트
http://www.enjoyquilt.co.kr/

리넨에 폭 빠져 사는 그녀의 바느질 이야기

Handmade gone G

"자연을 닮은 리넨. 그 리넨을 조물조물 만지며 마음이 편안해지는 핸드메이드 곤지로 초대합니다. "

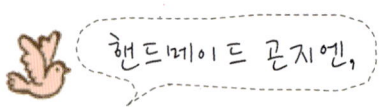
핸드메이드 곤지엔,

원단, 부재료, 설명서가
들어있는 DIY KIT

똑같이 만들수 있게, 필요한 원단과 부재료,패턴,설명서가
들어있는 패키지. 설명서대로만 따라하면 예쁜 나만의 작품완성~

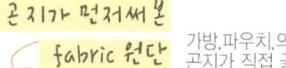
곤지가 먼저써 본
fabric 원단

가방,파우치,의상,소품까지~
곤지가 직접 골라온 원단들

손 재주가없으시다구요?
따라만 오세요 How to make

만드는 과정 한컷, 한컷 직접 사진을 찍은 뒤에
자세하게 설명해드려요. 따라만 오세요~^^

NAVER 　　　　　　 네이버에 핸드메이드 곤지 를 쳐보세요!

신씨네
나무이야기

햇살이 참 좋은 남향의 큰 창문을 가진 예쁜 샵이에요.
화이트의 목가적 분위기의 가구, 꺅 소리를 지르게만드는 예쁜 소품,
빛깔이 참 좋은 테이블 웨어, 햇살을 다듬어주는 커튼과 패브릭,
작고 소박한 가드닝, 집안 전체를 편안한 분위기로 바꾸어주는 인테리어 등
리빙에 관련된 소소한 이야기를 나눠보세요.

www.whitehome.co.kr

주거공간, 상업공간 인테리어 문의 : 031-592-0224

인테리어/프로방스 원목가구/패브릭(커튼 침구류)/주방용품(식기류 찻잔)/인테리어 소품/생활용품.가드닝 용품/베이비스킨케어(마이마이 베이비 오가닉 아로마 베이비 가이아)

홍대에서
노란코끼리 타고
느리게 가기.

시끌벅적한 홍대의 소란스러움에서
벗어나 혼자 있어도 어색하지 않은
한적한 공간이 있다.
바로 북까페 "노란코끼리"
노란코끼리의 내부는 나무로 이루
어져 있고 주인이 소장한 아기자기
한 소품들로 꾸며져 있어 따뜻하고
포근한 분위기를 느끼게 해 준다.
이곳은 북까페답게 많은 책들이
까페에 자리를 잡고 있다.
덕분에 작가, 혹은 문화산업분야에
몸담고 있는 프리랜서들이 자주
찾는 곳이 되었으며 까페 주인과
아티스트들이 직접 작업한 멋진
그래픽 티셔츠도 구입할 수 있다.
창문이 시원하게 자리잡은 탁 트인
인테리어는 그림 전시와 마임, 공연
등 다양한 볼거리 제공에 한 몫하
고 있다.
호젓한 공간에서 커피 한잔 하면서
생활 속에 녹아든 문화를 체험하고
싶다면 노란코끼리를 강력추천한다.

부드러운 아메리카노 4,500원
예쁜 티팟에 나오는 차 5,000원
날씬한 샌드위치 4,000원
마포평생학습관에서 홍대정문으로
가는 오르막길에서 두 번째 블럭
02-6326-2439

Premium Natural Linen Shop

좋은 다리미를 고르는 스마트 Tip!

1. 다리미를 효율적으로 사용하려면?

손으로 만져보아 매끄러운 열판은 옷감 위 다리미의 활주력을 높여 다림질이 잘 되도록 합니다. 또한 여러 겹의 코팅으로 되어 있어야 더러움을 잘 타지 않고 집안에 보관할 때 다림질할 때 지퍼나 옷 장식과 마찰이 되어도 잘 긁히지 않아 오래 쓸 수 있습니다.

그리고 유선형이며 얇은 열판 표면에 스팀 홀이 있어서 칼라, 소매깃, 단추 밑 같은 다리기 까다로운 구석구석까지 잘 다릴 수 있는 열판 끝부분을 확인하세요.

물을 넣어서 쓰는 스팀 다리미는 석회질이 생겨 스팀홀을 막기도 하고 열판을 상하게 하기도 합니다.

석회질 방지 기능이 되는 다리미로 다리미를 좀 더 오래 쓸 수 있습니다.

2. 다림질이 잘 되는 다리미가 따로 있다?

옷감별로 너무 성긴, 혹은 너무 섬세물이라 주름이 마음만큼 쉽게 펴지지 않을 때, 갖고 계신 다리미의 스팀량을 확인하세요.

주름을 쉽고 빠르게 펴려면 동급 대비 분당 스팀 분사량이 높아야 하고, 순간적으로 스팀량이 강한 다리미여야 합니다.

혹은, 다리미판을 펼치기 귀찮거나, 펼칠 수 없는 상황일 때, 옷걸이에 걸어놓고 다림질을 할 수 있도록 스팀이 수직으로도 나오는 수직 스팀 기능이 있는지 확인해 보세요.

3. 다리미에는 또 다른 기능들이 있다?

다림질을 편하게 하려면 다른 부가기능도 확인하세요.

1. 좀 더 세밀하고 지우기 어려운 주름을 잡고 싶다면 옷감 깊숙히 미세한 스팀이 침투하는 이온딥 스팀 기능이 있습니다.

2. 사용하지 않을 때에도 감지하여 전원을 차단하는 자동전원 차단 장치로 전기 사고를 방지할 수 있습니다.

3. 옷감에 물얼룩이 진다구요? 일정 온도로 열판이 식게되면 스팀이 물방울로 흐리기 때문입니다. 일정 온도로 내려가면 스팀/ 물방울 공급을 차단하여 이를 방지할 수 있는 누수 방지 기능이 있는지 확인하세요.

4. 알고 계셨던 다리미말고 다른 여러 종류의 다리미들이 있습니다.

● 세탁소에서 다려준 것 과 같은 다림질 효과를 집에서도 누릴 수 있는 시스템 다리미

● 옷감을 쉽고 간편하고 빠르게 다릴 수 있는 옷감 스팀기

  *필요에 따라 골라서 전문적으로, 혹은 신경안쓰고 간편하게 다림질을 할 수 있습니다.

SINGER STORY 싱거의 역사가 곧 재봉기의 역사입니다. 세계 일류 재봉기 브랜드의 자부심! 싱거!

싱거는 재봉기 발명가인 Issac Merritt Singer가 1851년 세계최초의 실용재봉기를 개발하면서 설립되었습니다.
그 이후 세계 최대, 최고의 재봉기 회사로 언제나 시장을 선도하는 제품을 출시하며 사용자의 요구에 부응하고 있는 SINGER는 2007년 설립 156주년과 함께 세계에서 가장 진보된 컴퓨터 자수재봉기인 SINGER FUTURA™ CE-350모델을 출시, 다시 한 번 세계 재봉기 시장의 새로운 패러다임을 제시하는 명품 재봉기브랜드로서의 역량을 보여주고 있습니다.
또한, 2007년 세계 최고의 DIY전문가 마사스튜어트와 전략적 제휴를 통해 다양하고 고급스러운 컨텐츠와 서비스를 제공하고 있습니다.

가장 쉽고, 편리한 싱거 Tradition!

The best of sewing machine
SINGER | Tradition 2250

2008 New Product!
SINGER
Tradition

제품의 라인을 살린
싱거 전통 미싱의 곡선미

싱거 전통 미싱의 곡선미를 반영하여 Tradition이라는 이름을 말해 주며, 심플하고 깔끔한 순백으로 조화가 이루어져 특별한 디자인의 美를 강조합니다.

The best of sewing machine
SINGER | Tradition 2273

버튼만 눌러주면 원하는 바느질이 가능한
똑똑한 싱거 Confidence!

The best of sewing machine
SINGER | Confidence 7465

2009 New!!
Simple is
always in style.

2009년형 신제품으로 출시된 SINGER Confidence SERIES는 혁신적인 특징과 SINGER만의 기술력으로 한 층 더 업그레이드한 창조적인 재봉기 입니다.
세련된 심플한 스타일의 디자인과 컬러의 조화로 더욱 멋스러운 외관을 연출 뿐 만 아니라 독창성을 가능하게 할 다양한 기능을 가진 Confidence SERIES만의 다재 다능한 재봉기 입니다.

The best of sewing machine
SINGER | Confidence 7470

SINGER®

[주소] 서울시 동작구 신대방 2동 395-68 보라매 나산스위트 빌딩 4층 태양에스엠(주)
[대표전화] 1588-4245
[사이트] www.singerkorea.co.kr   www.sunmart.co.kr